COLLECTION JULES VERNE

COLLECTION JULES VERNE
BAND 79

Das zweite Vaterland

Band 2

Pawlak Taschenbuch Verlag, Berlin, Herrsching

Nachdruck mit freundlicher Genehmigung des
Verlages A. Hartleben, Inh. Dr. Walter Rob, Wien I.
Die Vorlagen für die Umschlagillustrationen der
Collection Jules Verne sind Jules Verne Bänden,
erschienen im A. Hartleben's Verlag, Wien, entnommen.
Umschlaggestaltung: Bine Cordes, Weyarn
Die Orthographie wurde der heutigen Schreibweise angeglichen.

Gesamtherstellung: Elsnerdruck GmbH, Berlin
Printed in Germany
ISBN: 3-8224-1079-9

Inhalt

Zweiter Band

Zweiter Band

Siebzehntes Kapitel

Eine Schaluppe in Windstille.– Seit acht Tagen ausgesetzt. – Was der Kapitän Gould und der Obersteuermann John Block sich sagen. – Eine lichte Stelle in den Dunstmassen im Süden. – Land!... Land!

Es war Nacht ... tiefdunkle Nacht und der Himmel kaum von Wasser zu unterscheiden. Aus den tiefliegenden, schweren, zerfetzten Wolken zuckte zuweilen ein greller Blitz, dem ein dumpfes Donnerrollen folgte, als wäre der Luftraum ungeeignet, einen Ton schärfer wiederzugeben. In diesen seltenen Fällen erhellte sich für einen Augenblick der düstere und immer öde und leere Horizont. Keine Woge schäumte auf dem weiten Meere und nichts war zu bemerken, als das regelmäßige und eintönige Auf- und Abschwellen der Dünung mit kleinen Wellenfurchen, die dann und wann aufflimmerten. Kein Lufthauch zog über die unendliche Wasserwüste dahin, nicht einmal der schwüle Atem eines Gewitters. Im Luftmeere hatte sich aber so viel elektrisches Fluidum angesammelt, daß es sich in phosphoreszierenden Ausströmungen entlud und das Takelwerk des Fahrzeuges mit den bläulichen Zungen des St. Elmsfeuers bekrönte. Obwohl die Sonne schon seit vier bis fünf Stunden untergegangen war, hielt sich die verzehrende Hitze des Tages doch noch immer auf ihrer Höhe.

Mit verhaltener Stimme plauderten zwei Männer auf dem Hinterteile einer großen, halb, bis an den Fuß des Mastes, gedeckten Schaluppe, deren Klüver- und Focksegel bei dem eintönigen Schlingern klatschend zusammenschlugen.

Einer der Männer, der das Steuer unter einem Arme hielt, suchte den heftigen Gierschlag von einem Bord zum anderen möglichst zu mäßigen. Es war ein untersetzter, kräftiger Seemann von etwa vierzig Jahren mit einem Körper von Eisen, in dem weder Anstrengungen noch Entbehrung, vor allem auch eine Entmutigung nie die Oberhand gewannen. Dieser Bootsmann, ein Engländer, nannte sich Block – John Block.

Der andere, weit jüngere Mann – der kaum achtzehn Sommer zählen mochte – schien nicht zur Kategorie der Teerjacken zu gehören.

Auf dem Boden der Schaluppe, unter dem Halbdeck oder den Bänken lag, unfähig die Ruder zu führen, eine Anzahl menschlicher Wesen. Darunter befand sich ein Kind von fünf Jahren, ein armes, kleines Geschöpf, das schluchzend weinte und das seine Mutter durch Zureden und wiederholt durch einen Kuß zu beruhigen suchte.

Nach vorn auf dem Verdecke vor dem Maste, nahe dem Steg des Klüvers, überließen sich zwei regungslos und stumm, Hand in Hand dasitzende Personen den traurigsten Gedanken, und so tief war die Dunkelheit, daß sie einander nur beim Aufleuchten der Blitze zu erkennen vermochten.

Vom Boden des Fahrzeuges erhob sich dann und wann ein Kopf, der aber sofort wieder zurücksank.

Eben jetzt sagte der Obersteuermann zu dem neben ihm sitzenden jungen Manne:

»Nein, nein; ich habe mir den Horizont beim Sonnenuntergang genau angesehen ... da war kein Land in Sicht, kein Segel auf dem Meere. Was ich aber gestern abend nicht wahrnehmen konnte, das zeigt sich vielleicht heute mit Tagesanbruch.«

»Ja, Obersteuermann, wir müssen nun sicherlich binnen höchstens achtundvierzig Stunden ein Land angelaufen haben, sonst ist keiner von uns mehr am Leben!«

»Freilich ... freilich ... 's wird bald die höchste Zeit, daß ein Land auftaucht«, erklärte John Block. Die Kontinente und die Inseln sind ja nur dazu geschaffen, tüchtigen Leuten Zuflucht zu bieten ... na, und schließlich trifft man doch allemal eines oder das andere an.«

»Vorausgesetzt, daß der Wind uns zu Hilfe kommt, Bootsmann!«

»Der ist ja überhaupt nur dazu erfunden«, meinte John Block. »Heute hat er unglücklicherweise anderswo zu tun ... im Atlantischen oder Stillen Ozean, denn hier bei uns hat er nicht genug geweht, nur meine Mütze aufzublasen! Ja, ja, ein hübscher Sturm, der uns nach einer Küste triebe, wäre freilich angenehmer.«

»Nach einer Küste triebe oder uns verschlänge, Block ...«

»Davon reden wir nicht ... nein, nein! Das wäre ja die allerschlimmste Art, der Sache ein Ende zu machen ...«

»Wer kann das wissen, Obersteuermann? ...«

Einige Minuten wechselten die Männer kein weiteres Wort. Man hörte nichts als ein schwaches Anklatschen des Wassers gegen die Seitenwände des Fahrzeuges.

»Und unser Kapitän? ... begann darauf der jüngere wieder.

»Harry Gould, der brave Mann ... mit ihm geht's leider nicht gut«, antwortete John Block. »Die Schurken haben ihm gar zu arg mitgespielt. Wenn er nur die schlimme Kopfwunde nicht hätte, die ihm so manchen Schmerzensruf auspreßt. Herr des Himmels, wenn ich bedenke, daß es ein Offizier war, dem er das größte Vertrauen schenkte, und der doch die unseligen Burschen aufgehetzt hatte! Wahrlich, wenn jener Schurke, der Borupt, nicht eines schönen Morgens oder am Nachmittage, meinetwegen auch bei Sonnenuntergang, am Ende einer Raa baumelt ...«

»Der Elende! ... Der Judas!« rief der junge Mann, dessen Hand sich vor Entrüstung zur Faust ballte. »Doch der arme Harry Gould ... Sie haben ihn doch wohl am letzten Abend verbunden, Block?«

»Gewiß, und als ich ihn unter dem Verdeck bequem

gelagert hatte, konnte er, als ein frischer kalter Umschlag auf seinem Kopfe lag, auch einige Worte, freilich nur mit ganz schwacher Stimme, zu mir sprechen.... ›Danke, Block, ich danke‹, sagte er, als ob es nötig wäre, daß er sich mir gegenüber in Danksagungen erschöpfte!... ›Und das Land?... Das Land?‹ fragte er weiter. – ›Beruhigen Sie sich darüber, Kapitän‹, hab' ich ihm geantwortet, ›ich versichere Ihnen, daß es irgendwo liegt, vielleicht gar nicht weit von hier!‹ Da hat er mich noch einmal angesehen, und dann fielen ihm die Augen wieder zu.«

Vor sich hin murmelte der Seemann weiter:

»Das Land, das Land!... Oh, Borupt und seine Helfershelfer wußten recht gut, was sie taten! Die ganze Zeit über, wo sie uns im Raume unten eingesperrt hielten, haben sie den Kurs gewechselt... haben sich von unserem Fahrwege um ein paar hundert Lieues entfernt, ehe sie uns in dieser Schaluppe aussetzten... hier in einem Meeresteile, den wohl kaum jemals ein Schiff berührt!«

Der junge Mann hatte sich inzwischen erhoben und horchte, über Backbord hingebeugt, aufmerksam hinaus.

»Sie haben nichts gehört, Block?« fragte er.

»Nichts... gar nichts«, erklärte der Obersteuermann, »die Dünung läuft ja auch so still, als läge eine Ölschicht auf dem Wasser!«

Ohne ein Wort zu erwidern, nahm der junge Mann, die Arme über die Brust gekreuzt, seinen früheren Platz wieder ein.

Gleichzeitig schleppte sich einer der Bootsinsassen nach einer Bank und rief mit dem Ausdrucke der Verzweiflung:

»Ach, wäre unsere Schaluppe doch von einem Wogenberge verschlungen worden und es uns erspart geblieben, alle Schrecken des Hungers zu kosten! Morgen geht unser letzter Proviant zu Ende... dann bleibt uns nichts... nichts mehr...«

»Morgen ... das ist erst morgen, Herr Wolston«, erwiderte der Obersteuermann. »Wäre die Schaluppe gekentert, so gäb's für uns kein Morgen mehr. Da wir ein solches aber noch vor uns haben ...«

»Schön, Block, das war gut gesprochen«, fiel sein junger Nachbar ein. »Man darf niemals verzweifeln, James! Welche Gefahren uns auch drohen mögen, unsere Tage gehören dem allgütigen Gott, der schon schicken wird, was er für recht hält. Seine Hand lenkt ja alles, was auf Erden geschieht, und wir dürfen nicht sagen, daß er sie von uns zurückgezogen habe!«

»Ja, ja«, flüsterte James, den Kopf senkend, »man kann sich nur nicht immer beherrschen!«

In diesem Augenblicke trat ein anderer Passagier, ein Mann von etwa dreißig Jahren – der auf dem äußersten Vorderteile des Fahrzeuges gesessen hatte – an John Block heran.

»Obersteuermann«, begann er, »unser unglücklicher, vom Fieber verzehrter Kapitän kann die Schaluppe schon seit acht Tagen nicht mehr führen und Sie sind deshalb an seine Stelle getreten. Unser Heil liegt in Ihrer Hand. Hegen sie noch eine Spur von Hoffnung?«

»Das will ich meinen«, erklärte John Block. »Ja, sicherlich, sag' ich Ihnen! Ich hoffe, daß diese verwünschte Windstille bald aufhört und daß eine gute Brise uns wohlbehalten nach einem Hafen treibt ...«

»Nach einem Hafen?« wiederholte der Passagier, der mit dem Blicke die Finsternis ringsum zu durchdringen suchte.

»Nun, zum Henker«, polterte John Block, »irgendwo muß doch einer sein! Herr Gott, wenn ich der Schöpfer wäre, sollten Sie bald ein halbes Dutzend uns passende Inseln pricken können!«

»Soviel verlangen wir von ihm gar nicht, Steuermann«, antwortete der Passagier, der bei diesem Gedanken ein leichtes Lächeln nicht unterdrücken konnte.

»Nun ja doch«, lenkte John Block ein, »wenn er unsere Schaluppe nur nach einer von denen führt, die schon vorhanden sind, das genügte ja, und es wäre nicht nötig, daß er erst Inseln zu unserem Besten erschüfe, obwohl er damit in dieser Gegend tatsächlich sehr sparsam gewesen ist!«

»Ja, wo befinden wir uns denn jetzt?«

»Das kann ich, selbst auf einige hundert Lieues genau, leider auch nicht sagen«, gestand John Block. »Acht Tage , acht endlos lange Tage haben die elenden Kerle uns im unteren Schiffsraume eingeschlossen, so daß wir den Kurs nicht beobachten, nicht sehen konnten, ob sie nach Norden oder Süden zu steuerten. Jedenfalls mußte das Schiff tüchtig treiben, denn geschlingert und gestampft hat es die ganze Zeit über gerade genug!«

»Ich glaub' es wohl, John Block, daß wir damals eine große Strecke fortgekommen sind, doch in welcher Richtung?«

»Das kann ich eben nicht sagen«, versicherte der Steuermann. »Sind wir nach der Seite des großen Ozeans hin getrieben worden, statt nach dem Indischen Meere hinaufzufahren? Am Tage der Meuterei befanden wir uns noch Madagaskar gegenüber. Da der Wind damals aber stetig aus Westen blies, wer weiß da, ob das Schiff nicht mehrere hundert Lieues weit, vielleicht nach den Inseln Sankt Paul und Amsterdam zu, gelaufen ist?«

»Dorthin, wo gerade Wilde von der schlimmsten Sorte hausen«, schaltete James Wolston ein. »Übrigens waren die, die uns ausgesetzt haben, auch um kein Haar besser!«

»Auf jeden Fall«, erklärte John Block, »wird der elende Borupt den Kurs der ›Flag‹ gewechselt und sich nach Meeresteilen gewendet haben, wo er einer Bestrafung leichter entgehen könnte, um dort mit seinen Spießgesellen Seeräuberei zu treiben. Ich meine also, wir waren von unserem Reisewege schon weit weg, als die Schaluppe ausgesetzt wurde. Wenn sich in der Gegen hier nur eine Insel, wäre es auch nur eine unbewohnte, vorfindet, dann ist uns schon geholfen! Jagd und Fischfang würden uns die Nahrung liefern, irgendeine Höhle uns Unterkommen bieten. Warum sollten wir aus einer solchen Insel nicht dasselbe machen, was die Schiffbrüchigen des ›Landlord‹ aus der Neuen Schweiz gemacht haben? Mit tüchtigen Armen, mit Umsicht und Entschlossenheit sollten wir doch ...«

»Gewiß«, fiel James Wolston ein. »Jene hatten aber den gescheiterten ›Landlord‹ in der Nähe, dessen Ladung sie bergen konnten, wir dagegen haben von dem Frachtgute der ›Flag‹ nichts ... gar nichts!«

Das Gespräch erlitt jetzt eine Unterbrechung, da eine vom Schmerz halberstickte Stimme hörbar wurde.

»Zu trinken! ... Zu trinken!« lauteten die kaum verständlichen Worte.

»Das ist der Kapitän«, rief einer der Insassen. »Das Fieber verzehrt ihn! Zum Glück fehlt es uns nicht an Wasser, und ich will gleich ...«

»Das ist meine Sache«, fiel der Obersteuermann ein. »Nehme einer von euch das Steuer. Ich weiß, wo die Wassertonne steht, schon einige Tropfen werden für unseren Kapitän eine Erquickung sein.«

John Block erhob sich von der Bank am Achter und schritt dem Vorderteile der Schaluppe zu.

Die drei anderen Passagiere blieben stillschweigend zurück und erwarteten die Rückkehr des Mannes.

Schon nach zwei bis drei Minuten nahm John Block seinen Platz wieder ein.

»Nun, wie steht's?« fragte einer der drei.

»Es war mir bereits jemand zuvorgekommen«, antwortete John Block. »Einer unserer guten Engel kniete schon beim Kapitän, träufelte ihm etwas frisches Wasser auf die Lippen und kühlte seine schweißbedeckte Stirne. Ob Herr Gould bei Bewußtsein war oder nicht, das kann ich nicht entscheiden. Er schien mir mehr nur zu phantasieren. ›Das Land muß doch da draußen liegen!‹ stieß er wiederholt mühsam hervor, und dabei schwankte seine

Hand hin und her wie der Wimpel eines Großmastes, der nach allen Seiten flattert. Ich antwortete ihm: ›Jawohl, Herr Kapitän, jawohl! Land ist nicht mehr fern. Wir werden es bald anlaufen, ich fühlte es ... dort im Norden!‹ Da ist übrigens auch etwas Wahres daran, wir alten Teerjacken, wir fühlen so etwas vorher. Dann setzte ich noch hinzu: ›Fürchten Sie nichts, Herr Kapitän, es geht alles gut! Wir haben eine solide Schaluppe und ich werde sie schon auf dem richtigen Wege halten. Hier in der Umgegend müssen so viele Inseln sein, daß uns nur die Auswahl schwerfallen wird. Wir werden aber schon eine finden, die uns paßt!‹ Er verstand mich auch, der arme Mann, das bin ich überzeugt, denn als ich die Bordlaterne näher an sein Gesicht hielt, sah ich ihn lächeln, freilich recht sterbenstraurig lächeln. Auch den guten Engel blickte er wehmütig an. Dann schlossen sich seine Augen und er verfiel gleich wieder in Schlummer. Ich habe mich vielleicht einer starken Lüge schuldig gemacht, als ich vom Lande sprach, als ob es schon in Sicht wäre. Hab' ich damit ein Unrecht begangen?«

»Nein, John Block«, erwiderte der jüngste der drei Passagiere, »das sind Notlügen, die der Himmel verzeiht.«

Die Unterhaltung endete hiermit, und die Stille ringsum wurde nicht weiter gestört, als durch das Klatschen der Segel am Maste, wenn die Schaluppe sich von dem einen Bord nach dem anderen neigte. Die meisten von denen, die sie trug, und die von Müdigkeit erschöpft, von Entbehrungen geschwächt waren, vergaßen in bleischwerem Schlafe die drohenden Gefahren der Zukunft.

Von einer Zukunft konnte man freilich kaum sprechen, da diese vielleicht auf wenige Tage zusammenschmolz. Hatten die Unglücklichen noch einigen Vorrat, ihren Durst zu löschen, so wußten sie doch schon morgen nicht mehr, womit sie ihren Hunger stillen sollten. Von den wenigen Pfunden Pökelfleisch, die bei der Aussetzung der Schalupp noch in diese geworfen worden waren, war nichts mehr vorhanden. Die Passagiere waren – elf Personen! – nur noch auf einen Sack Schiffszwieback angewiesen. Wie sollten sie aber vorwärtskommen, wenn die Windstille anhielt? ... Seit achtundvierzig Stunden war kein Lufthauch durch die erstickende Atmosphäre gestrichen, nicht einmal einer der vereinzelten Windstöße, die fast den letzten Seufzern eines Sterbenden gleichen. Hier drohte also binnen kurzer Frist der Tod durch Hunger!

Zu jener Zeit gab es noch keine Dampfschiffahrt. Es war daher nur zu unwahrscheinlich, daß auch ein Fahrzeug in diesem Meeresteile auftauchte und daß die Schaluppe wegen Mangel an Wind in Sicht einer Festlandsküste oder einer Insel kommen könnte.

Hier galt es in der Tat, ein festes Vertrauen auf Gott zu haben, um nicht der Verzweiflung zu verfallen, oder sich der unerschütterlichen Philosophie des Steuermanns zu erfreuen, der die Dinge immer nur von der besten Seite ansah. Auch jetzt hätte man ihn wiederholt für sich murmeln hören können:

»Ich weiß es ja«, sprach er leise für sich, »der Augenblick wird kommen, wo der letzte Zwieback verzehrt ist, so lange man aber noch einen Magen hat, darf man sich nicht allzu sehr beklagen, wenn man auch nichts hineinzustecken hat! Ja, wenn man keinen Magen und doch etwas hätte, einen solchen damit zu füllen, das wäre eine schlimme Verlegenheit!«

Während John Block am Steuer blieb, hatten die anderen Insassen ihren Platz auf den Bänken wieder eingenommen; sie sprachen aber kein Wort. Das Wimmern des Kindes, die ihm unbewußten Klagen des Kapitäns unterbrachen allein die unheimliche Stille.

So verstrichen zwei Stunden. Die Schaluppe war kaum um eine Kabellänge weiter gekommen und bewegte sich nur mit dem Auf- und Abschwellen der Dünung. Diese aber bleibt immer auf derselben Stelle. Mehrere Holzstückchen, die am Abend vorher über

Bord geworfen worden waren, schwammen noch immer in der Nähe umher, und das Segel hatte sich nicht ein einziges Mal gebläht, die Schaluppe davon wegzuführen.

Unter diesen Umständen war es eigentlich unnötig, am Steuer, das doch keine Wirkung haben konnte, auszuharren. Der Obersteuermann hatte seinen Posten aber nicht verlassen wollen. Die Ruderpinne unter dem Arme, versuchte er wenigstens, die Gierschläge zu mildern, die die Schaluppe immer von Backbord nach Steuerbord warfen, um seinen Gefährten gar so arge Stöße zu ersparen.

Es mochte gegen drei Uhr morgens sein, als John Block einen leichten Hauch an seine Wangen wehen fühlte, obwohl diese bei seinem langen Seeleben nicht gerade zart geblieben waren.

»Sollte der Wind aufwachen?« murmelte er, sich erhebend.

Nachdem er sich nach Süden zugewendet hatte, streckte er den mit Speichel befeuchteten Zeigefinger hinaus. Kein Zweifel, er empfand infolge der Verdunstung eine gewisse Kühle, und gleichzeitig hörte er aus der Ferne das Plätschern von Wellen.

Da wendete er sich an einen der Passagiere, der auf einer der Bänke in der Mitte neben einer Frauengestalt saß.

»Herr Fritz!« rief er halblaut.

Dieser erhob den Kopf und neigte sich etwas nach ihm hin.

»Was wünschen Sie, Steuermann?« fragte er leise.

»Blicken Sie da hinunter, nach Osten hin«, sagte John Block.

»Was sehen Sie denn da draußen?«

»Täusche ich mich nicht, so entsteht dort am Horizonte ein lichterer Streifen . . .«

Tatsächlich breitete sich an jener Seite des Horizontes eine weniger dunkle Linie aus. Die Grenze zwischen

Himmel und Wasser war deutlich zu erkennen. Es sah aus, als spaltete sich an jener Stelle die Dunsthülle, und vielleicht brach durch sie, wenn sie sich erweiterte, ein frischerer Luftzug herein.

»Das bedeutet Wind!« versicherte der Obersteuermann.

Immerhin blieb es ja nicht ausgeschlossen, daß die Dünste nur vor dem ersten Morgenscheine zeitweilig auseinandergewichen wären.

»Ist das nicht bloß der Tag, der dort heraufzieht?« fragte einer der Passagiere.

»Möglicherweise der Tag, der freilich recht frühe käme«, antwortete John Block, »möglicherweise indes auch die Brise. Ich habe schon so etwas davon an meinem Barte verspürt . . . da seht, die einzelnen Haare zittern ja noch. Natürlich weiß ich, daß es sich um keine Brise handelt, vor der man die Bramsegel einziehen müßte, doch aber um mehr Wind, als seit achtundvierzig Stunden geweht hat. Und dann, Herr Fritz, spitzen Sie nur die Ohren und lauschen. Sie werden wohl auch hören, was ich schon zu hören glaubte . . .«

»Sie haben recht«, bestätigte der Angeredete, nachdem er sich über das Schandeck hinausgebeugt hatte, »das ist die Brise . . .«

»Und wir sind zu ihrem Empfange bereit«, rief der Steuermann. »Das Focksegel ist gehißt; wir brauchen nur die Schote etwas anzuziehen, um keinen Wind zu verlieren.«

»Doch wohin wird er uns treiben?«

»Wohin er will«, antwortet der Steuermann, »ich verlange von ihm weiter nichts, als daß er uns aus dieser verwünschten Gegend wegführt!«

Wiederum vergingen zwanzig Minuten. Der Luftzug, der vorher kaum fühlbar war, wurde bald etwas stärker. Am Hinterteile schlugen kleine Wellen schon hörbar an. Die Schaluppe machte einige ausgiebigere Bewegungen, die nicht von der langsamen, mehr abschwellenden Dünung herrührten. Einzelne Falten des Segels weiteten sich etwas aus, schlossen sich dann und öffneten sich auch wieder und die Schote schlug gelegentlich gegen ihre Klampe. Der Wind war freilich noch immer nicht stark genug, das grobe Gewebe des Fock- und des Klüversegels aufzublähen. Man mußte sich vorläufig damit begnügen, die Schaluppe mittels eines Riemens in der gleichen Richtung zu halten. Eine Viertelstunde später ließ sie aber schon ein leichtes Kielwasser hinter sich.

Jetzt bemerkte einer der auf dem Vorderteile liegenden Passagiere, der sich erhoben hatte, die Lichtung, die sich am Himmelsrand in Osten etwas mehr erweiterte. Von Bank zu Bank kletternd, kam er zu dem Steuermann.

»Deutet das auf eine Brise?« fragte er.

»Ja, gewiß«, versicherte John Block. »Ich glaube, daß wir sie bal haben, und festhalten werden wir sie, wie einen Vogel in der Hand, daß sie uns nicht entschlüpft!«

Wirklich begann jetzt der Wind von jener Öffnung der Wolkendecke her zu wehen und gleichzeitig brach dort der erste Schein des Tages deutlicher hindurch. Von Südosten bis Südwesten, ja fast über drei Vierteln des Himmelsgewölbes und auch oben im Zenit ballten sich aber noch dichte Wolkenmassen zusammen. Die Sehweite vom Boote aus beschränkte sich auf wenige Kabellängen, darüber hinaus wäre noch kein Schiff zu erkennen gewesen.

Da die Brise auffrischte, mußte die Schote angezogen und das Focksegel, dessen Drisse zu lose hing, besser gehißt und um einige Kompaßstriche gewendet werden, um dem Klüversegel den Wind nicht abzufangen.

»Wir haben ihn ... wir haben ihn!« rief der Obersteuermann freudig, als die etwas über Steuerbord liegende Schaluppe mit dem Bug ein wenig in die ersten Wellen einschnitt.

Nach und nach vergrößerte sich die helle Stelle mehr nach dem Zenit zu. Der Himmelsgrund färbte sich mit rötlichen Tönen. Daraus war zu schließen, daß der Wind sich eine Zeitlang in der gleichen Richtung halten, und daß damit in diesem Teile des Ozeans die Periode der Windstille abgeschlossen sein werde.

Jetzt wuchs auch die Hoffnung, nach einem mehr oder weniger nahen Lande zu kommen oder einem Schiffe zu begegnen, das, nachdem es ebenfalls mehrere Tage still gelegen hatte, nun imstand gewesen war, seine Fahrt fortzusetzen.

Gegen fünf Uhr verbrämte sich die Wolkenöffnung mit einem Kranz sehr lebhaft gefärbten lichten Dunstes. Das war der Tag, der mit der den niedrigen Breiten der intertropischen Zonen eigenen Schnelligkeit heraufzog. Bald strahlte ein purpurfarbener Schein fächerförmig vom Horizonte empor. Der Rand der durch die Refraktion scheinbar schon höher schwebenden Sonnenscheibe berührte die jetzt scharfe Kreislinie zwischen Himmel und Wasser. Fast sofort hefteten sich die Strahlenbündel an die kleinen Wolken, die im Zenit hingen, so daß sie in allen Abstufungen des Rot erglühten. Nur von den im Norden lagernden dichten Dunstmassen wurden sie aufgehalten und konnten diese nicht durchdringen. Das nach rückwärts schon sehr erweiterte Gesichtsfeld blieb nach vorn zu noch immer recht beschränkt. Die Schaluppe ließ jetzt einen wirbelnden Kielwasserstreifen hinter sich, dessen Weiß von dem sonst grünlichen Wasser auffallend abstach.

In diesem Augenblick trat, in ihrem Horizontaldurchmesser stark vergrößert, die Sonne vollständig hervor. Kein Dunst verschleierte ihren Glanz, der den Augen ganz unerträglich wurde. Ihr wendeten sich auch die Blicke nicht zu, wohl aber der fast entgegengesetzten Seite. Die Passagiere bemühten sich nur, den Norden im Auge zu behalten, den Norden, dem die Brise sie zutrieb. Was die Dunstwand in dieser Richtung verhüllte, darüber wollten sie sich vor allem unterrichten, wenn nur die Sonne Kraft genug hatte, den Schleier davor zu lüften.

Endlich, kurz vor halb sieben Uhr, kletterte einer der Passagiere behende bis zur Segelstange hinauf, gerade als die Sonnenstrahlen auch den Himmel im Norden zuerst beleuchteten.

Da rief eine laute Stimme jubelnd:

»Land! . . . Land im voraus!«

Achtzehntes Kapitel

Die Abfahrt der »Licorne«. – Das Kap der Guten Hoffnung. – James Wolston und seine Familie. – Abschied von Doll. – Portsmouth und London. – Aufenthalt in England. – Die Vermählung Fritz Zermatts und Jenny Montroses. – Rückkehr nach Capetown.

Am 20. Oktober war die »Licorne« von der Neuen Schweiz abgesegelt, um nach England heimzukehren. Bei der Rückfahrt von da sollte sie, nach einem kurzen Aufenthalt am Kap der Guten Hoffnung, Fritz und Franz Zermatt, Jenny Montrose und Doll Wolston wieder mitbringen, wenn die Admiralität die amtliche Besitznahme der neuen Kolonie im Indischen Meere veranlaßte. Die Plätze, die früher die Familie Wolston, welche jetzt auf der Insel wohnte, eingenommen hatte, waren nun von den beiden Brüdern besetzt. Jenny und ihrer jungen Begleiterin Doll, die nach Capetown zu James Wolston, seiner Frau und beider Kind gehen sollte, war eine bequeme Kabine eingeräumt worden.

Nach Umsegelung des Kaps der Getäuschten Hoffnung steuerte die »Licorne« nach Süden und ein wenig nach Westen, wobei sie die Insel des Rauchenden Felsen an Steuerbord liegen ließ. Ehe die Neue Schweiz aus dem Gesichtskreise verschwand, kam dem Leutnant Littlestone noch der Gedanke, deren Ostküste zu besichtigen, sich dabei zu überzeugen, daß es sich hier wirklich um eine, in diesem Meeresteile vereinzelt liegende Insel handelte, und annähernd den Wert und die Bedeutung einer Kolonie abzuschätzen, die unter dem Inselbesitze Großbritanniens wahrscheinlich bald eine gewisse Rolle spielen sollte. Nach dieser Besichtigung segelte die Korvette bei günstiger Brise weiter und ließ die Insel, deren südliche Küste teilweise durch Nebel verhüllt geblieben war, im Nordwesten hinter sich.

Die ersten Wochen der Seefahrt verliefen in erwünschtester Weise. Die männlichen und weiblichen Passagiere der »Licorne« hätten eine bessere Witterung gar nicht treffen und ein freundlicheres Entgegenkommen, als es ihnen hier von dem Kommandanten und den Schiffsoffizieren zuteil wurde, gar nicht finden können. Saßen dann alle bei Tafel in der Offiziersmese oder unter dem Sonnendache des Decks beieinander, so bewegte sich das Gespräch meist um die Wunder der Neuen Schweiz. Diese hofft man nach einem Jahre wiederzusehen, wenn die Korvette weder im Verlauf der Hin- und Rückfahrt, noch von seiten der englischen Behörden keinerlei Verzögerung erlitt.

Fritz und Jenny sprachen bei ihren täglichen Plaudereien vor allem vom Oberst Montrose, von der unendlichen Freude, mit der er diese Tochter, die er ja wiederzusehen schon lange nicht mehr gehofft hatte, in die Arme pressen würde. Seit drei Jahren fehlte es an jeder weiteren Nachricht von dem »Dorcas«, dessen in Sydney gelandete Überlebende nur den gänzlichen Verlust des Schiffes gemeldet hatten. Und mit welchen, über die der Dankbarkeit hinausreichenden Gefühlen würde Jenny ihrem Vater den vorstellen, der sie gerettet hatte, mit welch glücklicher Empfindung würde sie ihn bitten, ihren Bund fürs Leben zu segnen!

Was Franz und das vierzehnjährige junge Mädchen – für jetzt noch Doll Wolston – anging, mußte es für den einen sehr schmerzlich werden, die andere in Capetown zurückzulassen, und er sehnte sich gewiß herzlich danach, diese ebenda wieder abzuholen.

Als die »Licorne«, etwa in der Höhe der Ile de France, den Wendekreis überschritten hatte, traf sie weniger günstige Winde an, so daß sie den nächsten Ankerplatz erst am 17. Dezember, also fast zwei Monate nach der Abfahrt von der Neuen Schweiz, zu erreichen vermochte.

Die Korvette, die etwa acht Tage lang in Capetown bleiben sollte, ging hier im Hafen vor Anker.

Einer der ersten, die an Bord kamen, war James Wolston. Er wußte, daß sein Vater, seine Mutter und seine beiden Schwestern von Australien mit der »Licorne« weggefahren waren, und er fühlte sich nicht wenig enttäuscht, als er hier nur die eine Schwester begrüßen konnte. Doll stellte ihm Fritz und Franz Zermatt, und danach Jenny Montrose vor.

»Ihr Vater, Ihre Mutter und Ihre Schwester Anna, Herr Wolston«, sagte Fritz sofort zu ihm, »befinden sich zur Zeit in der Neuen Schweiz, einer vorher unbekannten Insel, nach der unsere gesamte Familie vor zwölf Jahren infolge des Schiffbruches des ›Landlord‹ verschlagen wurde. Die Ihrigen haben beschlossen, dort zu bleiben, und erwarten auch Sie daselbst. Auf der Rückreise von Europa soll die ›Licorne‹ Sie nebst Gattin und Kind mitnehmen, wenn es Ihnen beliebt, uns dahin zu begleiten.«

»Wann soll die Korvette hierher nach dem Kap zurückkommen?« fragte James Wolston.

»Nach acht bis neun Monaten«, antwortete Fritz, »und dann wird sie sofort nach der Neuen Schweiz segeln, über der die britische Flagge wehen soll. Mein Bruder und ich haben diese Gelegenheit benützt, die Tochter des Oberst Montrose nach London zu geleiten, und der Oberst wird, wie wir hoffen, jedenfalls bereit sein, sich mit ihr in unserem zweiten Vaterlande niederzulassen . . .«

»Und zwar mit dir, mein lieber Fritz, der du dann ja sein Sohn geworden sein wirst«, setzte Jenny, dem jungen Manne die Hand reichend, hinzu.

»Das wird die Verwirklichung meines sehnlichsten Wunsches sein, liebste Jenny . . .« erwiderte Fritz.

»Ebenso wie es, James, der Wunsch unserer Eltern ist, daß du dich mit deiner Familie in der Neuen Schweiz ansiedeln möchtest«, erklärte Doll.

»Und vergessen Sie nicht hervorzuheben, Doll«, ließ sich jetzt Franz vernehmen, »daß unsere Insel eine der herrlichsten ist, die jemals dem Schoße des Mars entstiegen sind.«

»Das wird James sofort bestätigen, wobald er sie nur gesehen hat«, antwortete Doll. »Hat man nur erst den Fuß auf die Neue Schweiz gesetzt, nur die Wohnung im Felsenheim bezogen . . .«

»Und auf Falkenhorst genistet, nicht wahr, Doll?« fiel Jenny lachend ein.

»Ja, ja, genistet«, fuhr das junge Mädchen fort, »dann wird man die Neue Schweiz gewiß nicht wieder verlassen wollen, oder wenn man es doch tut, geschieht es sicherlich nur mit der Absicht, dahin zurückzukehren . . .«

»Nun . . . hören Sie das, Herr James?« sagte Fritz.

»Gewiß, Herr Zermatt«, bestätigte James Wolston. »Mich auf Ihrer Insel anzusiedeln, dort die ersten Handelsverbindungen mit Großbritannien anzuknüpfen, diese Aussicht könnte mich schon dorthin verlocken. Ich werde die Sache mit meiner Frau besprechen, und wenn sie zustimmt und unsere Angelegenheiten hier geordnet sind, werden wir uns fertig halten, an Bord der ›Licorne‹ zu gehen, sobald diese nach Capetown zurückkehrt. Ich bin überzeugt, daß Suzan nicht zaudern wird . . .«

»Ich tue gern, was mein Mann will«, versicherte Frau Wolston, »und James weiß, daß ich mich seinen Wünschen niemals widersetze. Wohin er auch gehen mag, ich folge ihm stets mit größter Zuversicht.«

Fritz und Franz drückten James Wolston warm die Hand, während Doll ihre Schwägerin herzlich küßte und Jenny Montrose diese mit freundschaftlicher Zärtlichkeit begrüßte.

»Wir nehmen selbstverständlich an, daß die Tochter des Oberst Montrose ebenso wie Fritz und Franz Zermatt sich, so lange die Korvette hier liegt, als hochwillkommene Gäste unseres Hauses betrachten. Dadurch werden wir am besten miteinander bekannt werden und immer Gelegenheit haben, von der Neuen Schweiz zu sprechen.«

Natürlich nahmen die Passagiere von der »Licorne« diese freundliche Einladung ebenso gern an, wie sie erfolgt war.

Eine Stunde später empfingen Herr und Frau Wolston bereits ihre Gäste. Fritz und Franz wurden in einem Zimmer zusammen untergebracht. Jenny teilte mit Doll das für diese bestimmte Zimmer, wie sie schon auf der Fahrt hierher die Kabine mit ihr geteilt hatte.

James Wolstons Gattin war eine noch junge Frau von vierundzwanzig Jahren, von sanftem, gutem Charakter und hervorragender Intelligenz, deren ganzes Leben in der herzlichsten Liebe zu ihrem Gatten aufging. Dieser wieder, ein ernster, tätiger Mann, erinnerte in der äußeren Erscheinung wie in den seelischen Eigenschaften unwillkürlich an seinen Vater. Die beiden Gatten hatten ein Kind von fünf Jahren, Bob mit Namen, das ihr Stolz und ihre Freude war. Frau Wolston, eine geborene Engländerin, gehörte einer Kaufmannsfamilie an, die schon seit langer Zeit in der Kolonie ansässig war. Bei ihrer Verheiratung mit dem damals siebenundzwanzigjährigen James Wolston stand sie jedoch als Waise in der Welt allein.

Die vor fünf Jahren in Capetown gegründete Firma Wolston hatte sich recht glücklich entwickelt. Als umsichtiger, überaus praktischer Engländer mußte James wohl Erfolg haben in dieser Kolonie, die 1805 – hundertvierundsechzig Jahre nach ihrer Entdeckung durch die Holländer – in britischen Besitz überging und als solcher 1815 endgültig bestätigt wurde.

Vom 17. bis 27. Dezember, in den zehn Tagen, die der Aufenthalt der »Licorne« währte, war nur die Rede von der Neuen Schweiz, von den Ereignissen, die sich daselbst abgespielt hatten, von den verschiedenen Arbeiten und den vielfachen Anlagen, die im Laufe von elf Jahren von der Familie Zermatt und zuletzt unter der Mitwirkung der Familie Wolston ausgeführt worden waren. Dieses Gesprächsthema erschien wirklich unerschöpflich. Man mußte nur Doll von all dem Schönen erzählen und Franz sie dabei noch anfeuern, ja gelegentlich ihr noch den Vorwurf machen hören, daß sie von dem Guten ihrer wunderbaren Insel noch nicht einmal genug sagte. Dann sang wohl Jenny, zur großen Befriedigung Fritzens, das Loblied weiter. Wie überglücklich aber würde sie erst sein, wenn sie nach dem Wiedersehen mit ihrem Vater diesen bestimmen konnte – und daran zweifelt sie gar nicht – sich in einer der Meiereien des gelobten Landes niederzulassen! Welch verheißungsvolle Aussicht, sich den Gründern dieser Kolonie anzuschließen, einer Kolonie, der eine so blühende Zukunft winkte!

Kurz, die Zeit verstrich ungemein schnell, und es genügt hier wohl – ohne näher darauf einzugehen – die Bemerkung, daß James Wolston sich, in Übereinstimmung mit seiner Gattin entschlossen hatte, vom Kap nach der Neuen Schweiz überzusiedeln. Während der Fahrt der Korvette nach Europa und zurück wollte er seine Geschäftsangelegenheiten ordnen und sein Vermögen flüssig machen, um zur Abreise bereit zu sein, sobald die »Licorne« wieder erschiene. Er würde also zu den ersten Auswanderern gehören, die der so glücklich aufblühenden Gründung der Zermatts und der Wolstons ihre Kräfte liehen – ein Entschluß, der beide Familien gewiß aufs höchste erfreute.

Die Abfahrt der »Licorne« war auf den 27. festgesetzt worden. Den Gästen James Wolstons erschien der Aufenthalt des Schiffes hier freilich recht kurz. Am genannten Tage wollte kaum jemand glauben, daß die Stunde zum Abschiede schon gekommen sei und der Leutnant Littlestone die Korvette bereits segelfertig machen lasse.

Man mußte sich jedoch wohl oder übel in die Trennung fügen, doch mit dem tröstlichen Gedanken, nach acht bis neun Monaten in Capetown zurück zu sein und dann vereinigt nach der Neuen Schweiz abzufahren. Immerhin gestaltete sich der Abschied recht schmerzlich. Jenny Montrose und Suzan Wolston küßten sich tränenden Auges, auch Doll weinte bitterlich. Das junge Mädchen war ernstlich betrübt über den Weggang Franzens, dem bei seiner warmen Zuneigung für sie das Herz ebenfalls recht schwer geworden war. Als sein Bruder und er mit James Wolston den letzten Händedruck wechselten, konnten sie sich sagen, daß sie hier einen wahren Freund zurückließen.

Am Morgen des 27. stach die »Licorne« bei etwas bedeckter Witterung in See. Ihre Fahrt verlief mit mittlerer Geschwindigkeit, da der Wind wochenlang zwischen Nordwest und Südwest wechselte. Die Korvette bekam dabei nacheinander St. Helena, Ascension und die Inseln des Grünen Vorgebirges in Sicht, letztere etwa in der Höhe der westafrikanischen Besitzungen Frankreichs. Nachdem sie darauf in der Nähe der Kanaren und der Azoren, sowie ziemlich weit seitwärts der Küste Portugals und Frankreichs vorübergekommen war, lief sie in den Ärmelkanal ein, umschiffte die Insel Wight und ging am 14. Februar 1817 in Portsmouth vor Anker.

Jenny Wolston wollte sofort nach London weiterreisen, wo ihre Tante, eine Schwägerin ihres Vaters, wohnte. War der Oberst noch in Dienst, so konnte sie ihn dort nicht finden, da der Feldzug, zu dem er von Indien her einberufen worden war, voraussichtlich mehrere Jahre dauerte. Hatte er dagegen den Dienst quittiert, so lebte er jedenfalls in seiner Schwägerin Hause, und hier sollte er dann endlich die wiedersehen, die er als Opfer des Schiffbruches des »Dorcas« betrauerte.

Fritz und Franz boten sich Jenny zur Begleitung nach London an, wohin sie ihre Geschäfte ebenfalls riefen, und daß Fritz Eile hatte, mit dem Oberst Montrose zusammenzutreffen, wird ja niemand wundern. Jenny ging von Herzen gern auf das Anerbieten ein. Alle drei reisten noch am nämlichen Abend ab und trafen am Morgen des 23. in London ein.

Hier sollte Jenny Montrose leider eine tiefschmerzliche Überraschung erfahren: Von ihrer Tante hörte sie, daß der Oberst im Laufe des letzten Feldzuges gestorben war, ohne zu wissen, daß seine soviel beweinte Tochter noch lebte. Jetzt hierher geeilt, weit vom Indischen Ozeane her, um ihren Vater zu umarmen und sich nie wieder von ihm zu trennen, um ihm ihren Lebensretter vorzustellen und seinen Segen zu ihrer Verbindung mit diesem zu erbitten, war es Jenny beschieden, ihn überhaupt nicht wiederzusehen.

Ihr erdrückender Schmerz gegenüber einem so unerwarteten Unglück ist wohl begreiflich genug. Vergeblich bemühte sich ihre Tante, ihr Trost zuzusprechen, vergeblich vereinte Fritz seine Tränen mit den ihrigen, der Schlag war gar zu hart, denn niemals wäre ihr der Gedanke gekommen, daß der geliebte Vater, wenn er auch nicht gerade in England anwesend war, nicht mehr unter den Lebenden weilen sollte.

Fritz empfand einen kaum minder tiefen Schmerz. Er erwartete ja vor allem die Zustimmung des Oberst Montrose zu seiner Vermählung mit Jenny, und der Oberst war nicht mehr in dieser Welt!

Einige Tage darauf und nach einem längeren Gespräche, bei dem so manche Träne vergossen, so mancher Seufzer ausgestoßen wurde, begann Jenny:

»Fritz, mein lieber Fritz, uns beide, dich so gut wie mich, hat ja das schwerste Unglück heimgesucht, doch wenn deine Gesinnungen noch die früheren sind...«

»Ach, meine geliebte Jenny!« rief Fritz.

»Ja ja, ich weiß es«, fuhr Jenny fort, »und mein Vater wäre gewiß so glücklich gewesen, dich seinen Sohn zu nennen. So wie ich seine zärtliche Liebe für mich kannte, bezweifle ich nicht im mindesten, daß er uns gefolgt wäre, um unser Leben in der neuen englischen Kolonie zu teilen. Auf dieses Glück muß ich nun verzichten! Jetzt stehe ich allein in der Welt und hänge nur von mir selbst ab. Allein?... O nein! Du bist ja da, mein Fritz...«

»Jenny«, beteuerte der junge Mann im Tone innigster Zärtlichkeit, »mein ganzes Leben soll ausschließlich deinem Glücke geweiht sein...«

»Wie das meine dem deinigen, mein geliebter Fritz! Da nun aber mein Vater nicht mehr da ist, seine Zustimmung zu geben, da ich keine näheren Blutsverwandten und keine andere Familie habe, als die deinige...«

»Ja, die meinige, zu der du schon seit drei Jahren gehörst, meine Herzensjenny, seit jenem Tage, wo ich dich an dem Rauchenden Felsen fand...«

»Eine Familie, die mich liebt und die ich liebe, Fritz! Nun wohl, nach wenigen Monaten werden wir wieder zurück, wieder in ihrem Kreise sein...«

»Verheiratet, Jenny?...«

»Ja, Fritz, wenn du es wünschest, da du die Zustimmung deines Vaters hast und meine Tante die ihrige nicht verweigern wird...«

»Jenny, meine geliebte Jenny!« rief Fritz in die Knie sinkend. »Du erfüllst meinen heißesten Wunsch, daß ich Vater und Mutter mein Weib zuführen darf!«

Jenny Montrose verließ jetzt nicht mehr das Haus ihrer Tante, wo Fritz und Franz sie täglich besuchten. Inzwischen wurde alles geordnet, um die Hochzeit nach Verlauf der gesetzlichen Frist feiern zu können.

Andererseits waren die zwei Brüder auch von den nicht so belanglosen Geschäftsangelegenheiten, der ersten Ursache ihrer Reise nach Europa, in Anspruch genommen.

Zunächst handelte es sich dabei um den Verkauf der wertvollen Erzeugnisse der Insel, der Korallen von der Walfischinsel, der Perlen, die in der gleichnamigen Bucht aufgefischt worden waren, ebenso wie der Muskatnüsse und des reichlichen Vorrates an Vanille. Zermatt hatte sich über den Handelswert dieser Gegenstände nicht getäuscht, denn deren Verkauf ergab die Summe von achttausend Pfund Sterling (160 000 Mark).

Bedenkt man nun, daß die Bänke der Perlenbucht nur ganz oberflächlich ausgebeutet waren, daß an sehr vielen Stellen der Küste Korallen vorkamen, daß Muskatnüsse und Vanille sehr reichliche Ernten versprachen, so wird man, ohne von den übrigen Schätzen der Neuen Schweiz zu sprechen, leicht zugeben, daß die Zukunft der Kolonie eine Entwicklung erwarten ließ, die ihr unter den überseeischen Besitzungen Großbritanniens unzweifelhaft einen hohen Rang sicherte.

Nach den Anordnungen des älteren Zermatt sollte ein Teil der aus diesen Verkäufen gelösten Summe verwendet werden, verschiedene Gegenstände zur Vervollständigung der Ausstattung Felsenheims und der Meiereien des gelobten Landes zu erwerben. Der Rest – etwa dreiviertel des Betrages – wurde nebst zehntausend Pfund Sterling, der Hinterlassenschaft des Oberst Montrose, in der Bank von England niedergelegt, wo der ältere Zermannt bei späterem Bedarf, dank der bald einzurichtenden geregelten Verbindung mit der Reichshauptstadt, darüber nach Belieben verfügen konnte.

Es sei hierbei auch bemerkt, daß verschiedene Wertsachen und Geldbeträge, die den Familien der Verunglückten vom »Landlord« gehörten, diesen zurückgegeben wurden, soweit sich die berechtigten Empfänger hatten ermitteln lassen.

Einen Monat nach dem Eintreffen Fritz Zermatts und Jenny Montroses erfolgte in der Kirche der Parochie deren Trauung durch den Geistlichen der Korvette. Die »Licorne« hatte beide als Verlobte mitgebracht und sollte sie als junge Eheleute nach der Neuen Schweiz zurückführen.

Die bisher geschilderten Ereignisse machten bei ihrem Bekanntwerden in Großbritannien nicht geringes Aufsehen. Alle Welt interessierte sich für die seit zwölf Jahren auf einer unbekannten Insel des Indischen Ozeans verlassene Familie, ebenso wie für die Schicksale Jennys und deren Aufenthalt auf dem Rauchenden Felsen.

Der von Jean Zermatt niedergeschriebene Bericht darüber erschien in den Zeitungen Englands und des Auslandes. Unter dem Titel des »Schweizer Robinson« erlangte er fast dieselbe Berühmtheit wie das unvergängliche Werk Daniel Defoes.

Selbstverständlich beschloß die Admiralität unter dem Drucke der im Vereinigten Königreich so mächtigen öffentlichen Meinung die Besitznahme der Neuen Schweiz, eines Stückchen Landes, das trotz seiner geringen Ausdehnung wichtige Vorteile zu bieten schien. Die Insel hatte im Osten des Indischen Ozeans eine vorzügliche Lage fast am Eingange der Sonda-Meere nahe der Straße nach dem äußersten Asien. Von der Westküste Australiens trennten sie höchstens dreihundert Lieues. Dieser fünfte Erdteil, der von den Holländern 1605 entdeckt, von Abel Tasman 1644 und vom Kapitän Cook 1774 besucht wurde, entwickelte sich schon mehr und mehr zu einem der wichtigsten Besitztümer Englands auf der südlichen Halbkugel zwischen dem Indischen und dem Großen (Stillen) Ozeane. Die Admiralität konnte sich also nur beglückwünschen, eine Insel in der Nähe dieses ausgedehnten Festlandes zu erwerben.

Auch die Entsendung der »Licorne« nach jener Gegend wurde nicht beanstandet. Die Korvette sollte nach einigen Monaten unter Führung des Leutnant Littlestone, der aus diesem Anlaß zum Kapitän ernannt wurde, zurückkehren. Fritz und Jenny Zermatt sollten sich nebst Franz darauf einschiffen und mit ihnen noch einzelne Kolonisten, in Erwartung, daß noch weitere sich mit anderen Schiffsgelegenheiten dem nämlichen Ziele zuwendeten.

Gleichzeitig wurde bestimmt, daß die Korvette das Kap anlaufen und da noch James, Suzan und Doll Wolston an Bord nehmen sollte.

Daß die »Licorne« in Portsmouth auffallend lange liegenblieb, lag daran, daß an ihr nach der Fahrt von Sydney bis Europa ziemlich umfängliche Ausbesserungen nötig geworden waren.

Fritz und Franz hielten sich nicht die ganze Zeit über in London und in England auf. Das junge Ehepaar und Franz hielten sich für verpflichtet, einmal nach der Schweiz zu gehen, um ihren Eltern Nachrichten aus der Heimat bringen zu können.

Sie begaben sich also nach Frankreich und verwendeten acht Tage, die Hauptstadt Paris zu besuchen. Jenerzeit bestand das Kaiserreich nicht mehr und auch die langen Kriege mit England waren zu Ende.

Fritz und Franz kamen nach der Schweiz, nach dem Lande, dessen sie sich, da sie es sehr jung verlassen hatten, kaum noch erinnerten, und sie begaben sich von Genf aus nach dem Kanton Appenzell.

Von ihrer Familie fanden sie hier nur noch einzelne entfernte Verwandte, zu denen Herr und Frau Zermatt niemals in näherer Beziehung gestanden hatten. Das Erscheinen der beiden jungen Männer erregte in der Helvetischen Republik immerhin einiges Aufsehen. Die Geschichte der Schiffbrüchigen vom »Landlord« war jetzt allgemein bekannt und man wußte, welche Insel ihnen Zuflucht geboten hatte. Und obwohl die Schweizer wenig Neigung haben, ihr Land zu verlassen und das ungewisse Los eines Auswanderers auf sich zu nehmen, erklärten doch verschiedene ihre Absicht, sich in der Neuen Schweiz anzusiedeln, wo sie auf eine gute Aufnahme rechnen könnten.

Fritz und Franz verließen ihre ursprüngliche Heimat doch mit recht schwerem Herzen. Wenn sie vielleicht auch hoffen konnten, in Zukunft noch einmal dahin zurückzukehren, so konnte für ihre schon etwas bejahrten Eltern davon doch kaum die Rede sein.

Nach der Rückreise durch Frankreich kamen Fritz, Jenny und Franz wieder nach England.

Die Vorbereitungen zur Abfahrt der »Licorne« näherten sich ihrer Vollendung, und in den letzten Tagen des Juni sollte die Korvette zum Absegeln bereit sein.

Es versteht sich von selbst, daß Fritz und Franz von den Lords der Admiralität mit Auszeichnung empfangen wurden. England war Jean Zermatt dankbar dafür, dem Leutnant Littlestone das Besitzrecht auf seine Insel aus freien Stücken angeboten zu haben.

Zur Zeit, wo die Korvette die Neue Schweiz verlassen hatte, war ein großer Teil von dieser noch unbekannt, denn eine Ausnahme hiervon machten nur das Gebiet des sogenannten Gelobten Landes, die Küste im Norden und ein Teil der östlichen Küste bis zur »Licorne«-Bucht. Der Kapitän Littlestone sollte deshalb die Aufnahme der Süd- und der Westküste ausführen und das Innere der Insel besichtigen. Hierzu sei noch bemerkt, daß nach einigen Monaten noch mehrere Schiffe mit Auswanderern dahin abgehen sollten, die auch weitere Gegenstände für die Kolonisation und die Anlage von Verteidigungswerken mitbringen sollten.

Von dem Zeitpunkte ihres Eintreffens an war dann auch eine regelmäßige Verbindung zwischen England und jenem Teile des Indischen Ozeans in Aussicht genommen.

Am 27. Juni war die »Licorne« segelfertig und wartete nur noch auf Fritz, Jenny und Franz, und am 28. trafen diese in Portsmouth ein, wo das für Rechnung der Familie Zermatt erworbene Frachtgut bereits angelangt war.

An Bord der Korvette fanden sie den freundlichsten

Empfang vom Kapitän Littlestone, den sie auch einige Male in London getroffen hatten. Das sollte eine Freude werden, in Capetown James und Suzan Wolsten wiederzusehen, und auch die hübsche, lustige Doll, die Franz inzwischen von allem und von den Erlebnissen in England regelmäßig unterrichtet hatte.

Am Morgen des 29. Juni verließ die Korvette bei günstigem Winde den Hafen von Portsmouth – an der Gaffel die flatternde britische Flagge, die sie an der Küste der Neuen Schweiz als Zeichen der Besitzergreifung hissen sollte.

Neunzehntes Kapitel

Die zweite Fahrt der »Licorne«. – Aufenthalt am Kap. – Neue Passagiere und Offiziere. – Der zweite Offizier Borupt. – Widrige Seefahrt. – Meuterei an Bord. – Acht Tage im Frachtraume. – Mitten im Meere verlassen.

Wäre die »Licorne« nicht ein Kriegsschiff, sondern ein Handelsfahrzeug gewesen, das nach der Neuen Schweiz segelte, so hätte sie wohl eine ansehnliche Zahl von Auswanderern aufgenommen. Die Insel, die jetzt das lebhafteste Interesse der Allgemeinheit erregt hatte, konnte gewiß nicht lange auf Ansiedler zu warten haben. Höchstwahrscheinlich stammten diese dann meist aus Irland, dessen Bewohner so vielfach von der Not gezwungen werden, sich außerhalb ihres Vaterlandes eine Existenz zu suchen. Kräftigen und tatenlustigen Leuten konnte es da unten aber niemals an einträglicher Arbeit fehlen.

An Bord der »Licorne« hatten Fritz und Jenny eine hübsche Kabine erhalten, und Franz eine daneben. Ihre Mahlzeiten sollten alle drei an der Tafel des Kapitäns einnehmen.

Die Seefahrt verlief zunächst ohne besondere Zwischenfälle, höchstens wechselte, wie gewöhnlich, der Zustand des Meeres, der Wind schlug wiederholt in eine weniger günstige Richtung um oder es trat gar völlige Windstille ein, die in der Tropenzone öfters kaum enden zu wollen scheint, oder es herrschte endlich vorübergehend stürmisches Wetter, das die gut geführte Korvette indes ohne Schaden zu nehmen überstand. Auf dem südlichen Atlantischen Meere begegnete man dann und wann Schiffen, die dann Nachrichten von der »Licorne« nach Europa brachten. In dieser Zeit tiefsten Friedens nach so langen und furchtbaren Kriegen waren alle Meere besonders sicher und den Schiffen drohte in dieser Beziehung keinerlei Gefahr.

Fritz und Franz lernten jetzt auch den Schiffskaplan näher kennen, der selbst wieder in Indien den Oberst Montrose gekannt hatte. Mit welch besserem Vertrauten hätte Jenny von ihrem Vater sprechen können, als mit dem Manne, der ein näherer Freund des Obersten gewesen war. Von ihm vernahm sie, was dieser seit seiner Rückkehr nach England gelitten hatte und wie unruhig er zuerst in Erwartung der Ankunft des »Dorcas« gewesen, der einige Tage vor dem Schiffe, das ihn selbst nach Europa zurücktrug, abgesegelt war. Welche Qualen, welche Verzweiflung mochte er dann empfunden haben, als es bekannt wurde, daß der »Dorcas« mit Mann und Maus verlorengegangen war! Später war der Oberst mit gebrochenem Herzen nach jenem Feldzuge abgereist, von dem er nicht zurückkehren sollte.

War die »Licorne« bei ihrer Fahrt durch den Atlantischen Ozean so ziemlich begünstigt gewesen, so traf sie dagegen nach dem südlichen Afrika auf recht schlechtes Wetter. In einer Nacht Mitte August brach ein schwerer Sturm von Osten her los, der sie weit aufs Meer hinaus verschlug. Da dieser an Heftigkeit mehr und mehr zunahm, mußte man, angesichts der Unmöglichkeit, den richtigen Kurs einzuhalten, einfach vor ihm fliehen. Der Kapitän Littlestone entwickelte, kräftig unterstützt von seinen Offizieren und Mannschaften, unter diesen Umständen eine erstaunliche Gewandtheit. Infolge mehrfacher ernster Havarien war die »Licorne« aber doch dem Untergange nahe, so daß sogar der Besanmast gekappt werden mußte. Am Hinterteile war auch ein Leck entstanden, das man nur mit Mühe notdürftig verstopfen konnte. Als endlich der Wind abflaute, konnte der Kapitän Littlestone seinen Kurs wieder aufnehmen und er beeilte sich dann, nach Capetown zu kommen, um die erlittenen Havarien ausbessern zu lassen.

Am Morgen des 10. September meldete die Wache das Insichtkommen des Tafelberges, der im Hintergrunde der gleichnamigen Bai emporragt.

Sobal die »Licorne« an ihrem Ankerplatze festgelegt war, kamen James Wolston, seine Frau und seine Schwester, die sich eines Bootes bedient hatten, an Bord.

Mit welchem Jubel wurden da Fritz, Jenny und Franz begrüßt! Welch' beglückender Augenblick für alle! Die beiden jungen Frauen waren überglücklich, einander wiederzusehen, und die reizende Doll gab unbefangen Franz den herzlichen Kuß zurück, den dieser auf ihre frischen Wangen gedrückt hatte. Natürlich wurde übrigens Franz seinem Bruder gegenüber nicht so auffallend bevorzugt. Wie sehr drängte es endlich alle, ihre Existenz für immer in jenem zweiten Vaterlande begründet zu sehen, wo die Familie Zermatt und Wolston sie so ungeduldig erwarteten.

Seit zehn Monaten hatten sie von diesen ja keinerlei Nachricht erhalten. Obwohl sie sich über das Schicksal der Bewohner von Felsenheim wohl nicht zu beunruhigen brauchten, erschien ihnen das Fernbleiben von dort doch recht lang, ja fast endlos. Wie herrlich mußte es sein, wenn sich erst alle wieder in Sicht der Neuen Schweiz vereinten, deren Längen- und Breitenlage der Kapitän Littlestone ja schon kannte. Stunde für Stunde von dem Vater Zermatt, seiner Frau, von Ernst und Jack, sowie von Herrn und Frau Wolston und Anna zu plaudern, das verkürzte leider nicht die Entfernung bis zu diesen und wog nicht das Glück auf, wieder auf dem Gelobten Lande zu wandeln.

Was die Geschäftsangelegenheiten James Wolstons anging, so hatten sich diese nach Wunsch abwickeln und ordnen lassen.

Leider war es aber zunächst unmöglich, die Reise fortzusetzen. Die Havarien der »Licorne« erwiesen sich als so bedeutend, daß ihre Ausbesserung einen längeren Aufenthalt im Hafen von Capetown nötig machte. Jedenfalls nahmen diese, nach zeitweiliger Entladung der Korvette, noch eine Zeit von zwei bis drei Monaten in Anspruch. Vor Ende Oktober war gar nicht darauf zu rechnen, daß sie nach der Neuen Schweiz absegeln könnte.

Das wäre ein beklagenswerte Zeitverlust gewesen, wenn sich den Passagieren der »Licorne« nicht Gelegenheit geboten hätte, ihren Aufenthalt in Capetwon abzukürzen.

Im Hafen lag nämlich zu gleicher Zeit ein Schiff, das binnen vierzehn Tagen absegeln sollte. Es war die »Flag«, ein englischer Dreimaster von fünfhundert Tonnen, Kapitän Harry Gould, der nach Batavia, in den Sondainseln bestimmt war. Die Neue Schweiz anzulaufen, brachte ihn nur wenig aus seiner Route, und wenn er sie an Bord nehmen wollte, waren Fritz und seine Gattin, James und Suzan Wolston mit ihrem Kinde, sowie Franz und Doll erbötig, einen recht anständigen Fahrpreis zu entrichten.

Der Kapitän Gould ging auf diesen Vorschlag ein, und die Passagiere der »Licorne« ließen ihr gesamtes Gepäck nach der »Flag« schaffen, wo ihnen Kabinen überwiesen wurden.

Am Nachmittage des 29. September war der Dreimaster zum Absegeln fertig und am nämlichen Abend bezogen auch James Wolston, seine Frau und seine Schwester nebst dem kleinen Bob ihre Kabinen. Dann nahmen alle innerlich bewegt vom Kapitän Littlestone Abschied und versprachen ihm, die Ankunft der »Licorne« gegen Ende November am Ausgang der Rettungsbucht zu erwarten.

Am nächsten Morgen stach die »Flag« bei recht günstigem Südwestwinde in See, und vor Ablauf des ersten Tages waren die hohen, gegen fünfzehn Lieues landeinwärts gelegenen Gipfel des Kaps den Blicken entschwunden.

Harry Gould war ein vortrefflicher Seemann, dessen Kaltblütigkeit seiner schnellen Entschlossenheit die Wage hielt. Jetzt im besten Mannesalter – er zählte zweiundvierzig Jahre – hatte er erst als Offizier, dann als Kapitän wiederholte Proben seiner Tüchtigkeit abgelegt und seine Reeder konnte zu ihm das beste Vertrauen haben.

Dieses Vertrauen hätte der zweite Offizier, Borupt mit Namen, freilich nicht verdient. Im gleichen Alter mit Harry Gould, doch neidischen und gewalttätigen Charakters und von heftigen Leidenschaften beherrscht, glaubte er sich niemals nach Verdienst belohnt, und getäuscht in der Erwartung, selbst den Befehl über die »Flag« zu übernehmen, barg er in der Seele gegen den Kapitän einen grimmigen Haß, den er zunächst gut zu verheimlichen wußte. Dennoch durchschaute ihn der Obersteuermann John Block, ein furchtloser, zuverlässiger Mann, der seinem Vorgesetzten mit Leib und Seele ergeben war. Im übrigen gehörte die Besatzung der »Flag«, gegen zwanzig Matrosen, nicht gerade zu den besten Leuten, was auch Harry Gould nicht unbekannt war. Der Obersteuermann bemerkte mit Mißvergnügen die Nachgiebigkeit Robert Borupts gegen verschiedene Matrosen, über die er sich dienstlich zu beklagen hatte. Alles das kam ihm verdächtig vor, und er behielt deshalb den zweiten Offizier stets scharf im Auge, um Harry Gould im Notfalle alles mitteilen zu können. Der Kapitän aber würde auf die Worte des erfahrenen, braven Mannes gewiß ebenso Gewicht legen, wie bisher.

Vierzehn Tage lang erlitt die regelmäßige Seefahrt keinerlei Unterbrechung. Der Zustand des Meeres und die Richtung des Windes, der freilich nur als schwache Brise auftrat, hatten sie immer begünstigt. Hielt der Dreimaster wie bis jetzt eine mittlere Geschwindigkeit ein, so mußte die Neue Schweiz gegen Mitte Oktober, d. h. zur vorher angenommenen Zeit, erreicht werden.

Jetzt traten aber wiederholt Anzeichen von Unbotmäßigkeit der Mannschaft an den Tag und es schien sogar, als ob diese Erschlaffung der Disziplin von dem zweiten und dem dritten Offizier unter Verletzung ihrer Dienstpflicht noch begünstigt würde. Von seiner eifersüchtigen, gemeinen Matur geleitet, bemühte sich Robert Borupt nicht im mindesten, die gestörte Ordnung wiederherzustellen. Im Gegenteil hetzte er die Leute mit nicht mißzuverstehenden Worten auf und verschloß die Augen gegen alles, was er sonst hätte strengstens rügen und bestrafen müssen. Kurz, es wurde allmählich deutlicher, daß auf dem Schiffe eine Meuterei drohte.

Inzwischen steuerte die »Flag« nach Nordosten weiter. Am 9. September ergab das Besteck 20 Grad 17 Minuten der Breite und 80 Grad 45 Minuten der Länge von Greenwich; das Schiff befand sich also nahezu in der Mitte des Indischen Ozeans und nahe dem Wendekreise des Steinbockes, den es unlängst überschritten hatte.

In der letzten Nacht waren mehrere Vorzeichen schlechter Witterung eingetreten: Ein starker Fall des Barometers und die Bildung gewitterhafter Wolken, was auf einen jener plötzlichen Stürme hindeutete, welche die Meere hier gar zu häufig heimsuchen.

Gegen drei Uhr des Nachmittages entstand ein so heftiger Wogengang, daß er das Schiff fast zu verschlingen drohte. Es steht schon sehr schlimm um ein Fahrzeug, wenn es auf die Seite gelegt dem Steuer nicht mehr gehorcht und Gefahr läuft, sich, ohne daß die Masten gekappt werden, nicht wieder aufrichten zu können. Dann ist es auch nicht mehr imstande, durch gerades Anlaufen auf die Wellen zu gegen diese anzukämpfen, und ist den Wüten des Ozeans hilflos preisgegeben.

Es versteht sich von selbst, daß sich die Passagiere seit dem Anfange des Sturmes hatten zurückziehen müssen, denn das Verdeck wurde immer und immer wieder mit einem schäumenden Wasserschwalle überspült. Nur Fritz und Franz waren oben geblieben, um der Mannschaft im Falle der Not an die Hand zu gehen. Von der ersten Stunde an hatten Harry Gould mittschiffs, und der Obersteuermann am Ruder ihren Posten eingenommen, während der zweite und der dritte Offizier nahe dem Burgspriet standen. Die Mannschaft hielt sich bereit, jeden Befehlt schleunigst auszuführen, denn es handelte sich hier um Leben und Tod. Der geringste Fehler in einem Segelmanöver hätte, wenn die Wogen an die weit nach Backbord übergebeugte »Flag« anprallten, den gewissen Untergang bringen können. Vor allem kam es jetzt darauf an, das Schiff wieder emporzurichten und die Segel so einzustellen, daß es den Windstößen sozusagen die Stirn bot.

Und doch sollte ein solcher Fehler begangen werden, wenn nicht gar absichtlich, da das Schiff dadurch unterzugehen drohte, so doch infolge der falschen Auffassung einer Anordnung des Kapitäns, die bei einem Offizier mit der nötigen Erfahrung und mit seemännischem Instinkt nicht hätte vorkommen dürfen.

Keinem anderen als Robert Borupt, dem zweiten Offizier, fiel dafür die Verantwortlichkeit zu. Unter dem Drucke des falsch gestellten Marssegels tauchte das Fahrzeug vorn noch tiefer ein und eine ungeheure Woge schäumte über die Reling herein.

»Der verdammte Borupt will uns wohl zum Kentern bringen!« rief Harry Gould.

»Er hat dazu wenigstens getan, was er konnte«, antwortete der Obersteuermann, der sich mit aller Kraft bemühte, das Ruder nach Steuerbord umzulegen.

Der Kapitän stürmte über das Deck hin nach dem Vorderteile zu, ohne darauf zu achten, daß er über Bord gespült werden könnte, und erreichte mit großer Mühe den Bug des Schiffes.

»In Ihre Kabine«, rief er mit wütender Stimme, »hinein in Ihre Kabine, und verlassen Sie diese nicht wieder!«

Der von Robert Borupt begangene Fehler lag so offenbar auf der Hand, daß keiner von der Mannschaft, die sonst bereit gewesen wäre, sich auf seinen Ruf um ihn zu scharen, jetzt die Stimme zu erheben wagte. Der zweite Offizier gehorchte ohne Widerspruch und schwankte nach dem Hinterteile und seiner Kabine zu.

Harry Gould tat nun sofort, was ihm unter den gegebenen Umständen möglich war. Durch angepaßte Einstellung aller Segel, die die »Flag« jetzt tragen konnte, gelang es ihm, diese wieder mehr aufzurichten, ohne die Masten kappen zu müssen, und nun lag auch das Schiff nicht mehr mit der Breitseite gegen den Wogengang.

Drei Tage lang mußte man vor dem Sturme flüchten – immer unter schweren Gefahren, die indes durch den Kapitän und den Obersteuermann glücklich abgewendet wurden. Fast die ganze Zeit über mußten Suzan, Jenny und Doll in ihren Kabinen bleiben, während Fritz, Franz und James sich an den Segelmanövern beteiligten.

Am 13. September ließ sich endlich eine Abnahme der atmosphärischen Störung erkennen. Der Wind flaute ab, und wenn sich das Meer auch nicht sofort beruhigte, so nahm die »Flag« doch kein Wasser mehr über.

Nun beeilten sich die Passagiere, ihre Kabinen zu verlassen. Sie wußten, was zwischen dem Kapitän und dem zweiten Offizier vorgekommen und warum dieser seiner Funktion enthoben worden war. Über eine Bestrafung Robert Borupts sollte erst nach der Rückkehr eine Seebehörde entscheiden.

Zunächst waren jetzt viele Havarien am Segelwerk auszubessern; John Block, der diese Arbeiten leitete, erkannte aber sehr bald, daß die Mannschaft zu einer Meuterei geneigt sei.

Das konnte auch Fritz, Franz und James Wolston nicht entgehen und flößte ihnen vielleicht mehr Besorgnis ein, als vorher der tolle Sturm. Gewiß würde der Kapitän gegen jeden, wer es auch sein mochte, mit der größten Strenge vorgehen; es fragte sich nur, ob es dazu nicht schon zu spät wäre.

Im Laufe der nächsten acht Tage kam indes kein weiterer Verstoß gegen die Disziplin vor. Da die »Flag« aus ihrer Route um mehrere hundert Seemeilen nach Osten verschlagen worden war, mußte sie jetzt nach Westen umkehren, um in gleiche Länge mit der Neuen Schweiz zu kommen.

Da erschien am 20. September gegen zehn Uhr Robert Borupt, obwohl sein Arrest nicht aufgehoben worden war, zum Erstaunen aller wieder auf dem Verdeck.

Die auf dem Hinterteile des Schiffes versammelten Passagiere hatten die unbestimmte Empfindung, daß der bisherige Ernst der Lage sich noch verschlimmern werde.

Sobald der Kapitän den zweiten Offizier nach dem Verdeck gehen sah, trat er auf diesen zu.

»Leutnant Borupt«, rief er diesen an, »Sie haben noch Arrest! Was haben Sie hier zu schaffen? Antworten Sie!«

»Ja ... gewiß«, erwiderte Borupt grollend, »meine Antwort sollen Sie sofort hören!«

Damit drehte er sich zu den Mannschaften des Schiffes um.

»Hierher ... zu mir, Kameraden!« rief er.

»Hurra für Robert Borupt!« schallte es vom Bug bis zum Heck zurück.

Harry Gould eilte nach seiner Kabine und erschien daraus wieder mit einer Pistole in der Hand. Doch ehe er

Gebrauch machen konnte, krachte schon ein Schuß von einem der Matrosen, die sich um Borupt drängten, und am Kopfe schwer verwundet, sank er dem Obersteuermann in die Arme.

Gegenüber der gesamten sich empörenden Besatzung, die vom zweiten und dritten Offizier noch aufgehetzt wurde, war jetzt an Widerstand nicht zu denken. Trotzdem versuchten John Block, Fritz, Franz und James Wolston, die sich um Harry Gould geschart hatten, den Kampf aufzunehmen. Von der Menge erdrückt, sahen sie sich doch sehr bald überwunden, und zehn Matrosen schleppten sie samt dem Kapitän nach dem Laderaum hinunter.

Jenny, Doll und Suzan mit dem Kinde wurden in ihre Kabinen eingesperrt, vor deren Türen Borupt, der jetzt allein den Befehl führte, Wachen stellte.

Das war eine entsetzliche Lage für die Gefangenen in dem fast ganz finsteren Frachtraume, und vor allem für den unglücklichen Kapitän mit seiner schmerzhaften Kopfwunde, auf die hier nur feuchte, kalte Umschläge gelegt werden konnten. Der Obersteuermann bemühte sich jedoch, ihn zu pflegen, so gut es anging. Fritz, Franz und James Wolston waren natürlich die Beute der quälendsten Unruhe. Die drei Passagiere in der Gewalt der Meuterer der »Flag«! Wie zentnerschwer drückte auf sie das Gefühl ihrer traurigen Ohnmacht!

So verstrichen mehrere Tage. Je zweimal, des Morgens und des Abends, wurde der Deckel der Luke des Frachtraumes abgehoben und erhielten die Gefangenen etwas Nahrung. Auf alle Fragen John Blocks antworteten die Matrosen nur mit rohen, drohenden Worten, und gegen Fritz, Franz und James stießen sie die schlimmsten Beleidigungen aus.

Wiederholt versuchten der Obersteuermann und seine Unglücksgefährten sich dadurch zu befreien, daß sie den Lukendeckel abzuwerfen suchten. Dieser wurde aber Tag und Nacht streng bewacht; doch wenn es ihnen auch gelungen wäre, ihn abzuheben, die Wachposten zu bezwingen und auf das Verdeck zu gelangen, so mußten sie hier doch der übrigen Mannschaft unterliegen, und Robert Borupt hätte wohl noch eine grausamere Behandlung und Strafe für sie verhängt.

»Dieser Elende!... Dieser Schurke!« wiederholte Fritz in Gedanken an seine Gattin, an Suzan und Doll.

»Ja, der verruchteste Kerl, den es geben kann«, sagte John Block, »und wenn der nicht einst noch am Galgen baumelt, gibt es keine Gerechtigkeit mehr auf Erden.«

Um die Meuterer zu bestrafen, um ihrem Anführer den verdienten Lohn zu geben, wäre es freilich nötig gewesen, daß sich ein Kriegsschiff der »Flag« bemächtigte. Robert Borupt hütete sich aber weislich, nach mehr befahrenen Gegenden zu steuern, wo seine Spießgesellen und er Gefahr liefen, verfolgt zu werden.

Er hatte das Schiff jedenfalls von seinem Kurs weggeführt, wahrscheinlich zunächst nach Osten zu, um von den Küsten Afrikas und Australiens gleich weit entfernt zu sein. Jeder Tage vergrößerte jetzt die Entfernung der »Flag« vom Meridian der Neuen Schweiz gut um fünfzig bis sechzig Lieues. Harry Gould und der Obersteuermann konnten aus der stets über Backbord geneigten Lage des Fahrzeuges erkennen, daß dieses schnell dahinsegelte. Das Knarren und Krachen an der Einfügungsstelle der Masten verriet, daß der zweite Offizier hatte so viel Segel wie möglich setzen lassen. Was sollte aber aus den Passagieren werden, wenn die »Flag« erst die entlegenen, zur Ausübung der Piraterie so geeigneten Wasserwüsten des großen Ozeans erreicht hatte? An Bord würden sie doch schwerlich behalten werden... vielleicht setzte man sie an einer unbewohnten Insel aus... Gleichviel, alles war doch besser, als auf diesem Schiff unter den Händen Robert Borupts und seiner Spießgesellen zu bleiben.

Zum berechneten Termine sollte also, anstelle der am Kap zurückgehaltenen »Licorne«, auch die »Flag«

nicht an der Neuen Schweiz erscheinen. Dort wartete man wochen-, ja monatelang vergeblich, und welch quälende Unruhe mußte die Familien Zermatt und Wolston erfüllen! Ankerte endlich gar erst die »Licorne« in der Rettungsbucht und meldete sie, daß die »Flag« schon längere Zeit vor ihr nach der Kolonie abgegangen war, so mußte sich ja die Befürchtung aufdrängen, daß diese mit Mann und Maus zugrunde gegangen sei.

Seit der Einsperrung Harry Goulds und seiner Gefährten war schon eine Woche vergangen, ohne daß diese etwas von den Frauen in den Kabinen gehört hatten. Da – am 27. September – schien die Schnelligkeit des Dreimasters wesentlich verändert zu sein, entweder weil er beigedreht oder weil der Wind sich gelegt hatte.

Abends gegen acht Uhr erschienen einige Matrosen bei den Gefangenen.

Der dritte Offizier befahl diesen, ihm zu folgen, und sie mußten ihm wohl oder übel gehorchen.

Was mochte oben vorgegangen sein? . . . Sollten sie in Freiheit gesetzt werden? . . . Hatte sich eine Robert Borupt feindliche Partei gebildet, die die Führung des Schiffes dem Kapitän Gould übergeben wollte?

Nach dem Verdecke gelangt, sahen sie Robert Borupt, der sie in Gegenwart der ganzen Besatzung am Fuße des Großmastes erwartete. Vergeblich warfen Fritz und Franz einen Blick in das Vorderkastell, dessen Mitteltür offenstand. Keine Lampe, keine Laterne verbreitete darin das geringste Licht.

Als der Obersteuermann sich aber der Steuerbordreling näherte, konnte er die Spitze eines Mastes erkennen, der an der Seite des Schiffes schwankte.

Offenbar war die große Schaluppe aufs Meer gesetzt worden.

Das deutete darauf hin, daß Robert Borupt den Kapitän und dessen Gefährten auf dem Boote einschiffen, sie hier aussetzen und allen Zufälligkeiten des Meeres überlassen wollte, ohne daß diese wußten, ob sie sich in der

Nähe eines Landes oder einer Insel befanden.

Unentschieden erschien es, ob die unglücklichen Frauen an Bord zurückbehalten werden und hier den schlimmsten Gefahren ausgesetzt bleiben sollten.

Bei dem Gedanken, sie niemals wiederzusehen, wollten Fritz, Franz und James einen letzten Versuch zu ihrer Befreiung, sogar auf die Gefahr hin wagen, daß es ihnen selbst das Leben kostete.

Fritz stürmte nach dem Kastell zu und rief nach Jenny. Da hielten ihn aber nervige Fäuste zurück, ebenso wie Franz und James, der auch Suzan auf seinen Ruf nicht antworten hörte. Trotz ihres Widerstandes sofort überwältigt, wurden sie mit Harry Gould und John Block über die Reling in die Schaluppe hinabgelassen, die mittels einer Leine noch längs des Schiffes festgehalten war.

Welche Überraschung, welche Freude sollte ihnen aber hier zuteil werden! Im Boote befanden sich bereits die geliebten Wesen, die sie eben vergeblich gerufen hatten. Die Frauen waren einige Augenblicke vor den Gefangenen aus dem Frachtraume in die Schaluppe befördert worden. Hier hatten sie, eine Beute der schrecklichen Angst, gewartet, ob ihre Begleiter gleichzeitig mit ihnen hier mitten im großen Ozeane ausgesetzt werden sollten, wohin Robert Borupt sicherlich die »Flag« geführt hatte.

Da gab es ein Wiedersehen unter heißesten Tränen. Schon allein der Gedanke, wieder vereinigt zu sein, erschien ihnen als die größte Gnade, die der Himmel ihnen erweisen konnte.

Und doch, welche Gefahren bedrohten sie an Bord dieses kleinen Fahrzeuges. Sie fanden darin nur vier Beutel mit Schiffszwieback und konserviertem Fleisch, drei Fäßchen Trinkwasser, verschiedene Kochgerätschaften nebst einem Paket Kleidungsstücke und Dekken, die ohne zu wählen aus den Kabinen genommen worden waren . . . alles in allem kaum genug, etwaigem schlechten Wetter zu widerstehen und die Qualen des Durstes und Hungers zu stillen.

Sie waren aber wenigstens beisammen! Nur der Tod konnte sie in Zukunft trennen. Jetzt hatten sie übrigens gar keine Zeit zum Überlegen. In wenigen Minuten mußte sich die »Flag« bei dem eben wieder einsetzenden Winde schon weit von ihnen entfernt haben.

Der Obersteuermann hatte sich ans Ruder gesetzt, und Fritz und Franz standen am Maste, bereit, das Segel zu hissen, sobald die Schaluppe von dem Schiffe klar abgekommen wäre.

Der Kapitän war unter das kleine Deck am Bug niedergelegt worden, wo ihn, auf Decken ausgestreckt und unfähig, sich aufrecht zu erhalten, Jenny nach Möglichkeit unterstützte.

Von der »Flag« starrten die über die Reling gebeugten Matrosen schweigend nach dem Boote hinunter. Keiner davon empfand das geringste Mitleid mit den Opfern Robert Borupts, und man sah ihre brennenden Augen im Dunkel ordentlich leuchten.

In diesem Augenblicke ertönte eine Stimme . . .die Stimme Harry Goulds, dem der aufwallende Ingrimm einige Kraft verliehen hatte.

Unter dem kleinen Deck hervorkriechend, hatte er sich von Bank zu Bank geschleppt und mit Mühe halb aufgerichtet.

»Ihr Elenden!« rief er, »ihr werdet der irdischen Gerechtigkeit doch nicht entgehen!«

»Und der himmlischen auch nicht!« setzte Franz hinzu.

»Loslassen!« befahl Robert Borupt.

Die Leine fiel herab, die Schaluppe schwamm frei und das Schiff verschwand bald in der Finsternis der Nacht.

Zwanzigstes Kapitel

Ein Ausruf Franzens. – Welche Küste mag das sein? – Die Insassen der Schaluppe. – Das Land im Nebel verschwunden. – Drohende Witterung. – Das Land wieder sichtbar. – Windstöße aus Süden. – An der Küste.

»Land! Land!« erscholl es plötzlich. Franz war es, der diesen Ruf wie eine Verheißung der Rettung ausstieß. Auf dem kleinen Deck am Bug stehend, hatte er durch eine Lichtung in den Nebelmassen die Umrisse einer Küste unbestimmt zu erkennen geglaubt. Sofort ergriff er ein Stagseil, kletterte zur Mastspitze empor und starrte, auf der Gaffel sitzend, von hier aus in der Richtung wie vorher hinaus.

Zehn Minuten mochten verstrichen sein, ehe er im Norden wiederum Spuren eines Landes wahrnehmen konnte, und darauf glitt er am Mast herunter.

»Du hast eine Küste gesehen?« fragte ihn Fritz.

»Ja ... dort draußen ... unter dem Rande jener dikken Wolke, die über dem Horizonte schwebt.

»Sie haben sich doch nicht getäuscht, Franz?« sagte John Block.

»Nein, Obersteuermann, gewiß nicht! Die Wolke hat sich jetzt auf den Horizont herabgesenkt, hinter ihr liegt aber das Land. Ich hab' es gesehen, ich bleibe dabei, es genau erkannt zu haben!«

Jenny hatte sich eben erhoben und ergriff den Arm ihres Gatten.

»Wir dürfen getrost glauben, was Franz sagt«, erklärte sie. »Er hat ein sehr scharfes Gesicht und wird sich nicht getäuscht haben.«

»Nein, ich habe mich nicht getäuscht«, versicherte Franz nochmals. »Glaubt mir, wie mir Jenny glaubt! Ganz deutlich habe ich dort eine Anhöhe unterscheiden können, sie war in einem Wolkenspalt wohl eine Minute lang sichtbar, doch ob sie sich nach Osten und nach Westen hier weiter fortsetzte, war nicht zu erkennen. Doch gleichviel: Insel oder Kontinent ... da draußen liegt das Land!«

Die so bestimmten Behauptungen Franzens ließen keine Zweifel an ihrer Richtigkeit zu. Da man ja so gern glaubt, was man sehnlich wünscht, klammerten sich auch jetzt alle hoffnungsvoll an die Rettung verkündende Botschaft, und die Unglücklichen vereinigten sich gern mit Franz in dem Gebete, das dieser zum Allmächtigen schickte.

Welchem Lande jene Küste angehörte, das würde ja vielleicht klarwerden, wenn die Schaluppe sie erst erreicht hatte. Jedenfalls wollten ihre Insassen, fünf Männer – Fritz, Franz, James, der Kapitän Gould und der Obersteuermann John Block – und drei Frauen – Jenny, Doll und Suzan nebst ihrem Kinde – an dem Ufer, mochte es sein, welches es wollte, zu landen versuchen. Bot es keinerlei Hilfsquellen, war es unbewohnbar oder durch wilde Eingeborene gefährdet, so sollte die Schaluppe, nachdem sie, so gut es anging, frisch mit Wasserproviant versehen war, wieder abfahren.

Harry Gould wurde sofort von allem unterrichtet, und trotz seiner Schwäche und seiner schmerzhaften Leiden verlangte er doch, nach dem Hinterteile des Fahrzeuges geschafft zu werden.

In bezug auf das in Sicht gekommene Land äußerte Fritz sich noch folgendermaßen:

»In erster Linie interessiert uns augenblicklich offenbar dessen Entfernung. Bei der geringen Höhe, von der aus es gesehen wird, und unter Berücksichtigung der dunstigen Luft glaub' ich, daß sie kaum mehr als fünf bis zehn Lieues betragen wird.«

Der Kapitän Gould stimmte dieser Schätzung zu, der Obersteuermann schüttelte dagegen den Kopf.

»Mit einer guten Brise aus Süden«, fuhr Fritz fort, »müßten wir es also binnen zwei Stunden erreichen können.«

»Leider ist der Wind«, sagte Franz, »nicht recht stetig und scheint eher nach Norden umlaufen zu wollen. Wenn er sich nicht gänzlich legt, fürchte ich, er werde uns mehr hinderlich als nützlich sein.«

»Da gibt es ja noch Ruder«, antwortete Fritz. »Können wir denn nicht nach diesen greifen, lieber Bruder, während Obersteuermann seines gewohnten Amtes waltet? . . . Ein paar Stunden tüchtig ausgegriffen zu haben, wird uns auch noch nicht die letzten Kräfte rauben!«

»An die Ruder also!« kommandierte Harry Gould, doch mit so schwacher Stimme, daß man ihn kaum verstehen konnte.

Es war unangenehm, daß der Kapitän seines geschwächten Zustandes wegen nicht steuern konnte, denn zu vieren arbeitend, wären die Passagiere weit schneller ans Ziel gekommen.

Fritz, Franz und James, obwohl im Alter voller Jugendkraft, ebenso der noch sehr rüstige Obersteuermann, waren, wenn auch an anstrengende Tätigkeit gewöhnt, jetzt durch Entbehrung und Mühsal doch stark erschöpft. Schon waren acht Tage verflossen, seit man sie von der »Flag« ausgesetzt hatte. Von ihrem mit äußerster Sparsamkeit verbrauchten Proviant war nur ein Rest, etwa der Bedarf für vierundzwanzig Stunden übrig. Drei- oder viermal war es mittels nachgeschleppter, langer Angelschnüre gelungen, einige Fische zu fangen. Ein kleiner Ofen, eine Kasserolle und ein Kochtopf – das waren die sämtlichen Gerätschaften, die sie nebst ihren Messern besaßen. Und wenn jenes Land nur eine felsige Insel war, wenn die Schaluppe noch viele Tage lang wieder hinausfahren mußte, um ein Festland oder eine bewohnbare Insel zu suchen, was sollte dann aus den unglücklichen Verlassenen werden?

Als Franz den Ruf »Land! Land!« ausstieß, war jedoch bei allen die Hoffnung neu erwacht. Man muß nur derartige Prüfungen durchgekostet haben, um zu begreifen, an welches Nichts sich menschliche Geschöpfe klammern können! Der Schiffbrüchige hält sich ja krampfhaft an dem kleinsten Stück einer treibenden Planke! Statt des von Windstößen bedrohten, von den Wellen umhergeworfenen Bootes sollte ihr Fuß ja wieder festen Boden betreten. Sie dachten hier in einer Höhle Zuflucht gegen schlechte Witterung zu suchen, sie fanden vielleicht fruchtbares Erdreich, erquickendes Grün, eßbare Wurzeln und mancherlei Früchte, von denen es in der Tropenzone ja so unendlich viele gibt. Dort konnten sie, ohne Hunger und Durst zu erleiden, das Erscheinen eines Schiffes abwarten. Dieses Schiff würde ihre Signale wahrnehmen . . . würde den Verlassenen zu Hilfe kommen . . . alles das sahen sie bereits im Spiegel ihrer tröstlichen Hoffnung.

Gehörte die unbestimmt gesehene Küste wohl zu einer Gruppe der jenseits des Wendekreises des Steinbokkes gelegenen Inseln? Das war eine Frage, worüber Fritz und der Obersteuermann mit gedämpfter Stimme eben verhandelten. Jenny und Doll hatten ihre alten Plätze wieder eingenommen, und der kleine Knabe schlummerte in den Armen der Frau Wolston. Den vom Fieber geschüttelten Kapitän hatte man wieder unter das kleine Verdeck schaffen müssen, wo Jenny seine Kopfumschläge fleißig mit frischem Wasser anfeuchtete. Fritz verlor sich inzwischen in einem wenig beruhigenden Gedankengange. Er bezweifelte nicht, daß die »Flag« nach der an Bord ausgebrochenen Meuterei binnen acht Tagen eine weite Strecke nach Osten hin zurückgelegt haben werde. Traf das zu, so wäre die Schaluppe auf dem Teile des Großen Ozeans ausgesetzt worden, wo auf den Karten nur vereinzelte Inseln, wie Amsterdam und St. Paul, oder, weiter im Süden, die Gruppe der Kerguelen verzeichnet waren. Schließlich erschien aber ja auch auf diesen zum Teil öden, zum Teil bewohnten Inseln ihr Los gesichert, ihre Rettung gewiß und vielleicht winkte ihnen dort früher oder später die Heimkehr nach dem ersehnten zweiten Vaterlande.

War die Schaluppe dagegen seit dem 27. September durch die südlichen Winde mehr nach Norden getrieben worden, so konnte jener Küstenstrich auch dem australischen Festlande, im glücklichen Falle vielleicht Tasmanien oder den Provinzen Victoria oder Südaustralien angehören. Trafen sie auf Hobart-Town, Melbourne oder Adelaide, so war ihre Rettung gesichert. Landete das Fahrzeug aber am südwestlichen Teile des fünften Kontinentes, etwa in der König-Georg-Bai oder am Kap Leuwin, wo nur wilde Volksstämme hausen, so war ihre Lage eher noch verschlimmert. Hier auf freiem Meere war freilich auch kaum Aussicht, einem nach Australien oder nach den Inseln des Großen Ozeans bestimmten Schiffe zu begegnen.

»Auf jeden Fall, liebe Jenny«, sagte Fritz zu seiner Gattin, die neben ihm Platz genommen hatte, »sind wir von der Neuen Schweiz weit, gewiß mehrere hundert Lieues weit entfernt.«

»Das mag sein«, antwortete Jenny, »es ist aber schon etwas wert, daß wir Land vor uns haben. Was deine Angehörigen auf eurer Insel getan haben, was mir auf dem Rauchenden Felsen gelungen ist, warum sollte uns das hier unmöglich sein? Nachdem wir so schwere Prüfungen erlitten, mein Lieber, haben wir das Recht, auf unsere Tatkraft, unsere Entschlossenheit zu vertrauen. Nein, nein, zwei Söhne Jean Zermatts können nimmer an sich selbst verzweifeln.«

Wahrlich, mein herziges Weib, sollte mich je eine Schwäche anwandeln, so braucht' ich nur deinen Worten zu lauschen. Gewiß, wir werden nicht ermatten, zumal da wir noch recht wirksame Hilfe haben. Auf den Obersteuermann ist in jeder Lage zu zählen; unser armer Kapitän freilich ...«

»Mit ihm wird's auch noch besser gehen, er wird schon wieder genesen, lieber Fritz«, versicherte Jenny. »Das Fieber, das ihn jetzt verzehrt, muß doch einmal nachlassen. Dort drüben auf dem Lande können wir ihn auch besser pflegen, dort wird er wieder zu Kräften kommen, wird wieder unser Haupt und Führer sein!«

»Ach, meine Jenny«, rief Fritz, der die mutige junge Frau an sein Herz drückte, »gebe nur der Himmel, daß jenes Land uns wenigstens die notdürftigsten Hilfsmittel biete! Ich verlange ja gar nicht soviel, wie uns in der Neuen Schweiz geboten wurde. Das Land hier liegt nicht in einer Erdengegend, wo man von der Natur, ohne eigene Anstrengung, fast alles erwarten könnte. Das schlimmste wär' es für uns, mit Wilden zusammenzutreffen, gegen die wir ohnmächtig wären, und daß die Schaluppe, ohne mit neuem Proviant versorgt zu sein, wieder weitersegeln müßte. Lieber an einer menschenleeren Küste landen, und wär' es die kleinste Insel! Da gäb' es im Wasser doch Fische, am Strande jedenfalls eßbare Muscheln und vielleicht auch Scharen von Vögeln, wie wir solche am Uferlande von Felsenheim antrafen. Dann könnten wir uns mit frischen Vorräten versehen und nach ein oder zwei Wochen, wenn wir uns von den jetzigen Mühsalen erholt hätten und der Kapitän wieder zu Kräften gekommen wäre, zur Aufsuchung einer gastlicheren Küste weiterfahren. Diese Schaluppe ist ja fest gebaut und wir haben einen erfahrenen Seemann zu ihrer Führung. Die schlechte Jahreszeit naht heran. Nachdem wir schon manchen harten Windstoß ausgehalten haben, werden wir auch über weitere solche hinwegkommen. Möge uns das Land da draußen, welches es auch sein mag, nur Nahrungsmittel bieten, mit Gottes Hilfe hoff' ich dann . . .«

»Lieber Fritz«, antwortete Jenny, die Hand ihres Gatten in den ihrigen drückend, »alles das müssen wir unseren Leidensgefährten vorstellen; es wird ihnen gewiß frischen Mut einflößen.«

»An Mut hat es ihnen ja keinen Augenblick gefehlt, mein herziges Weibchen», sagte Fritz, »und wenn sie ihn verlieren sollten, wirst du, die entschlossenste, die tatkräftigste, die junge Engländerin vom Rauchenden

Felsen es sein, die in ihnen neue Hoffnung erweckt!«

Was Fritz hier aussprach, das dachten auch alle übrigen von der tapferen Jenny. Als die Frauen in ihrer Kabine eingeschlossen waren, hatte sie allein durch ihren ermutigenden Zuspruch Doll und Suzan vor drohender Verzweiflung bewahrt.

Das hier nahe liegende Land hatte auch noch einen anderen Vorzug; es lag nicht, wie die Neue Schweiz, in einer Weltgegend, die von Handelsschiffen kaum jemals berührt wurde. Im Gegenteil mußte es voraussichtlich, ob es nun die Südküste Australiens oder Tasmaniens, oder auch nur eine zu den pazifischen Archipelen gehörige Insel war, doch wohl auf den Seekarten eingetragen sein.

Doch zugegeben, daß der Kapitän Gould und seine Schicksalsgenossen die Hoffnung hegten, hier einmal von einem Schiffe aufgenommen zu werden, mußte sie der Gedanke an die weite Entfernung bis zur Neuen Schweiz immerhin recht traurig stimmen ... jedenfalls betrug die Entfernung ja hunderte von Lieues, die die »Flag« auf achttägiger Fahrt nach Osten zurückgelegt hatte. Und wenn das Unglück sie verurteilte, hier ebensolange zu leben, wie die Familie Zermatt auf ihrer Insel, wenn die Schaluppe sich für eine längere Seefahrt unzureichend erwies, wenn ihr Vertrauen, trotz der schon überstandenen Prüfungen doch dahinschwinden sollte, wie verzweifelt mußten erst die sein, die in weiter Entfernung auf sie warteten!

Dieser Gedanke beschäftigte unablässig Fritz und Jenny, Franz, James und dessen Frau und Schwester, ja sie vergaßen sogar den Ernst der sie bedrohenden Gefahren, um nur an ihre Eltern und Freunde zu denken.

Jetzt war schon der 13. Oktober. Vor fast einem Jahre war die »Licorne« von der Insel abgesegelt, an der sie um diese Zeit hatte wieder landen sollen. In Felsenheim zählten die beiden Zermatts, Ernst und Jack, Herr und Frau Wolston und deren Tochter sehnsüchtig die

Tage ... die Stunden ...

Alle wollten bei dem Eintreffen der Korvette gegenwärtig sein, wenn diese, das Kap der Getäuschten Hoffnung umsegelnd, sich mit Kanonenschüssen meldete, auf die die Batterie der Haifischinsel antworten sollte. Was würden sie aber nach einem, nach zwei Monaten sagen! Zunächst wahrscheinlich, daß widrige Winde die »Licorne« zurückhielten, daß sie nicht zur vorausbestimmten Zeit von England habe abfahren können, vielleicht daß ein Seekrieg ihre Fahrt störte ... nie würden sie aber annehmen, daß das Fahrzeug etwa mit Mann und Maus zugrunde gegangen sein könnte.

Nach einigen Woche, und nach ihrer Ausbesserung in Capetown erschien die »Licorne« jedenfalls in den Gewässern der Neuen Schweiz. Die Familien Zermatt und Wolston erfuhren dann, daß die Abwesenden sich auf der »Flag« eingeschifft hatten, die an ihrem Bestimmungsort nicht eingetroffen war. Wäre es dann möglich zu bezweifeln, daß dieses Fahrzeug bei einem der so häufigen Stürme im Indischen Ozean untergegangen wäre? ...

Das betraf indes die Zukunft; die Gegenwart aber drohte noch mit so vielerlei ernsten Zwischenfällen, daß man sich mehr mit diesen beschäftigte.

Seitdem Franz Land in Sicht gemeldet hatte, war Block bemüht gewesen, nach Norden zu steuern, obwohl das ohne Kompaß seine Schwierigkeiten hatte. Die von Franz angegebene Lage des Landes beruhte ja nur auf einer Schätzung. Wenn die Dunstmassen sich auflösten oder der Horizont sich wenigstens auf seiner nördlichen Seite aufhellte, mußte es leichter werden, auf die Küste zuzuhalten. Leider verbarg aber der dichte Nebelschleier noch immer die Uferlinie, die für Beobachter auf der Meeresoberfläche vier bis fünf Lieues entfernt liegen mochte.

Inzwischen waren die Riemen jedoch ausgelegt worden und Fritz, Franz und James ruderten aus Leibeskräften. Bei ihrer Erschöpfung konnten sie die schwer belastete Schaluppe jedoch nicht gerade schnell vorwärts treiben, und es nahm deshalb den ganzen Tag in Anspruch, die Strecke, die sie von der Küste trennte, zu überwinden.

Wenn sie nur nicht obendrein noch von widrigen Winden betroffen wurden! Da wäre es doch besser, daß die jetzige vollkommene Ruhe der Luft bis zum Abend anhielte. Eine nördliche Brise hätte ja das kleine Fahrzeug wieder weit vom Lande weg verschlagen.

Zu Mittag betrug die seit dem Morgen zurückgelegte Strecke kaum eine Lieue; der Obersteuermann glaubte daraus schließen zu dürfen, daß daran eine Gegenströmung schuld sein werde, wenn es sich nicht einfach um eine Wirkung der Ebbe handelte. Bestand hier wirklich eine dauernde Gegenströmung, so mußten sie wohl davon absehen, gegen diese anzukämpfen.

Gegen zwei Uhr Nachmittag rief da John Block, der einmal aufgestanden war:

»Es springt wieder eine Brise auf ... ich fühle es! Da wird uns das Klüversegel allein bald mehr nützen, als unsere Ruder!«

Der erfahrene Seemann täuschte sich nicht. Nach wenigen Minuten begann die Meeresfläche von Südosten her sich leicht zu kräuseln und kleine Wellen klatschten an die Längswand der Schaluppe.

»Da ... da ... die Bestätigung Ihrer Prophezeiung, Block!« sagte Fritz. »Die Brise ist nur leider so schwach, daß wir trotzdem noch werden rudern müssen.«

»Ja freilich, Herr Zermatt«, antwortete der Obersteuermann, »immer noch tüchtig auslegen, bis wir mit dem Segel allein nach der Küste kommen können.«

»Wo aber ist sie denn?« fragte Franz, dessen Augen vergeblich die dichte Dunstwand zu durchschauen suchten.

»Dort vor uns ... ohne jeden Zweifel!«

»Ist das wirklich so gewiß, Block?« fragte Franz auf

einmal.

»Ja, wo in aller Welt soll sie denn sonst sein, als hinter der verwünschten Nebelbank im Norden?«

»Das wünschen wir freilich«, sagte James Wolston, »doch wünschen allein genügt leider nicht!«

Klarheit konnte hierüber freilich nur erlangt werden, wenn der Wind mehr auffrischte.

Das verzögerte sich noch eine Zeitlang und es wurde drei Uhr, ehe die halb aufgegeiten Segel erkennen ließen, daß sie benützt werden konnten.

Jetzt wurden die Riemen eingezogen. Fritz und Franz machten das Focksegel klar und hißten es dann mit aller Kraft, während der Obersteuermann die Schote hielt.

Noch wußte freilich niemand, ob die Brise stetig genug bleiben werde, den Nebel wirklich zu zerstreuen.

Zwanzig Minuten verstrichen in dieser Ungewißheit, dann nahmen die Wellen ein wenig zu und schlugen an die Seite der Schaluppe, so daß der Obersteuermann diese mit dem Wrickruder in eine günstigere Lage bringen mußte. Nun schwellten auch Fock- und Klüversegel an, daß sich ihre Schoten spannten.

Vorläufig und bis der Wind den Horizont reingefegt hatte, wurde der Kurs nach Norden beibehalten.

Der Ausblick mußte sich ja klären, wenn die Brise bis zum Horizonte fortgeschritten war. Voller Erwartung blickten alle nach dieser Seite hinaus. Zeigte sich das Land nur einen Augenblick, so genügte das John Block vollkommen, sicher darauf zuzusteuern.

Der Dunstvorhang teilte sich jedoch nicht, obgleich der Wind beim weiteren Sinken der Sonne an Stärke zu gewinnen schien. Das Fahrzeug glitt jetzt ziemlich schnell dahin. Fritz und der Obersteuermann legte sich schon die Frage vor, ob sie nicht über die Insel – wenn es eine solche war – hinausgefahren wären, oder ob sie nicht im Osten oder Westen ein Festland umschifft hätten, wenn es sich hier um ein Festland handelte.

Nun tauchten auch wieder allerlei Zweifel auf. Vielleicht hatte sich Fritz doch getäuscht, und es war gar kein Land, was er im Norden gesehen hatte.

Dagegen verwahrte er sich freilich mit aller Bestimmtheit. Habe er es auch nur allein sehen können, so habe er es doch gesehen . . . mit den eigenen Augen gesehen . . .

»Es war ein hohes Vorland«, erklärte er von neuem, »eine Art Steilufer mit fast ebenem Kamme, das ich unmöglich mit einer Wolke verwechseln konnte.«

»In der Zeit, wo wir nun darauf zuhalten«, warf Fritz ein, »müßten wir das Land aber erreicht haben; es sollte ja kaum mehr als fünf bis sechs Lieues von uns entfernt liegen.«

»Sind Sie Ihrer Sache sicher, John Block«, ließ sich Franz vernehmen, »daß die Schaluppe immer darauf zu, immer genau nach Norden hin segelte?«

»Ja . . . es ist immerhin möglich, daß wir einen falschen Weg eingeschlagen haben«, erklärte der alte Seemann. »Ich halte es überhaupt für richtiger, abzuwarten, bis der Horizont klar geworden ist, müßten wir auch die ganze Nacht über hier liegen bleiben.«

Das war vielleicht das klügste. Befand sich die Schaluppe schon in der Nähe einer Küste, so durfte man sich mit ihr jetzt nicht zwischen die Klippen wagen, die jene höchstwahrscheinlich umrahmten. Gespannt lauschend, bemühten sich auch alle, etwas von dem Donner einer Brandung zu hören, denn das schlimmste wäre es doch gewesen, von einer solchen ans Ufer geschleudert zu werden.

Nichts . . . man vernahm nichts von dem langen, dumpfen Grollen der Wellen, wenn sie sich an einem Felsgewirr brechen oder schäumend über einen sanft abfallenden Strand auslaufen.

Hier galt es aber immerhin, mit Klugheit vorzugehen. Der Obersteuermann ließ deshalb gegen fünf Uhr die Focksegel einziehen, während das Klüversegel gehißt blieb, um die Wirkung des Steuers zu erhöhen.

Gewiß war es das beste, die Fahrgeschwindigkeit der

Schaluppe zu vermindern, bis ihre Lage mit Sicherheit erkannt war, und das konnte nur eintreten, wenn das Land deutlich sichtbar geworden war.

Nach Einbruch der Nacht mußte das Fahrzeug ja ernsthaft Gefahr laufen, wenn es sich einer unbekannten Küste zu weit näherte. Bei mangelndem Winde hätte es ja auch eine Strömung darauf zutreiben können. Unter solchen Umständen würde ein Schiff nicht bis zum Abend gezögert haben, sich auf freiem Wasser in Sicherheit zu bringen. Was einem größerem Fahrzeuge leicht ausführbar erscheint, ist es freilich nicht für ein einfaches Boot. Gegen den auffrischenden Südwind anzukreuzen, damit hätte man sich, abgesehen von der dadurch bedingten schweren Arbeit, der Gefahr ausgesetzt, zu weit von der jetzigen Stelle abzukommen.

Die Schaluppe trieb also unter ihrem Klüversegel kaum merkbar nach Norden weiter.

Jeder Irrtum, jeder Zweifel wurde jedoch glücklich beseitigt, als sich die Sonne gegen sechs Uhr abends vor dem Untertauchen ins Meer noch für kurze Zeit zeigte.

Am 21. September ging ihre Scheibe genau im Westpunkte unter, und am 13. Oktober, dreiundzwanzig Tage nach der Tagundnachtgleiche, versank sie auf der südlichen Halbkugel etws weiter nach Süden zu. In diesem Augenblicke, wo die Dünste vor der Schaluppe sich etwas zerstreut hatten, konnte Fritz sehen, wie sie sich dem Horizonte näherte. Zehn Minuten später berührte die glühende Scheibe schon die Linie zwischen Himmel und Wasser.

»Dort . . . dort ist Norden!« rief Fritz, wobei er mit der Hand nach einem Punkte wies, der von der bisher eingehaltenen Richtung der Schaluppe etwas links lag.

Fast gleichzeitig antwortete ihm ein Jubelruf, den alle miteinander ausstießen:

»Land! Land!«

Die Dunstwand war allmählich verschwunden und das Ufer zeigte sich in einer Entfernung von kaum einer halben Lieue. Von einem hohen Steilufer überragt, ließ es sich aber nicht erkennen, ob es sich weit nach Osten oder Westen hin ausdehnte.

Der Obersteuermann hielt gerade darauf zu. Das wieder gehißte Focksegel blähte sich noch einmal unter dem letzten Wehen der Brise auf.

Eine halbe Stunde später hatte die Schaluppe einen sandigen Strand angelaufen und wurde hinter einer vorspringenden Felsenspitze gegen die Brandung geschützt festgelegt.

Einundzwanzigstes Kapitel

Auf dem Lande. – Ein Gespräch zwischen Fritz und dem Obersteuermann. – Ruhige Nacht. – Das Aussehen der Küste. – Entmutigender Eindruck. – Ein Ausflug. – Die Höhlen. – Der Bach. – Das Vorgebirge. – Häusliche Einrichtung.

Endlich hatten die Verlassenen festen Boden unter den Füßen. Während der so beschwerlichen und mit Gefahr verknüpften zweiwöchigen Seefahrt war keiner von ihnen der Erschöpfung oder den Entbehrungen unterlegen, wofür sie dem Himmel von Herzen dankbar waren. Nur der vom Fieber befallen Kapitän Gould hatte grausam zu leiden. Trotz seiner Kraftlosigkeit schien sein Leben jedoch nicht bedroht zu sein, und vielleicht genügten einige Tage wirklicher Ruhe, ihn vollkommen wiederherzustellen.

Jetzt, wo Fritz und seine Gefährten glücklich gelandet, wo sie Sturm und Wetter nicht mehr ausgesetzt waren und nicht mehr ins Ungewisse hineinfuhren, drängte sich zunächst die Frage auf, welches Land sie eigentlich erreicht hätten.

Welches es jedoch auch sein mochte, die Neue

Schweiz – wo die »Flag« ohne die Meuterei Robert Borupts und der Mannschaft zur berechneten Zeit jedenfalls eingetroffen wäre – die ersehnte Neue Schweiz war es leider nicht. Was mochte nun dieses unbekannte Ufer anstelle der Annehmlichkeiten Felsenheims zu bieten haben?

Augenblicklich war es nicht an der Zeit, sich darüber Betrachtungen und Vermutungen hinzugeben. Bei dem herrschenden nächtlichen Dunkel ließ sich ja nichts genauer erkennen, außer dem Strande mit einem hohen Steilufer dahinter und einer Art Felsenmauer an den Seiten. Unter diesen Verhältnissen beschloß man, bis zum Sonnenaufgang doch noch einmal in der Schaluppe zu übernachten. Fritz und der Obersteuermann übernahmen bis zum Morgen die Wache; es war ja möglich, daß die Küste hier von Eingeborenen besucht wurde, und deshalb galt es, streng auf der Hut zu sein. Ob das Land dem australischen Kontinent oder einer pazifischen Insel angehörte, jedenfalls verlangte die Klugheit größte Vorsicht, um im Fall eines Angriffes draußen auf dem Meere Rettung suchen zu können.

Jenny, Doll und Suzan nahmen also ihren Platz neben dem Kapitän Gould wieder ein. Dieser wußte übrigens davon, daß die Schaluppe an ein Land gelangt war. – Franz und James streckten sich zwischen den Bänken aus, bereit, beim ersten Alarmruf des Obersteuermannes aufzuspringen. Bei ihrer Erschöpfung fielen sie zunächst aber schnell in tiefen Schlummer.

Fritz und John Block setzten sich im Hinterteile nieder und unterhielten sich mit gedämpfter Stimme.

»Da wären wir ja im Hafen, Herr Fritz«, begann der alte Seemann, »ich wußte ja, daß uns das schließlich gelingen werde. Wenn's auch eigentlich kein Hafen ist, werden Sie doch zugeben, daß wir hier besser liegen, als wenn wir weiter draußen inmitten der Riffe ankerten. Für die Nacht ist unser Fahrzeug in Sicherheit; morgen werden wir ja sehen . . .«

»Ich beneide Sie um Ihre Zuversicht, lieber Block«, antwortete Fritz. »Die ganze Gegend flößt mir wenig Vertrauen ein, und unsere Lage an einer völlig unbekannten Küste ist doch keineswegs eine befriedigende.«

»Diese Küste ist aber doch immer eine Küste, Herr Zermatt. Sie hat Buchten, Strandflächen und Felsen, gleicht darin den meisten anderen und wird, denk' ich, unter unseren Füßen nicht versinken. Ob wir sie wieder verlassen oder uns hier zu längerem Verweilen einrichten, das mag später entschieden werden.«

»Auf jeden Fall, Freund Block, hoffe auch ich, daß wir uns zur Weiterfahrt nicht eher genötigt sehen werden, als bis unser Kapitän sich durch längeres Ausruhen gründlich erholt hat. Ist das Land hier unbewohnt, bietet es uns nur die notwendigsten Hilfsmittel und sind wir sicher, nicht eingeborenen Wilden in die Hände zu fallen, dann können wir ja eine Zeitlang hier verweilen.«

»Unbewohnt, so scheint es ja bisher«, erwiderte der Obersteuermann, »und meiner Ansicht nach ist das für uns das Wünschenwerteste . . .«

»Ja, ja, das meine ich auch, Block, und ich denke, der Fischfang wird, abgesehen von der Jagd, uns doch die Möglichkeit gewähren, unseren Proviant zu erneuern.«

»Gewiß, Herr Zermatt. Da sich das Wild hier auf kaum eßbare Seevögel beschränkt, wird die Jagd in den Wäldern und auf den Ebenen des Landesinnern den Ertrag aus der Fischerei vervollständigen können . . . ohne Gewehre freilich . . .«

»O jene Schurken, Block, die uns keine einzige Feuerwaffe gelassen haben!«

»Daran haben sie, ich meine, in ihrem Interesse, wohlgetan«, erklärte der Obersteuermann. »Als wir abstießen, hätt' ich's doch nicht überwinden können, dem Halunken Borupt, diesem elenden Verbrecher, eine Kugel durch den Kopf zu jagen!«

»Und Verbrecher«, setzte Franz hinzu, »sind auch seine Spießgesellen alle!«

»Eine Schandtat, die sie früher oder später noch zu büßen haben werden«, sagte John Block.

»Halt... haben Sie soeben nicht etwas gehört?« fragte plötzlich Fritz gespannt lauschend.

»Nein... was ich höre, ist nur das Anschlagen der Wellen ans Ufer. Bisher hat sich nichts Verdächtiges gezeigt, und obwohl es pechdunkel ist... ich habe zu gute Augen...«

»Schließen Sie sie keinen Augenblick, lieber Block, und halten wir uns zu allem bereit.«

»Unser Haltetau kann sofort losgeworfen werden«, antwortete der Obersteuermann. »Im Notfalle brauchen wir nur die Ruder zu ergreifen, und ich verpflichte mich, die Schaluppe mit dem Bootshaken augenblicklich auf zwanzig Schritt weit von den Felsen abzustoßen.«

Noch mehrmals wurde inzwischen die Aufmerksamkeit der beiden Männer erregt. Es schien ihnen, als ob sie auf dem Unfersande etwas hinkriechen hörten, doch machte ihnen das keine ernstliche Unruhe.

Ringsum herrschte sonst tiefes Schweigen. Der Wind hatte sich gelegt, das Meer sich geglättet. Nur am Fuße der Felsen stand eine leichte Brandung. Einzelne Möwen und Seeschwalben schwebten von der offenen See her den Nestern am Steilufer zu. Im übrigen störte gar nichts diese erste Nacht am Ufer der Insel.

Am nächsten Morgen waren alle schon bei Tagesanbruch auf den Füßen; wie krampfte sich ihnen aber das Herz zusammen beim Anblick der Küste, an der sie Zuflucht gefunden hatten!

Schon am vergangenen Tage und als sie etwa noch eine halbe Lieue von ihm lag, hatte Fritz sie zum Teil überblicken können. Von dieser Entfernung aus gesehen, schien sie sich zwischen Osten und Westen vier bis fünf Lieues weit zu erstrecken. Jetzt überblickte man von dem Vorberge, an dessen Fuße die Schaluppe verankert lag, kaum ein Fünftel davon zwischen zwei Winkeln, über die hinaus sich das zur Rechten klare, zur Linken noch düstere Meer ausdehnte. Der acht- bis neunhundert Toisen lange Strand war an den Seiten von hohen Felsvorsprüngen eingerahmt und im Hintergrunde schloß ihn ein Steilufer mit fast schwarzer Wand auf seine ganze Länge ab.

Diese Uferwand mochte sich acht- bis neunhundert Fuß über den Strand erheben, der übrigens nach ihrem Fuße zu merkbar anstieg. Ob sie weiter rückwärts noch mehr emporragte, ließ sich nur erkennen, wenn man den Gipfel eines der felsigen Ausläufer erkletterte, von denen der im Osten infolge seiner weit ins Meer hinausreichenden Fortsetzung ein weniger steiles Profil zeigte. Immerhin schien von dieser Seite dessen Ersteigung sehr schwierig, wenn nicht gar unmöglich zu sein.

Der Kapitän Gould und seine Gefährten hatten zunächst ein Gefühl der Entmutigung beim Anblick dieses trostlosen, stellenweise von Felsenblöcken unterbrochenen Strandes. Kein Baum, kein Strauch, keine Spur von Pflanzenleben . . . nichts als die traurigste, schrecklichste Dürre. Als einziges Grün magere Flechten, jenes unvollkommene Naturerzeugnis ohne Wurzel, Stengel und ohne Blätter und Blüten, das nur wie ein Fleck auf der Felswand erscheint und neben dem Grün hier schon eine gelbliche, dort noch eine lebhaft rote Farbe zeigte. Daneben ein wenig zähklebriger Schimmel, eine Folge des hier vorherrschenden feuchten Südwindes. Am Rande des Steilufers sproßte kein Grashalm, an seinen Granitwänden keine der sonst zwischen Steinen wurzelnden Pflanzen, die sich mit der geringsten Menge Humus begnügen. War daraus zu schließen, daß auch in der Höhe jeder Humus fehlte? War die Schaluppe nur an einer der wüsten, kleinen Inseln gelandet, die man nicht einmal eines Namens gewürdigt hat?

»Na, hübsch ist es hier gerade nicht«, flüsterte der Obersteuermann Fritz ins Ohr.

»Vielleicht hätten wir es besser getroffen, wenn wir an der Ost- oder Westseite ans Land gegangen wären.«

»Vielleicht . . . ja, vielleicht«, erwiderte John Block; »hier sind wir aber wenigstens vor Wilden sicher.«

Tatsächlich hätte hier kein menschliches Wesen, selbst keines, das auf der untersten Stufe der Menschheit stand, dauernd leben können.

Jenny, Franz, und Doll, James und seine Gattin ließen, auf Steinen nahe am Ufer sitzend, den Blick über die Umgebung schweifen, die sich so unvorteilhaft von dem üppigen Gestade des Gelobten Landes, der Mündung des Schakalbaches, der Rettungsbucht und des Ufers bei Falkenhorst unterschied. Selbst das Eiland des Rauchenden Felsen hatte trotz seines traurigen Anblikkes Jenny Montrose doch noch Naturprodukte, in seinem Bache klares Wasser und im Wald und auf der Ebene mancherlei Wild geliefert. Hier dagegen fand sich nichts als Stein und Sand, nach links hin eine Muschelbank und an der Grenze, bis zu der die Wellen hinaufrollten, eine lange Linie von Meerpflanzen . . . kurz, ein trostlos öder Landstrich!

Das Tierreich, beschränkte sich auf einige Seevögel, wie Trauerenten, Möwen, Seeschwalben, die das Erscheinen von Menschen aus ihrer Ruhe aufscheuchte und die mit betäubendem Geschrei umherflatterten. In größerer Höhe schwebten langsamen Flügelschlages einzelne Fregatt- und Eisvögel neben Albatrossen dahin.

»Kommt der Strand hier«, begann da der Obersteuermann, »auch dem Ufer der Neuen Schweiz nicht gleich, so ist das doch kein Grund, ihn nicht anzulaufen.«

»Ans Land also«, rief Fritz, »ich hoffe, wir finden am Fuße des Steilufers wenigstens einen Unterschlupf.«

»Ja, wir wollen aussteigen«, sagte Jenny.

»Liebes Kind«, erwiderte Fritz, »ich rate dir, mit Frau Wolston und ihrer Schwester zunächst noch an Bord zu bleiben, während wir uns erst weiter auf dem Lande umsehen. Eine Gefahr ist hier nicht zu vermuten, ihr habt also nichts zu fürchten.«

»Übrigens«, meinte der Obersteuermann, »werden wir einander kaum aus dem Gesicht verlieren.«

Fritz sprang auf den Sand hinaus, und ihm folgten die anderen Männer. Doll rief ihnen noch nach:

»Vergeßt nicht, uns etwas zum Frühstück mitzubringen, Franz, wir verlassen uns auf euch.«

»Nein«, entgegnete Franz, »wir müssen vielmehr auf euch rechnen, Doll. Werft zwischen Steinen die Angeln aus. Du bist ja so geschickt, so geduldig . . .«

»Ja ja«, erklärte Frau Wolston, »es ist besser, wir bleiben vorläufig zurück. Jenny, Doll und ich, wir werden während eurer Abwesenheit unser Möglichstes tun!«

»Vor allem«, mahnte Fritz, »kommt es darauf an, den noch vorhandenen Rest an Schiffszwieback zu schonen, für den Fall, daß wir gezwungen wären, noch weiter zu fahren.«

»Eh, Frau Zermatt«, rief John Block, »machen Sie nur immer den Ofen zurecht. Wir sind nicht die Leute dazu, uns mit einer Flechtensuppe oder mit Kieseln in der Schale zu begnügen. Wir versprechen Ihnen, etwas Ordentliches zum Essen mitzubringen.«

Das Wetter war recht schön geworden; dann und wann huschte ein Sonnenstrahl durch das Gewölk im Osten.

Fritz, Franz und James und der Obersteuermann gingen am Rande des Ufers auf dem von der letzten Flut noch feuchten Sande dahin.

Etwa zehn Fuß weiter oben lag die Zickzacklinie der vom Meere ausgeworfenen Pflanzen auf dem ziemlich stark abfallenden Uferlande. Diese Pflanzen gehörten zur Familie der Seegräser und des Varecs und waren vielfach vermischt mit an der Spitze rotschimmerndem Tang und vielfach mit Fadentang, der die beerenartigen Auswüchse zeigt, die unter dem Fußtritte geräuschvoll zerplatzen.

Einige dieser Fucus-(Tang)-Arten enthalten etwas genießbaren Nährstoff.

»Da gibt's ja schon etwas Eßbares«, rief deshalb John Glock, »wenigstens wenn man nichts Besseres hat. Bei mir zu Haus, in den Häfen des irischen Meeres, macht man das Zeug auf Vorrat ein.«

Nach drei- bis vierhundert Schritten in der gleichen Richtung erreichten Fritz und seine Begleiter den Fuß des Vorberges. Er bestand aus mächtigen, glatten und senkrecht abgeschnittenen Blöcken und fiel ganz steil in das klare, kaum von einer leichten Brandung bewegte Wasser ab, das auf sieben bis acht Toisen Tiefe bis zum Fuße der Felsmasse durchsichtig war.

Da diese übrigens völlig lotrecht aufragte, war es unmöglich, sie zu ersteigen . . . ein bedauerlicher Umstand, da nur von der Höhe des Steilufers aus zu beurteilen war, ob hinter diesem nicht weniger unfruchtbares Land läge. Mußte man also auf eine Besteigung des Vorberges verzichten, so erkannte man auch, daß man diesen ohne Benützung der Schaluppe nicht einmal umgehen konnte. Vor der Hand erschien es jedoch die Hauptsache, am untersten Teile des Steilufers eine Aushöhlung zu suchen, die für den Aufenthalt an dieser Küste einigen Schutz zu bieten versprach.

Alle kehrten also längs des Vorberges nach dem hinteren Teile des Strandes zurück.

Da flog eine zahlreiche Vogelschar auf, die nach dem Meere zu hinauseilte und übrigens erst spät am Abend wiederkam.

An dem Winkel, den das Steilufer mit dem Vorberge bildete, angelangt, fanden Fritz, Franz, James und der Obersteuermann dicke Schichten völlig trockenen Seegrases. Da der äußerste Auswurf von der Flut über hundert Toisen weiter südwärts abgelagert war, konnten diese Pflanzenreste, bei der Steigung des Strandes, nicht durch die Flutwellen, sondern mußten jedenfalls durch die in dieser Gegend sehr heftigen Südwinde hierher geworfen sein.

»Sollten wir kein Holz finden«, bemerkte Fritz, »so

würde uns, wären wir hier zum Überwintern genötigt, dieses Seegras für lange Zeit Heizmaterial liefern ...«

»Ein Heizmaterial, das leider sehr schnell verbrennt«, setzte der Obersteuermann hinzu. »Freilich, ehe wir so große Massen aufgehäuft haben ... Na, mindestens haben wir für heute etwas, den Kochtopf zu erhitzen, wenn wir nur auch schon etwas darin hätten!«

»So wollen wir danach suchen«, antwortete Franz.

Das Steilufer bestand aus verschieden dicken Schichten, deren Längsspalten nach Osten zu abfielen. Leicht erkannte man die kristallinische Natur des Gesteines, in dem eine Mischung von Feldspath und Gneis eine ungeheuere Masse einer Granitart vulkanischen Ursprunges von außerordentlicher Härte bildete.

Diese Felsmasse erinnerte also Fritz und Franz in keiner Weise an das Gestade ihrer Insel von der Rettungsbucht bis zum Kap der Getäuschten Hoffnung, wo sich nur mit Hammer und Meißel leicht zu bearbeitender Kalkstein vorfand, in dem auch die Grotte von Felsenheim ausgearbeitet worden war. In dem Granit hier wäre eine solche Arbeit unausführbar gewesen.

Zum Glück war auch keine Veranlassung gegeben, sie nur zu versuchen. Etwa hundert Schritt weit vom Vorberge aus und hinter dem Seegrashaufen fanden sich mehrere Öffnungen in der hohen Wand. Den Zellen einer ungeheueren Honigwabe ähnlich, boten sie vielleicht einen Zugang nach dem Inneren des Steilufers.

Tatsächlich fanden sich nicht eine, sondern mehrere Aushöhlungen an dessen Fuße. Erwiesen sich die einen auch nur als sehr enge Schlupfwinkel, so waren die anderen doch geräumig und tief, freilich wegen des vorgelagerten Seegrases recht dunkel. Wahrscheinlich gab es aber auch weiterhin nach Osten eine, den Seewinden weniger ausgesetzte Höhle, in der das Material von der Schaluppe untergebracht werden konnte.

Um sich dem Ankerplatze möglichst zu nähern, begab sich Fritz mit den übrigen jetzt nach dem Vorberge der

Ostseite. Dank seinem, am unteren Teile sich verlängernden Profile war dieser vielleicht eher zu besteigen oder im Notfalle zu umgehen. Fiel er auch von oben her senkrecht ab, so neigte er sich doch schon von der Mitte aus weniger stark und lief am Meere mit einer Spitze aus.

Was Fritz erwartet hatte, sollte sich bewahrheiten. Genau im Winkel, den der Vorberg bildete, öffnete sich eine leicht zugängliche Höhle. Ihrer Lage nach gegen die Winde aus Osten, Norden und Süden geschützt, konnte sie nur von den hier seltenen Westwinden getroffen werden.

Fritz, Franz, James und John Block drangen ins Innere dieser Höhle ein, wo es hell genug war, sie vollkommen übersehen zu können. Elf bis zwölf Fuß hoch, gegen zwanzig breit und fünfzig bis sechzig Fuß tief, enthielt sie noch verschiedene, ungleich große Nischen, die ebenso vielen, um einen gemeinschaftlichen Saal gelegenen Einzelzimmern glichen. Ein feiner Sand ohne jede Spur von Feuchtigkeit bedeckte den Boden. In die Höhle gelangte man durch eine Öffnung, die leicht verschlossen werden konnte.

»Auf Steuermannsehre«, rief John Block, »etwas Besseres hätten wir gar nicht finden können!«

»Ganz meine Ansicht«, antwortete Fritz. »Mich beunruhigt nur, daß dieses Gestade so völlig öde und unfruchtbar ist, und wahrscheinlich sieht es auf der Höhe auch nicht anders aus.«

»Jetzt nehmen wir erst Besitz von der Höhle, das weitere wird sich ja finden.«

»Ach«, klagte Franz, »unsere Wohnung in Felsenheim ist das leider nicht, und ich entdecke nicht einmal einen Bach mit Süßwasser, wie unseren Schakalbach!«

»Geduld, Geduld!« ermahnte der Obersteuermann. »Wir werden zwischen den Felsen schon noch einen Quell finden, oder gar ein Flüßchen, das vom Kamme des Steilufers herabrauscht.«

»Das mag ja sein«, meinte Fritz, »doch uns an dieser Küste für längere Zeit einzurichten, daran ist nicht zu denken. Können wir um den Fuß des Vorberges nicht herumkommen, so müssen wir das mit Hilfe der Schaluppe ausführen. Zeigt es sich dann, daß wir uns nur auf einer kleinen Insel befinden, so bleiben wir nur bis zur Wiedergenesung des Kapitäns Gould hier. Ich denke, vierzehn Tage werden dazu genügen.«

»Na, vorläufig haben wir doch das Haus«, erklärte John Block. »Wer sagt uns, daß der zugehörige Garten nicht dicht dabei, vielleicht an der anderen Seite des Vorberges liege?«

Alle gingen nun wieder hinaus und schräg über den Strand hinweg, um den Vorberg womöglich zu umgehen.

Von dem einspringenden Winkel aus, in dem die Höhle lag, zählte man gegen hundert Toisen bis zu den vordersten, ins Meer auch bei halber Ebbe noch eintauchenden Felsen. An dieser Seite fand sich keine Anhäufung von Wasserpflanzen, wie an dem linken Teile des Strandes. Mächtige Steinmassen, offenbar vom Kamme des Steilufers herabgestürzt, bildeten allein diesen Vorberg. In der Nähe der Grotte konnte man ihn nicht überklettern, neben der Stelle, wo die Schaluppe lag, sank er dagegen weit genug herunter, um für Fußgänger passierbar zu sein.

Es wurde nicht einmal nötig, bis an sein Ende zu gehen, und vorher schon wurde die Aufmerksamkeit des Obersteuermannes durch das Geräusch fließenden Wassers erregt.

Hundert Schritte von der Grotte aus murmelte zwischen den Felsblöcken ein Bach, der in mehreren Wasserfäden herabfiel.

Ein Spalt im Gestein gestattete auch, bis zum Bette des kleinen, von einer darüberliegenden Kaskade gespeisten Rio hinaufzusteigen, der schließlich ins Meer einmündete.

»Da . . . da haben wir's ja, das beste Süßwasser!« rief John Block, der mit der Hand aus dem Rio eine Probe geschöpft und gekostet hatte.

»Frisch und klar«, bestätigte Franz, als er sich damit die Lippen netzte.

»Und warum sollte es oben hinter dem Steilufer kein Pflanzenleben geben«, bemerkte John Block, »wenn sich da auch nichts mehr als ein Bach hinschlängelt?«

»Heute ein Bach«, sagte Fritz, »der in der heißen Jahreszeit jedenfalls versiegt, in der Regenzeit aber zum wilden Bergstrome anschwillt.«

»Na, wenn er nur noch einige Tage aushält«, meinte der Obersteuermann nachdenklich, »mehr verlangen wir von ihm ja nicht.«

Fritz und seine Gefährten verfügten nun also über eine wohnlich leicht einzurichtende Höhle und über einen Bach, der es ihnen ermöglichte, die Wassertonnen ihres Fahrzeuges frisch aufzufüllen. Jetzt galt es noch in erster Linie, die tägliche Nahrung aus den Erzeugnissen des Erdbodens, entweder auf der Höhe des Plateaus oder jenseits des Vorberges, zu beschaffen.

Das machte jedoch unerwünschte Schwierigkeiten. Nach Überschreitung des Baches erlebten die Wanderer eine recht bittere Enttäuschung.

Auf der anderen Seite des Vorberges erblickten sie eine etwa dreiviertel Lieue lange rundliche Bucht, vorne mit sandigem Strande und nach hinten wiederum von einem Steilufer begrenzt. An ihrem Ende erhob sich ein steil abfallender Hügel, dessen Fuß ins Meer tauchte.

Der Strand hier erwies sich ebenso unfruchtbar, wie der andere. Das Pflanzenreich beschränkte sich auf vereinzelte Stellen mit Flechten und auf verschiedene Seepflanzen, die von der Flut angespült worden waren. War die Schaluppe also wirklich nur auf ein felsiges, einsames und unbewohnbares Eiland im Indischen Ozean gestoßen? Das war leider anzunehmen, leider zu fürchten.

Es erschien nutzlos, noch über den, die Bucht abschließenden Hügel hinauszugehen. Schon drehten sich alle um, um nach dem Ankerplatze zurückzukehren, da rief James, die Hand nach dem Strande zu ausstreckend, plötzlich:

»Was sehe ich denn da... da, nicht weit vom Ufer?... Seht doch einmal hier... bewegliche Punkte... man könnte dabei an Ratten denken...«

Aus der Entfernung gesehen, schien es wirklich so, als ob ein Volk Ratten nach dem Meere zu liefe.

»Ratten?« antwortete Fritz. »Die Ratte ist aber eßbar, wenn sie zur Sippe der Ondatras gehört. Erinnerst du dich, Fritz, nicht mehr an die hunderte, die wir einst, bei der Suche nach der Boa, getötet haben?«

»Gewiß, Franz«, erwiderte Fritz, »ich erinnere mich aber auch, daß uns deren Fleisch wegen seines widrigen Sumpfgeschmackes sehr wenig behagte.«

»Mag sein«, ließ sich der Obersteuermann vernehmen, »richtig zubereitet, kann man das Viehzeug aber recht gut essen. Übrigens... nein, das unterliegt keinem Zweifel... jene schwarzen Punkte sind gar keine Ratten...«

»Und wofür halten Sie sie denn?« fragte Fritz.

»Für Schildkröten...«

»Oh, wenn Sie damit doch recht hätten!«

Der Obersteuermann irrte sich wohl nicht; man konnte sich auf seine scharfen Augen getrost verlassen. Tatsächlich war es eine Anzahl Schildkröten, die auf dem Unfersande hinkrochen.

Während nun Fritz und James, gleichsam als Wachposten, auf dem Vorberge zurückblieben, ließen sich John Block und Franz an dessen anderer Seite hinabgleiten, um der Schar der Chelidonier womöglich den Rückweg abzuschneiden.

Die kleinen Schildkröten – sie maßen nur zwölf bis fünfzehn Zoll – hatten einen langen Schwanz und gehörten einer Art an, die sich hauptsächlich von Insekten nährt. Es mochten ihrer fünfzig sein; sie waren aber nicht auf dem Wege nach dem Meere, sondern auf dem nach der Bachmündung, wo von der Ebbe her ein wenig schleimiger Bandtang liegengeblieben war.

Nach dieser Seite hin zeigte der Boden kleine Erhebungen, Anhäufungen von Sand, deren Natur Franz auf den ersten Blick erkannte.

»Darunter liegen Schildkröteneier!« rief er erfreut.

»So graben Sie die Eier aus, Herr Franz«, erwiderte John Block, »ich werden die zugehörigen Hühner abfangen. Sapperment, das gibt doch ein besseres Gericht, als meine gedämpften Strandkiesel, und wenn die kleine Doll nun noch nicht zufrieden ist . . .«

»Keine Sorge, Block«, fiel ihm Franz ins Wort, »die Eier werden hochwillkommen sein.«

»Und die Schildkröten nicht minder, das sind gar lekkere Tiere und geben eine vortreffliche Bouillon . . . das kenne ich!«

Bald nachher hatten der Obersteuermann und Franz gegen zwanzig Stück auf den Rücken gewendet, die in dieser, für Chelidonier besonders unbequemen Lage vorläufig ausharren mußten. Dann rafften sie ein halbes Dutzend davon nebst den Eiern zusammen und begaben sich nach der Schaluppe zurück.

Der Kapitän Gould hörte den Bericht John Blocks mit gespannter Aufmerksamkeit an. Seit er nicht mehr auf dem Meere hin- und hergeschüttelt wurde, hatte er von seiner Verletzung weniger zu leiden, das Fieber verminderte sich auch allmählich und voraussichtlich reichte eine Woche hin, ihm seine Kräfte wiederzugeben. Bekanntlich heilen gerade Kopfwunden, wenn sie nicht gar zu schwerer Art sind, besonders leicht und in kurzer Zeit. Die Kugel hatte damals, nach Zerreißung eines Teiles der Wange, nur die Seitenwand des Schädels gestreift; viel hatte freilich nicht mehr gefehlt, daß sie das Schläfenbein zertrümmerte. Dank der Ruhe und der sorgsamen Pflege, war wohl eine schnelle Besserung im Zustande des Verwundeten zu erwarten.

Harry Gould vernahm mit großer Befriedigung, daß viele Schildkröten an jener Bucht vorkamen, die deshalb auch die Schildkrötenbucht genannt wurde. Damit war für alle eine bekömmliche und reichliche Nahrung, sogar für lange Zeit gesichert. Außerdem konnte man davon einen Vorrat einsalzen, aufbewahren und damit die Schaluppe beladen, wenn diese einmal weiterfahren sollte.

Jedenfalls mußte man sich ja entschließen, im Norden ein gastlicheres Land aufzusuchen, wenn sich das Hochland des Steilufers ebenso unfruchtbar erwies, wie die Schildkrötenbucht, wenn sie weder Wälder noch Ebenen hatte, und das Land, das den Passagieren der »Flag« jetzt Zuflucht bot, sich nur als eine Anhäufung von Felsmassen erwies.

»Nun, Doll, und auch Sie, Jenny«, fragte Franz, als er zurückgekehrt war, »seid ihr nun zufrieden? Hat in unserer Abwesenheit auch der Fischfang etwas ergeben?«

»Ja ... ein wenig«, antwortete Jenny und zeigte dabei nach einigen Fischen, die auf dem kleinen Deck am Buge lagen.

»Oh«, rief Doll lustig, »wir haben euch auch noch etwas Besseres zu bieten ...«

»Was denn?« fragte Fritz.

»Ei, Miesmuscheln, die sich am Fuße des Vorberges in Menge finden. Da im Kessl werden sie schon abgesotten ...«

»Unseren Glückwunsch ... in Erwartung des deinigen, Jenny«, sagte Franz, »denn wir kommen auch nicht mit leeren Händen; hier ... einige Eier ...«

»Hühnereier?« rief der kleine Bob.

»Schildkröteneier«, erklärte Franz.

»Schildkröteneier?« wiederholte Doll. »Ihr habt Schildkröten entdeckt?«

»Oh, eine ganze Gesellschaft«, sagte der Obersteuermann; »es sind noch mehr da drüben, jedenfalls genug für die Zeit, wo wir in dieser Bucht liegenbleiben.«

»Ich meine doch«, flocht der Kapitän Gould ein, »vorher müßte einmal eine weitere Küstenstrecke besichtigt und auch das Steilufer erstiegen werden.«

»Das werden wir versuchen, Herr Kapitän«, antwortete John Block. »Allzusehr brauchen wir uns damit aber nicht zu beeilen, denn hier haben wir genug zu leben, ohne unseren Rest von Schiffszwieback anzugreifen.«

»Ja ja, das meine ich auch, Block.«

»Wir, Herr Kapitän, wünschen vor allem, daß Sie durch die Ruhe Ihre Gesundheit wieder erlangen, daß Ihre Wunde gut verheilt und Sie wieder ganz zu Kräften kommen. Eine bis zwei Wochen können wir hier recht gut aushalten. Sind Sie erst wieder auf den Füßen, so werden Sie ja selbst sehen, wie die Dinge hier liegen, und werden entscheiden können, was weiter zu tun sei.«

Im Laufe des Vormittags schaffte man noch den Inhalt der Schaluppe ans Land, die Zwiebacksäcke, die Wassertonnen, das Brennmaterial, die Werkzeuge und die Kleidungsstücke, und legte alles in der Höhle nieder. Der kleine Kochofen, der in dem Winkel am Vorberge Aufstellung fand, sollte zur Bereitung der Schildkrötenbouillon dienen.

Auf Fritzens und des Obersteuermanns Arm gestützt, begab sich der Kapitän Gould nach der Grotte, wo für ihn ein von Jenny und Doll aus trockenem Seegras hergestelltes Lager bereit stand, auf dem er sich, um einige Stunden zu schlummern, bequem ausstreckte.

Zweiundzwanzigstes Kapitel

Der Einzug. – Die erste Nacht auf dieser Küste. – Fritz und Jenny. – Besserung im Zustande des Kapitän Gould. – Verhandlungen. – Die Ersteigung des Steilufers unmöglich. – Die Nacht vom 26. zum 27. Oktober.

Ein besseres Unterkommen als in dieser Höhle wäre kaum zu finden gewesen. Die verschiedenen Nischen an der Innenwand gestatteten jedem, sich nach Bedürfnis von den anderen abzuschließen.

Daß diese ungleich tiefen Nischen auch während des Tages fast finster waren und auch die Höhle selbst halb dunkel blieb, hatte ja nicht viel zu bedeuten, da man sich, außer bei schlechtem Wetter, doch nur die Nacht über darin aufhielt. Auch Harry Gould sollte jeden Morgen hinausgetragen werden, um ihm den Genuß der belebenden salzhaltigen Luft und des wohltätigen Sonnenscheines zu ermöglichen.

Im Innern richtete Jenny eine der seitlichen Wandvertiefungen für sich und ihren Gatten ein. James Wolston, seine Frau und der kleine Bob wurden in einer größeren, für alle drei ausreichenden Nische untergebracht. Franz sollte sich, in Gesellschaft mit Harry Gould und dem Obersteuermann, mit einem lauschigen Winkel der Höhle begnügen. An Platz fehlte es also nicht in dieser natürlichen Aushöhlung, deren Tiefe noch nicht einmal bekannt war.

Der Rest des Tages wurde ausschließlich der Ruhe gewidmet. Nach den vielfachen, aufregenden Vorkommnissen der letzten Woche mußten sich die Passagiere der Schaluppe von den so mutvoll ertragenen Beschwerden erst tüchtig erholen.

Daneben galt es doch auch, sich an die neue Lage der Dinge etwas zu gewöhnen. Der Entschluß, etwa vierzehn Tage an dieser Bai zu verweilen, wo ja für die nötigsten Bedürfnisse nichts zu fehlen schien, war gewiß zu billigen. Auch wenn der Zustand des Kapitäns Gould es nicht erfordert hätte, würde John Block nicht zugestimmt haben, sofort weiterzufahren. Zunächst galt es, an die Gegenwart zu denken – an die Zukunft erst später.

Und doch, was barg diese in ihrem Schoße, wenn das Land hier nur eine kleine, im Großen Ozean verlorene Insel war, wenn sie sie wieder verlassen und sich in ihrem gebrechlichen Fahrzeug aufs neue den hier so häufigen, mächtigen Stürmen aussetzen mußten? ... Wie würde ihnen das aufgedrungene Wagnis ausgehen?

Am Abend und nach einer zweiten Mahlzeit, die aus Bouillon, Eiern und Fleisch von Schildkröten bestand, sprach Franz für alle noch ein Gebet, und dann zogen sie sich jeder nach seinem Platze in der Höhle zurück. Dank der Pflege Jennys und Dolls wurde der Kapitän jetzt schon nicht mehr vom Fieber geschüttelt. Auch von seiner, bereits in Vernarbung begriffenen Wunde litt er weit weniger, und es war wohl zu hoffen, daß er nun einer schnellen und vollkommenen Genesung entgegenginge.

Die Nacht über brauchte niemand zu wachen; an diesem öden Strande war weder von Wilden, noch von Raubtieren etwas zu fürchten. Diese düstere, traurige Einöde hatte gewiß noch keines Menschen Fuß betreten. Nur der heisere und melancholische Schrei der nach den Vertiefungen im Steilufer heimkehrenden Seevögel unterbrach die herrschende Stille. Auch der Wind legte sich mehr und mehr und kein Lufthauch rührte sich bis zum Wiederaufgang der Sonne.

Schon mit dem Morgenrote traten die Insassen der Höhle ins Freie. John Block ging als der erste längs des Vorberges nach dem Ufer hinunter und begab sich nach der Stelle, wo die Schaluppe lag. Augenblicklich schwamm sie noch, mit weiter vorschreitender Ebbe mußte sie bald auf dem Trockenen liegen. Durch Seile an jeder Seite festgehalten, war sie auch beim höchsten

Wasserstande nicht gegen die Felsen gestoßen, und so lange der Ostwind stand, lief sie auch keinerlei Gefahr. Für den Fall, daß die Brise nach Süden umschlug, sollte ein anderer Ankerplatz für das Fahrzeug gesucht werden. Das Wetter schien aber sehr beständig zu sein, und überdies war es jetzt die schöne Jahreszeit.

Bei der Rückkehr begegnete der alte Seemann Fritz und sprach mit ihm über dieses Thema.

»Ich meine, es verlohnt sich der Mühe«, sagte er, »daran beizeiten zu denken. Das Boot ist für uns doch das Wichtigste. Eine wohlverwahrte Grotte . . . na ja, die ist recht schön, man kann aber nicht an Bord einer Grotte übers Meer fahren, und wenn dafür die Stunde geschlagen hat, dürfen wir doch nicht daran verhindert sein.«

»Natürlich nicht, Block«, sagte Fritz, »und wir werden auch dafür sorgen, daß die Schaluppe keine Havarie erleidet. Vielleicht findet sich an der anderen Seite des Vorberges ein noch besserer Ankerplatz.«

»Das werden wir sehen, Herr Fritz, und da auf dieser Seite hier alles gut steht, werde ich nach der andren hinübergehen, um Schildkröten zu fangen. Wollen Sie mich nicht begleiten?«

»Nein, Block, gehen Sie nur allein. Ich begebe mich zum Kapitän zurück; die ungestörte Nachtruhe wird wohl sein Fieber vollends besiegt haben. Wenn er erwacht, wird er sich gewiß zu unterrichten wünschen, wie es mit uns steht, und ich möchte ihm darüber Aufschluß geben.«

»Ganz recht, Herr Fritz, ganz recht; sagen Sie ihm nur auch, daß vorläufig nicht das Geringste zu fürchten ist.«

Der Obersteuermann begab sich nach dem Ende des Vorberges, sprang da von Felsblock zu Felsblock, stieg dann nach der Einbuchtung hinunter und wendete sich schließlich nach der Stelle, wo Franz und er am Tage vorher auf die Schildkröten getroffen waren.

Fritz schritt wieder der Grotte zu, in deren Nachbarschaft Franz und James beschäftigt waren, neuen Vorrat an trockenem Tang zu sammeln. Frau Wolston kleidete den kleinen Bob an. Jenny und Doll waren noch beim Kapitän. In dem Winkel am Vorberge knisterte das Feuer im Kochofen, der Kessel fing an zu singen und bald drangen weiße Dampfstrahlen daraus hervor.

Als Fritz den Kapitän Gould über alles aufgeklärt hatte, begab er sich mit Jenny nach dem Strande, und nach einigen fünfzig Schritten wendeten beide sich dem Steilufer zu, das sie gleich einer Kerkermauer einschloß.

»Liebe Frau«, begann da Fritz mit tiefbewegter Stimme, »ich muß mein Herz einmal gegen dich ausschütten, denn es ist übervoll von dem, was vorgefallen ist, seit ich das Glück hatte, dich vom Rauchenden Felsen zu retten. Ich sehe uns noch im Kajak, dort . . . in der Perlenbucht, dann trafen wir die Pinasse und segelten alle vereint nach Felsenheim. Zwei glückliche Jahre sind mir mit dir beschert gewesen, voller Freude und Befriedigung über unser stilles, durch nichts gestörtes Leben. Wir waren so glücklich in unseren beschränkten Verhältnissen, daß die Welt außerhalb unserer Insel für uns gar nicht existierte. Wenn es nicht um deines Vaters willen gewesen wäre, liebste Jenny, so wären wir wohl nicht mit der »Licorne« fortgefahren, hätten wir die Neue Schweiz vielleicht niemals verlassen . . .«

»Wohin willst du hinaus, lieber Fritz?« fragte Jenny, die ihre Erregung zu bemeistern suchte.

»Ah, ich will dir nur offenbaren, wie bedrückt ich mich im Herzen fühle, seit das Unglück sich gegen uns verschworen hat. Ja, mich martern Gewissensbisse, dich dazu verleitet zu haben, es mit mir zu teilen.«

»Dieses Unglück«, antwortete Jenny, »solltest du nicht so sehr fürchten. Darf sich denn ein Mann voll Mut, ein Mann voll Tatkraft, der Verzweiflung hingeben?«

»Laß mich vollenden, was ich dir sagen wollte, Jenny. Weit da draußen war eines Tages die »Licorne« im Gewässer der Neuen Schweiz erschienen. Sie ist auch zurückgesegelt und hat uns nach Europa gebracht. Seitdem hat das Unglück dich unaufhörlich verfolgt. Dein Vater war gestorben, ohne seine Tochter wiedergesehen zu haben ...«

»Mein armer, guter Vater!« schluchzte Jenny, sich ihrem Schmerz überlassend. »Ja, die Freude, mich in seine Arme zu drücken, ist ihm versagt geblieben, und auch die, meinem Retter dadurch zu danken, daß er unsere Hände ineinander legte ... Gott hat es nicht gewollt, Fritz, ihm müssen wir uns fügen!«

»Ja gewiß, mein Herz«, erwiderte Fritz, »doch du ... du befandest dich wieder in England, hattest deine Heimat wiedergesehen ... du konntest dort bei einer Verwandten bleiben, dort die Ruhe finden und das Glück ...«

»Das Glück?« unterbrach ihn Jenny. »Ohne dich, Fritz?«

»Und dann, meine Jenny, hättest du jede neue Gefahr vermieden nach der, der du wie durch ein Wunder entronnen warst. Und dennoch hast du dich bereit erklärt, mir zu folgen, nach unserer Insel zurückzukehren ...«

»Du vergißt wohl ganz, daß ich dein Weib bin, Fritz! Hätte ich denn zaudern können, Europa zu verlassen, um da draußen die wiederzusehen, die ich liebe, deine Familie, Fritz, die ja inzwischen auch die meinige geworden ist?«

»O Jenny, Jenny, es ist darum nicht minder wahr, daß ich dich in neue Gefahren geführt habe, in Gefahren, an die ich nur mit Entsetzen denken kann ... ja, mit Entsetzen, wenn ich mir die Lage vorstelle, in der wir uns befinden! Und du, du hattest doch deinen Anteil an Prüfungen dieser Welt schon reichlich überstanden! Oh, die Elenden, die an unserem Unglück schuld sind ... die uns verlassen und ausgesetzt haben ... die dich, schon ein Opfer des schiffbrüchigen »Dorcas«, auf ein unbekanntes Land geworfen haben, das noch weniger bewohnbar erscheint als der Rauchende Fels!«

»Ich bin hier aber nicht allein, bin bei dir, mein herzliebster Mann, bei deinem Bruder und unseren Freunden, bei entschlossenen Männern, und ich zittere vor den gegenwärtigen Gefahren ebensowenig, wie vor zukünftigen. Ich weiß, du wirst alles tun zum Heile aller!«

»Alles, mein geliebtes Weib«, rief Fritz; »doch obwohl der Gedanke, daß du mit hier bist, meinen Mut verdoppeln müßte, bedrückt mich dieser Gedanke doch gar so sehr und ich möchte dir zu Füßen sinken, dich um Vergebung anflehen! Es ist ja meine Schuld, daß . . .«

»Fritz«, fiel die junge Frau, sich ihrem Gatten ans Herz werfend, ein, »kein Mensch konnte doch voraussehen, was da vorgefallen ist . . . eine Meuterei an Bord . . . die Folgen dieser Empörung, auch nicht unsere Aussetzung auf offenem Meere. Ist es nicht besser, die traurigen Erlebnisse zu vergessen und die Augen auf die glücklichen zu richten? Wir konnten von den Meuterern der »Flag« hingemordet, konnten verurteilt werden in unserer Schaluppe, alle Qualen des Hungers und Durstes auszukosten; wir konnten in einem Sturme umkommen, und doch ist das alles nicht geschehen! Wir haben vielmehr ein Land erreicht, wo es doch nicht an allen Hilfsquellen fehlt und das uns ein hinreichendes Obdach bietet. Wissen wir jetzt noch nicht, welches dieses Land ist, so werden wir das doch zu ergründen suchen, und es auch wieder zu verlassen, wenn das notwendig wird . . .«

»Um wohin zu gehen, meine arme Jenny?«

»Anderswohin, wie unser wackerer Obersteuermann sagen würde, dahin zu gehen, wohin Gott uns führt! Ich vertraue auf ihn, lieber Fritz, wie auf alle unsere Gefährten . . .«

»Ach, liebste Frau,« rief Fritz, »deine Worte haben meinen Mut wieder belebt, doch ich hatte das unabweisbare Bedürfnis, das Herz vor dir auszuschütten. Ja ja, wir werden kämpfen, werden keiner Verzweiflung anheimfallen! Wir werden an die kostbaren Leben denken, die uns anvertraut sind, und werden sie retten, retten mit der Hilfe des Herrn . . .«

»Dessen Güte man nie vergeblich anruft!« sagte Franz, der die letzten Worte seines Bruders gehört hatte. »Habe nur Vertrauen zu ihm, der Allgütige verläßt seine Kinder nicht!«

Jenny hatte ihrem Gatten mit so großer Zuversicht geantwortet, daß dieser all seine Energie wiedergewann. Durch Mut und Opferwilligkeit konnte sich ja noch alles zum besten wenden. Daran fehlte es Fritz nicht, und auch die anderen waren gewiß bereit, selbst übermenschliche Anstrengungen auf sich zu nehmen.

Gegen zehn Uhr konnte der Kapitän Gould, da das Wetter sehr schön war, am Ende des Vorberges in den belebenden Sonnenschein gebracht werden. Der Obersteuermann kehrte eben von seinem Ausgange zurück, den er um die Ausbuchtung bis zum Fuße des Hügels im Osten ausgedehnt hatte. Weiter hinaus war nicht zu gelangen. Selbst bei Tiefebbe hätte man vergeblich versucht, den Fuß der von den Strömungen umspülten Uferhöhe zu umgehen.

John Block hatte James schon auf dem Strande getroffen, und beide brachten jetzt Schildkröten und Eier von solchen mit zurück. Die Chelidonier kamen an diesem Teile des Ufers zu Hunderten vor. In Voraussicht einer baldigen Weiterfahrt konnte man leicht große Vorräte von deren schmackhaftem Fleische ansammeln, das die Ernährung der Passagiere sicherstellte.

Nach dem Frühstück plauderte man von dem und jenem, während Jenny, Doll und Suzan sich mit der Reinigung der benützten Leibwäsche im Wasser des Baches beschäftigten. Bei der starken Luftwärme mußten die Wäschestücke, der Sonne ausgesetzt, sehr bald trocknen. Dann sollten die Kleider ausgebessert werden, damit jeder an dem Tage, wo die Weiterfahrt beschlossen würde, auch zur Abreise fertig wäre.

Die Lage des Landes hier war noch immer unbekannt, und ohne Benützung von Instrumenten ließ sich höchstens dessen geographische Breite durch Beobachtung der Mittagshöhe der Sonne auf einige Grade genau bestimmen. Noch an demselben Tage ergab eine solche Beobachtung, daß das Land, wie der Kapitän Gould schon früher angenommen hatte, zwischen dem vierzigsten und dem dreißigsten Parallelkreise liegen mußte. Welcher Meridian aber es von Norden nach Süden durchscnitt, das nachzuweisen, fehlte es an jedem Mittel, höchstens wußte man, daß die »Flag« nach dem westlichen Teile des Pazifischen Ozeans zu gesteuert worden war.

Jetzt handelte es sich zunächst noch darum, das Hochplateau zu ersteigen, da es ja erwünscht schien, vor der völligen Wiederherstellung des Kapitäns Gould darüber klar zu sein, ob die Schaluppe ein Festland, eine Insel oder nur ein Eiland angelaufen habe. Vielleicht war von sieben- bis achthundert Fuß Höhe aus in nicht zu großer Entfernung noch ein anderes Land zu sehen. Fritz, Franz und der Obersteuermann beschlossen deshalb, eine Ersteigung des Steilufers zu versuchen.

Mehrere Tage verstrichen ohne jede Änderung der Sachlage. Alle empfanden die Notwendigkeit, eine solche herbeizuführen, freilich mit der Besorgnis, sie vielleicht gar verschlimmert zu sehen. Das Wetter blieb immer schön. Trotz starker Wärme zeigte sich doch keine Gewitterneigung.

Wiederholt hatten John Block, Fritz und Franz die Ausbuchtung im Westen vom Vorberge bis zu dem Hügel am anderen Ende durchstreift, doch vergebens nach einer Schlucht, einem Einschnitt oder einem sanfteren Abhang gesucht, von wo aus es möglich gewesen wäre, das Oberland zu erreichen. Die lotrechte Felsenwand erhob sich wie die Mauer einer Fassade.

Inzwischen nahte die Stunde der völligen Genesung des Kapitäns heran. Seine jetzt vernarbte Wunde war nur noch von einer leichten Binde bedeckt. Die Fieberanfälle hatten sich allmählich abgeschwächt und blieben jetzt gänzlich aus. Die Kräfte des Leidenden nahmen freilich nur sehr langsam zu; immerhin konnte sich Harry Gould bereits ohne fremde Unterstützung auf dem Strande ergehen. Da erörterte er nun mit Fritz und dem Obersteuermann die Aussichten, die eine Weiterfahrt in nördlicher Richtung bieten könnte. Im Laufe des 25. vermochte er sich sogar selbst bis zu dem Hügel im Westen zu begeben, und überzeugte sich hier mit eigenen Augen von der Unmöglichkeit, dessen Fuß zu umgehen.

Fritz, der ihn mit Franz und John Block begleitete, schlug deshalb vor, einfach ins Meer zu springen, um das darüber hinaus gelegene Ufer zu erreichen. Obwohl er ein vortrefflicher Schwimmer war, mußte der Kapitän den tollkühnen jungen Mann wegen der starken Strömung am Hügelfuße doch abhalten, diese gefährliche Absicht auszuführen. Wer konnte wissen, ob Fritz, einmal von der Strömung gepackt, das Ufer wieder zu erreichen vermöchte?

»Nein«, sagte der Kapitän, »das wäre eine Unklugheit, ein nutzloses Wagnis. Wir werden die Schaluppe zu Hilfe nehmen, um diesen Teil des Ufers zu besichtigen, und von einigen Kabellängen Entfernung aus werden wir es auch in größerer Ausdehnung übersehen können. Leider fürchte ich, daß es sich ebenso unwirtlich wie der uns bekannte Teil des Landes erweisen werde.«

»Wir befänden uns demnach«, folgerte Franz aus diesen Worten, »auf einer Art Eiland?«

»Das ist wohl anzunehmen«, antwortete Harry Gould.

»Mag sein«, setzte Fritz hinzu, »vielleicht liegt dieses Eiland aber nicht so allein hier, vielleicht gehört es zu einer im Norden, Osten oder Westen verstreuten Gruppe von Inseln.«

»Welcher Gruppe denn, mein lieber Fritz?« erwiderte

der Kapitän. »Wenn die Meeresgegend hier, wie alles anzudeuten scheint, zu den Gewässern Australiens oder Neuseelands gehört, so findet sich keine Inselgruppe in diesem Teile des Pazifischen Ozeans.«

»Nun, daß die Karten keine solche enthalten«, wandte Fritz ein, »ist doch noch kein Beweis dafür, daß keine vorhanden wären. Die Lage der Neuen Schweiz war lange Zeit ebensowenig bekannt, und dennoch ...«

»Ja gewiß«, antwortete Harry Gould, »das erklärt sich aber durch deren Lage außerhalb der gewöhnlichen Schiffswege. Nur sehr selten kommen Fahrzeuge in den Teil des Indischen Ozeans, wo sie liegt, während das Meer im Süden von Australien sehr viel befahren wird, und eine Inselgruppe von nur einiger Bedeutung wäre den Schiffern auf keinen Fall entgangen.«

»Da bleibt aber noch immer die Hypothese übrig«, meinte Franz, »daß wir uns in der Nähe von Neuholland befinden.«

»Das ist nicht abzuweisen«, antwortete der Kapitän, »und es würde mich gar nicht wundern, wenn das Land hier zu seinem südwestlichen Ausläufer, etwa in der Nachbarschaft des Kaps Leuwin gehörte. In diesem Falle hätten wir leider von den wilden Eingeborenen Australiens das Schlimmste zu befürchten.«

»Es ist auch stets besser«, meinte der Obersteuermann, »auf einem Eiland und dadurch vor einem Zusammentreffen mit Kannibalen gesichert zu sein.«

»Und darüber würden wir uns klar sein«, sagte Franz, »wenn wir das Steilufer hätten ersteigen können.«

»Jawohl«, sagte Fritz, »leider ist das nur an keiner Stelle möglich.«

»Auch nicht über den Rücken des Vorberges hin?« fragte der Kapitän Gould.

»Bis zur halben Höhe«, erklärte Fritz, »wäre das wohl ohne besondere Schwierigkeiten ausführbar, die oberen Wände fallen aber völlig senkrecht ab. Da müßten wir geradezu Leitern zu Hilfe nehmen, und auch solche könnten noch unzureichend sein. In einem Einschnitte und mittels langer Seile könnte man das Plateau vielleicht erreichen; ein Einschnitt, eine Schlucht ist aber nirgends vorhanden.«

»So benützen wir also die Schaluppe, um die Küste zu untersuchen«, entschied nun Harry Gould.

»Nicht eher, als bis Sie gänzlich hergestellt sind, Herr Kapitän«, erklärte Fritz. »Wir haben ja einige Tage Zeit . . .«

»Oh, mein lieber Fritz, ich fühle mich schon weit besser; wie hätte das auch bei der mir gewidmeten Pflege anders sein können? Frau Wolston, Ihre Gattin und Doll hätten mich schon dadurch geheilt, daß sie mich ansahen. Spätestens nach achtundvierzig Stunden unternehmen wir die kleine Fahrt . . .«

»Und steuern nach Osten oder nach Westen?« fragte Fritz.

»Das wird auf die Windrichtung ankommen«, erwiderte der Kapitän.

»Und ich hoffe«, setzte der Obersteuermann hinzu, »daß der kleine Ausflug nicht ohne Nutzen für uns sein wird.«

Um hierauf später nicht wieder zurückzukommen, sei gleich noch eingeschaltet, daß Fritz, Franz und John Block das menschenmögliche versucht hatten, den Vorberg zu erklimmen. Etwa zweihundert Fuß hoch waren sie trotz der sehr steilen Abhänge, mitten unter Trümmerstücken von einem Felsenblock zum anderen klimmend und mit der Geschwindigkeit der Gemse bis auf ungefähr ein Drittel der Höhe hinaufgelangt . . . ein sehr gefährliches Unternehmen, bei dem der Obersteuermann bald Hals und Bein gebrochen hätte. Von da aus war aber ein weiterer Aufstieg vollkommen unmöglich. Der Vorberg endete weiter oben mit einer lotrechten Wand mit ganz ebenen Steinplatten. Nirgends bot sich ein Stützpunkt für den Fuß, nirgends ein Vorsprung oder eine Spitze, woran die Haltetaue der Schaluppe hätten befestigt werden können. Bis zur Kante des Steilufers war es aber noch sechs- bis siebenhundert Fuß hoch.

Nach der Grotte zurückgekehrt, machte der Kapitän Gould die anderen mit dem gefaßten Beschlusse bekannt. Binnen zwei Tagen, am 27. Oktober, sollte das Fahrzeug seinen Ankerplatz verlassen und längs der Küste hinsegeln. Wäre ein mehrtägiger Ausflug beabsichtigt gewesen, so hätten wohl alle daran teilgenommen. Da es sich aber nur um eine oberflächliche Auskundschaftung handelte, erschien es eigentlich besser, sie nur von dem Kapitän, von Fritz und dem Obersteuermann unternehmen zu lassen. Diese genügten ja zur Führung der Schaluppe und sie würden sich auch nicht mehr als nötig nach Norden zu entfernen. War das Ufer nur das eines vereinzelt liegenden Eilandes, das vielleicht nur zwei bis drei Lieues Umfang hatte, so würden sie ringsherum fahren und spätestens nach vierundzwanzig Stunden wieder zurückgekehrt sein.

So kurz die Trennung auch sein sollte, verursachte sie bei allen doch einige Unruhe. James Wolston und seine Gattin, Franz, Jenny und Doll würden ihre Gefährten nicht ohne eine gewisse Beklemmung absegeln sehen, wußte doch niemand, was ihnen unterwegs zustoßen könnte. Und wenn sie nun gar von Wilden überfallen wurden ... wenn ihre Rückkehr sich verzögerte ... wenn sie vielleicht gar nicht wiederkamen? ...

Jenny machte ihre Bedenken mit der Energie geltend, die alle ihre Gedanken und Handlungen kennzeichnete. Sie verlangte, daß man zu so vielen Prüfungen und Besorgnissen nicht noch die hinzufügte, die ein vielleicht verlängertes Ausbleiben erzeugen müßte. Fritz begriff ihre Gründe, der Kapitän billigte sie, und schließlich kam man überein, daß alle an der geplanten Ausfahrt teilnehmen sollten.

Dieser Entschluß fand allgemeinen Beifall, und John Block ging deshalb sofort daran, die Schaluppe bestens instand zu setzen. Nicht, daß sie eigentlicher Reparaturen bedurft hätte, denn sie war seit ihrer Aussetzung aufs Meer kaum beschädigt worden, es empfahl sich aber, sie mit allem Notwendigen für den Fall auszurüsten, daß die Fahrt etwa nach einem benachbarten Lande fortgesetzt werden sollte. Der Obersteuermann bemühte sich auch, das kleine Vorderdeck gänzlich abzuschließen, um wenigstens den weiblichen Passagieren Schutz gegen scharfe Winde und überschlagendes Wasser zu gewähren.

Jetzt galt es also nur noch zu warten und Mundvorräte einzuladen, wenn die Fahrt sich unerwarteterweise verlängerte. Wurde es nötig, die Schildkrötenbucht endgültig zu verlassen, so erforderte es die einfache Klugheit, das ohne Säumen zu tun und die schönere Jahreszeit zu benützen, die in diesem Teile der südlichen Halbkugel erst unlängst begonnen hatte. Eine Überwinterung hier erschien doch wahrlich nicht wünschenswert. Wohl bot die Höhle Schutz gegen die Stürme aus Süden, die in diesen Gegenden des Großen Ozeans mit furchtbarer Gewalt auftreten, und der Kälte hätte man bei der reichlichen, am Fuße des Steilufers angehäuften Menge dürren Tangs und Seegrases allenfalls Trotz bieten können; würde es dann aber nicht an Schildkröten fehlen und sollte man sich allein auf die Erzeugnisse des Meeres beschränkt sehen? Konnte die Schaluppe denn bis über den Bereich der Wellen hinaufgeschafft und im Winter auch der andrängenden Flut entzogen werden, die offenbar bis zum Hintergrunde des Strandes hinaufschäumte? Harry Gould, Fritz und die anderen hatten ja nur ihre Arme, kein Werkzeug, keinen Hebel, keine Winde, und das Fahrzeug war doch so schwer, daß ihre Kräfte zu seiner Bergung auf dem Lande voraussichtlich nicht hinreichten.

In der jetzigen Jahreszeit waren zum Glück nur vorübergehende Gewitterstürme zu erwarten. Dabei hatten die vierzehn Tage des Aufenthaltes am Land allen die leiblichen und seelischen Kräfte und eine frohe Zuversicht wiedergegeben.

Die nötigsten Vorbereitungen waren am Morgen des 26. beendigt. Gegen Mittag bemerkte Fritz mit einiger Unruhe, daß vom Süden her Wolken heraufzogen. Trotz ihrer großen Entfernung ließen sie doch eine fahle Färbung erkennen. Ein Luftzug war kaum zu spüren. Die schweren Wolken wälzten sich dicht gedrängt herauf. Wenn das Wetter losbrach, mußte es gerade über die Schildkrötenbucht hinwegziehen.

Bisher hatten die äußersten Felsblöcke vor dem Vorberge die Schaluppe gegen die Ostwinde geschützt. Auch von der anderen Seite hätten die Westwinde ihr wenig anhaben können, da sie, von den Tauen festgehalten, so leicht nirgends anstoßen konnte. Rollten aber hohe Wogen vom offenen Meere herein, so fehlte dem Fahrzeug der Schutz und es konnte vielleicht zertrümmert werden.

An die Aufsuchung eines anderen Ankerplatzes an der Rückseite des Hügels oder des Vorberges war gar nicht zu denken, weil hier selbst bei ruhigem Wetter eine heftige Brandung stand.

»Was sollen wir nun tun?« fragte Fritz den Obersteuermann, der freilich auch keinen Rat wußte.

Noch bestand die Hoffnung, daß das Unwetter sich austobte, ehe es die Küste hier erreichte. Lauschte man aufmerksam, so ließ sich trotz der Windstille doch schon ein fernes Grollen hören. Offenbar war das Meer weiter draußen stark aufgewühlt, und auch in der Nähe huschte zuweilen ein leichter Windstoß, der ihm eine bleigraue Färbung verlieh, darüber hin.

Harry Gould betrachtete den Horizont.

»Wir sind von einem schlimmen Wetter bedroht«, sagte Fritz zu ihm.

»Das fürchte ich auch«, antwortete Harry Gould, »von einem schlimmeren, als wir es erwarten konnten.«

»Herr Kapitän«, mischte sich der Obersteuermann

ein, »jetzt ist aber nicht die Zeit, die Hände in den Schoß zu legen, jetzt heißt's: Die Arme einölen, wie die Matrosen sagen.«

»Wir wollen versuchen, die Schaluppe weit auf den Strand hinauf zu schleppen«, drängte Fritz, der nach James und seinem Bruder rief.

»Ja, versuchen wir das«, stimmte Harry Gould ein, »die steigende Flut wird uns dabei unterstützen. Inzwischen wollen wir unser Fahrzeug soviel wie möglich erleichtern.«

Das war jedenfalls das einzige, was zu tun war. Alle gingen an die Arbeit, die Segel wurden auf den Ufersand geworfen, der Mast niedergelegt, das Steuer ausgehoben, Bänke und Spieren ausgeladen und in die Höhle geschafft.

Als das Wasser den höchsten Stand erreicht hatte, konnte die Schaluppe gegen zehn Toisen weiter heraufgezogen werden. Um sie aber gegen den Anprall der Wellen zu sichern, mußte sie wenigstens um das Doppelte aufs Land hinaufgeschleppt werden.

Mangels anderer Hilfsmittel, ließ der Obersteuermann Planken unter ihren Kiel legen, worauf sie leichter hingleiten könnte, und alle vereinigten sich nun, sie von der Stelle zu ziehen. Vergebliche Mühe! Das schwere, zum Teil im Sande liegende Fahrzeug rückte nicht einen Fuß weiter über die letzte Flutgrenze hinauf.

Gegen Abend drohte der Wind sich zum Orkan zu entwickeln. Aus den am Zenit angehäuften massigen Wolken zuckten häufige Blitze hernieder, denen furchtbare, vom Echo am Steilufer noch verstärkte Donnerschläge folgten.

Obwohl die Schaluppe bei fortschreitender Ebbe jetzt schon hätte wieder trocken liegen sollen, stürmten die höher angeschwollenen Wogen doch unter ihr dahin und hoben sie wenigstens am Hinterteile in die Höhe.

Jetzt stürzte auch der Regen in großen, gleichsam mit Luftelektrizität geladenen Tropfen herab, die beim Aufschlagen auf den Ufersand zu explodieren schienen.

»Meine liebe Jenny«, sagte Fritz, »du darfst nicht länger mehr hier draußen bleiben. Ich bitte dich . . . geh' in die Grotte zurück, auch Sie, Doll, und Sie ebenfalls, Frau Wolston.«

Jenny wollte ihren Mann nicht gern verlassen, doch jetzt mischte sich auch der Kapitän ein.

»Ziehen Sie sich zurück, Frau Zermatt«, sagte er.

»Und Sie, Herr Kapitän«, erwiderte die junge Frau, »Sie sollten sich doch mehr schonen!«

»Ich habe nichts mehr zu befürchten«, entgegnete Harry Gould.

»Jenny . . . ich wiederhole dir . . . geh' zurück . . . es ist die höchste Zeit!« sagte Fritz.

Jenny, Doll und Suzan flüchteten nach der Höhle in dem Augenblick, wo der mit Hagelkörnern vermischte Regen in Masse herabzustürzen anfing.

Harry Gould, der Obersteuermann, Fritz, Franz und James, die bei dem Fahrzeuge blieben, hatten große Mühe, sich gegen den über den Strand hinfegenden Sturm aufrecht zu halten. Schon hüllte der Wasserstaub der überbrechenden Wogen die ganze Bucht in einen dichten, feuchten Schleier.

Die Lage war gefährlich angesichts der Ungewißheit, ob die Schaluppe bei den heftigen Stößen, die sie von einer Seite zur anderen warfen, würde festgehalten werden können. Wenn sie zertrümmert wurde, wie sollten dann Harry Gould und die übrigen vor dem Winter von dieser Küste wegkommen können?

Sie standen alle fünf beisammen, und wenn das weiter heraufschlagende Wasser das Fahrzeug aufhob, klammerten sie sich an die Bordwände, um es an der Stelle zu halten.

Bald tobte das Gewitter in voller Wut. Gleich von zwanzig Punkten zischten die Blitze hervor. Wenn ein Strahl die Vorberge traf, hörte man abgesprengte Felstrümmer auf die Tanganhäufung herunterpoltern. Ach, wenn die Blitze doch das Steilufer gespalten, eine Bresche hineingelegt hätten, wie ein schweres Geschoß in einer Mauer ... eine Bresche, die es ermöglicht hätte, bis zum oberen Teile der Wand zu gelangen!

In diesem Augenblicke wälzte sich eine vom Orkan aufgetürmte, fünfundzwanzig bis dreißig Fuß hohe Riesenwoge einer Wasserhose ähnlich über den Strand.

Von dem mächtigen Schwalle gepackt, wurden die Männer bis zu dem Seegrashaufen im Hintergrunde zurückgeschleudert, und es war ein Wunder zu nennen, daß keiner davon mit weggeschwemmt wurde, als das Wasser wieder ins Meer zurücksank.

Das schon gefürchtete Unglück war jetzt aber geschehen. Von ihrem Lager gerissen, war die Schaluppe erst auf das Uferland geworfen und dann gegen die äußersten Felsblöcke des Vorberges geschleudert worden. Dabei war sie zerbrochen, und ihre, kurze Zeit in dem Schaume der Brandung schwimmenden Trümmer verschwanden hinter der Erhebung.

Dreiundzwanzigstes Kapitel

Verschlimmerte Lage. – Fritz und Jenny geben die Hoffnung nicht auf. – Ergiebiger Fischfang. – Ein Versuch, die Ostküste kennenzulernen. – Der Albatros vom Rauchenden Felsen. – Trauriges Jahresende.

Bisher schon ernster als je, drohte die Lage sich jetzt noch weiter zu verschlimmern. So lange sich die Unglücklichen, wenn auch den Gefahren des Meeres ausgesetzt, noch in dem Fahrzeuge befanden, hatten sie doch Aussicht, von einem Schiffe aufgenommen zu werden oder ein Land zu erreichen. Ein Schiff war ihnen nicht begegnet. Ein Land hatten sie zwar gefunden, das erwies sich aber als fast unbewohnbar, und doch mußten sie jetzt auf alle Hoffnung verzichten, es verlassen zu können.

»Wären wir freilich«, so äußerte sich John Block gegen Fritz, »von einem derartigen Sturme auf offenem Meere überrascht worden, so läge die Schaluppe mit uns jetzt tief unten auf dem Grunde!«

Fritz erwiderte kein Wort, und unter einer Sintflut von Regen und Hagel flüchtete er zu Jenny, Doll und Suzan, die in ängstlicher Sorge in der Grotte saßen. Dank deren Richtung und Lage am Winkel des Vorberges, war das Wasser nicht in sie hineingedrungen.

Gegen Mitternacht, als der Regen aufgehört hatte, häufte der Obersteuermann eine Menge trockenes Seegras, das er aus Vertiefungen am Steilufer geholt hatte, nahe am Eingang der Höhle an. Bald loderte ein lebhaftes Feuer in die Höhle, an dem die vom Regen und Wellenschlag durchnäßten Kleidungsstücke getrocknet wurden.

Während der größten Heftigkeit des Unwetters stand der ganze Himmel stets in Flammen. Erst als die Wolken weiter nach Norden abzogen, milderte sich das furchtbare Rollen des Donners. So lange die Bucht aber noch von fernen Blitzen erleuchtet wurde, vermehrte sich eher noch die Gewalt des Sturmes, der die hohen schäumenden Wogen über den Strand hinauftrieb.

Mit dem Tagesgrauen traten die Insassen der Höhle wieder ins Freie. Zerrissene Wolken jagten über den Kamm der hohen Felswand dahin; die niedrigsten davon schienen fast an deren Rande hinzustreichen. In der Nacht hatte diesen der Blitz an zwei oder drei Stellen getroffen, das verrieten noch viele große Sprengstücke, die unten am Steilufer lagen. Nirgends aber zeigte sich ein Spalt oder ein Riß, durch den man nach dem oberen Plateau hätte emporklimmen können.

Harry Gould, Fritz und John Block besichtigten, was von dem Fahrzeuge noch übriggeblieben war. Das bestand aus dem Maste, dem Fock- und dem Klüversegel, dem Takelwerk nebst den Rollen und Flaschenzügen, ferner aus dem Steuer, dem kleinen Anker und seiner Kette, den Rudern, den Planken der Bänke und den Trinkwasserfässern. Die meisten dieser mehr oder weniger beschädigten Gegenstände ließen sich gewiß noch irgendwie verwerten.

»Das Unglück hat uns recht grausam heimgesucht«, sagte Fritz. »Hätten wir jetzt nur die armen Frauen – drei Frauen und ein Kind – nicht bei uns! Welches Los wartet ihrer auf diesem Uferlande, das wir nun nicht mehr verlassen können!«

Franz verhielt sich, trotz seines innigen Gottvertrauens, jetzt schweigend ... er wußte wohl selbst nicht, was er hätte sagen sollen.

John Block legte sich inzwischen die Frage vor, ob der Sturm die Schiffbrüchigen – diesen Namen verdienten sie wohl – nicht noch schlimmer geschädigt habe. Er befürchtete, der Wogenschwall könnte auch die Schildkröten vernichtet und ihre Eier aus den flachen Gruben im Sande weggeschwemmt haben. Welch unersetzlicher Verlust, wenn diese, fast einzige Nahrungsquelle versiegt war!

Der Obersteuermann winkte Franz zu sich heran und raunte ihm einige Worte zu. Dann überkletterten beide den Vorberg und begaben sich nach der jenseitigen Uferstrecke, um diese bis zu dem Hügel an ihrem Ende zu besichtigen.

Während der Kapitän Gould, Fritz und James über den Strand hin nach dem westlichen Vorberge gingen, nahmen Jenny, Doll und Suzan ihre gewohnte Beschäftigung wieder auf: Die Ordnung und Besorgung des Haushaltes, wenn man in der gegebenen Lage von einem solchen reden kann. Der kleine Bob spielte in kindlicher Unbefangenheit im Sande und wartete höchstens darauf, daß seine Mutter ihm ein Stück in siedendem Wasser erweichten Schiffszwieback bringen sollte. Welch verzweifelnde Angst erfüllte dagegen Suzan bei dem Gedanken an das Elend und die Entbehrungen, denen ihr Kind jedenfalls nicht gewachsen sein würde.

Nachdem sie im Innern der Höhle alles in Ordnung gebracht hatten, gesellten sich Jenny und Doll wieder zu Frau Wolston, mit der sie in recht trüber Stimmung plauderten . . .

Konnten sie von etwas anderem sprechen, als von ihrer seit gestern so arg verschlimmerten Lage? Doll und Suzan, die noch trostloser zu sein schienen, als die junge Frau, wagten kaum, sich die Zukunft auszumalen, und ihre Augen füllten sich mit heißen Tränen.

»Was soll nun aus uns werden?« sagte Suzan.

»Vor allem laßt uns das Vertrauen bewahren«, antwortete Jenny, «und uns bemühen, die Männer nicht zu entmutigen.«

»Es ist nun aber«, fuhr Doll fort, »ganz unmöglich, von hier wegzugehen. Wenn dann gar erst die schlechte Jahreszeit kommt . . .«

»Dir, liebe Doll«, unterbrach sie Jenny, »wiederhole ich ebenso wie Suzan, daß den Mut zu verlieren, zu gar nichts führt.«

»Wer könnte hier noch die leiseste Hoffnung hegen?« rief Frau Wolston, die einer Ohnmacht nahe war.

»Und doch, du mußt es . . . es ist deine Pflicht!« sagte Jenny. »Denk an deinen Mann, an James, dem du das Herz zerreißen wirst, wenn er dich weinen sähe!«

»Du bist stark, Jenny«, meinte Doll, »du hast schon einmal gegen schweres Unglück gekämpft . . . doch wir . . .«

»Ihr?« antwortete Jenny. »Vergeßt ihr denn, daß der Kapitän Gould und Fritz, daß Franz, James und John Block ihr möglichstes tun werden, alle zu retten?«

»Was werden sie aber tun können?« fragte Suzan.

»Das weiß ich jetzt noch nicht, Suzan. Sie werden aber Erfolg haben, wenn wir ihre Kraft nicht dadurch lähmen, daß wir uns der Verzweiflung überlassen.«

»Mein Kind . . . mein Kind!« murmelte die arme Mutter, die ihre Seufzer fast erstickten.

Ganz bestürzt, seine Mutter weinen zu sehen, machte Bob große Augen.

Da zog ihn Jenny an sich und nahm ihn auf die Knie.

»Deine Mutter hat sich geängstigt, mein Herzchen«, sagte sie. »Sie rief nach dir und du gabst keine Antwort, und dann . . . du spieltest doch im Sande, nicht wahr?«

»Ja«, antwortete Bob, »mit dem Schiffe, das mir der gute Onkel Block gebaut hat. Ich wollte aber auch ein hübsches weißes Segel dazu haben, daß es fortschwimmen könnte. Da im Sande ist eine ganze Menge Löcher mit Wasser drin, darauf wollte ich es setzen. Tante Doll hat versprochen, mir ein Segel zu machen . . .«

»Jawohl, mein kleiner Bob, das sollst du auch noch heute bekommen«, sagte Doll.

»Dann lieber zwei Segel«, fuhr das Kind fort, »zwei, wie die von der Schaluppe, auf der wir hierhergefahren sind.«

»Natürlich, zwei«, antwortete Jenny. »Tante Doll wird dir ein schönes Segel machen, und ich nähe dir auch eines.«

»Danke, danke, Frau Jenny«, rief Bob in die Hände klatschend. »Wo ist denn aber unser großes Schiff? Ich sehe es ja gar nicht mehr.«

»Das ist . . . ist zum Fischfang ausgefahren«, erklärte Jenny. »Es wird schon bald wiederkommen und schöne, zappelnde Fische mitbringen. Du hast ja übrigens dein Schiffchen, das vom Onkel Block . . .«

»Ja, ich werde ihm aber doch sagen, daß er mir noch ein anderes baut, eines, worin ich fahren kann, auch mit Papa und Mama . . . mit Tante Doll und Jenny und mit allen anderen!«

Der arme Kleine! Er sprach in seiner Unschuld aus, was jetzt am meisten not tat: Der Ersatz der Schaluppe; doch wie war dieser möglich?

»Geh, spiele nur weiter, mein Schatz«, sagte Jenny, »lauf aber nicht zu weit davon!«

»Nein, ganz hier in der Nähe, Tante Jenny!« versprach der Kleine.

Dann umarmte er seine Mutter und lief in kindlicher Fröhlichkeit hinweg.

»Meine liebe Suzan, meine beste Doll«, nahm Jenny wieder das Wort, »Gott kann es nicht wollen, daß dieses herzige Kind nicht gerettet werde. Nein, das kann er nicht wollen . . . und seine Rettung ist doch auch die unsere! . . . Ich bitte euch: Keine Schwäche, keine Tränen! Vertraut auf die gütige Vorsehung, wie ich es immer getan habe.«

Die Worte der mutigen Jenny kamen ihr wirklich aus dem Herzen, als eine Eingebung ihrer unerschrockenen Seele, die sie niemals verzweifeln ließ. Kam die rauhe Jahreszeit heran, ohne daß sie diese Küste hatten verlassen können – und daran war, ohne daß sie zufällig von einem Schiffe aufgenommen würden, gar nicht zu denken – so mußten sie sich eben auf eine Überwinterung einrichten. Die Grotte würde gegen schlechtes Wetter Schutz bieten, die Masse dürrer Seepflanzen lieferte genug Heizmaterial, wenn es zu kalt wurde, Fischfang und Jagd versprachen, die Ernährung aller zu sichern . . . unter diesen Umständen war doch einige Hoffnung zu bewahren.

Zunächst war es wichtig zu wissen, ob die Befürchtungen John Blocks wegen der Chelidonier gerechtfertigt wären. Nein . . . zum Glück nicht. Nach einer Stunde kehrten der Obersteuermann und Franz zurück und brachten die gewohnte Menge von Schildkröten, die während des Unwetters unter dem Seegras Schutz gefunden hatten, leider aber kein einziges Ei mit heim.

»Sie werden schon wieder Eier legen, die braven Tiere«, meinte John Block, »und werden sich des Vertrauens würdig zeigen, das wir in sie setzen!«

Alle mußten bei den Scherzworten des Obersteuermanns unwillkürlich lächeln.

Bei ihrem Gange bis zum anderen Vorberge hatten

der Kapitän Gould, Fritz und James sich überzeugt, daß es unmöglich war, anders als zu Wasser um diesen herum zu kommen. Dort stand, einmal in dieser und dann in entgegengesetzter Richtung, eine sehr starke Strömung. Selbst bei stillem Wetter hätte die heftige Brandung jedem Boote eine Annäherung verhindert, und der beste Schwimmer wäre weit ins Meer hinausgetrieben worden oder schon zwischen den Uferblöcken verunglückt.

Die Notwendigkeit, das Oberland des Steilufers auf andere Weise zu erreichen, machte sich jetzt also mehr als je geltend.

»Was nun?« sagte da eines Tages Fritz, der voller Ungeduld an der unersteigbaren Wand emporblickte.

»Aus einem Gefängnis mit tausend Fuß hohen Mauern gibt es kein Entweichen«, antwortete James.

»Wenigstens, wenn man nicht die Mauer durchbricht«, meinte Fritz.

»Durchbrechen . . . diese Granitmasse, die vielleicht noch dicker ist als hoch?« bemerkte James.

»Wir können aber doch nicht für immer in diesem Gefängnis bleiben!« rief Fritz in ohnmächtiger Wut, die er nicht zu bemeistern vermochte.

»Sei geduldig und habe Vertrauen«, ermahnte ihn Franz, der seinen Bruder zu beruhigen suchte.

»Geduld . . . die kann ich wohl haben«, erwiderte Fritz, »doch Vertrauen . . .«

Worauf hätte sich dieses Vertrauen auch gründen, diese Zuversicht stützen sollen?

Rettung konnte ihnen nur winken, wenn zufällig ein Schiff in der Nähe vorbeikam. Doch selbst wenn das der Fall war, blieb es unsicher, ob es die Signale bemerken würde, die ihm der Obersteuermann durch das Entzünden eines Feuers auf dem Strande oder der Spitze des östlichen Vorberges zu geben gedachte.

Vierzehn Tage waren schon verstrichen, seit die Schaluppe hier gelandet war, und mehrere Wochen vergingen weiter ohne jede Änderung der Sachlage. Bezüglich der Nahrung sahen sich der Kapitän Gould und seine Leidensgefährten auf Schildkröten und deren Eier, sowie auf Krustentiere, wie Krabben und Hummer, beschränkt. Von den letzteren hatte John Block einige fangen können. Gewöhnlich beschäftigte sich John Block, nicht ohne Erfolg, mit dem Fischfange, wobei ihn Franz meist unterstützte. Mit Schnüren, die anstelle der Angelhaken mit passend gebogenen, aus den Planken der Schaluppe herrührenden Nägeln versehen waren, gelang es, verschiedene Arten Fische zu fangen. z. B. zehn bis zwölf Zoll lange Goldbrachsen von schön roter Farbe und höchst schmackhaftem Fleisch, ferner kleine Wolfs- und größere Seebarsche und einmal sogar einen mächtigen Stör, der nur mit Hilfe einer Schlinge auf den Strand heraufgezogen werden konnte.

Die Seehunde, deren es hier sehr viele gab, ließen als Nahrungsmittel freilich alles zu wünschen übrig. Von ihnen wurde nur das Fett, und zwar zur Anfertigung roher Kerzen, benützt, die einen Docht aus dürrem Seegras bekamen. So beunruhigend die Aussicht auf eine Überwinterung auch war, durfte man doch nicht vergessen, für die langen, dunklen Abende der schlechten Jahreszeit auch für notdürftige Beleuchtung zu sorgen.

Auf Lachse, die zu gewissen Zeiten so zahlreich den Schakalbach der Neuen Schweiz hinaufstiegen, war hier nicht zu rechnen. Dafür »strandete» aber eines Tages wenigstens ein Schwarm von Heringen an der Mündung des kleinen Rios. Davon wurden mehrere Hunderte erbeutet, und diese bildeten, über einem Feuer von trockenem Tang geräuchert, einen recht schätzenswerten Nahrungsvorrat.

»Sagt man nicht«, bemerkte John Block, »daß der Hering die nötige Butter gleich in sich hat? Na, wenn das wahr ist, dann kann sie diesen hier nicht fehlen! Ich weiß gar nicht, was wir mit all den guten Sachen noch anfangen sollen!«

In den sechs folgenden Wochen des hiesigen Aufenthaltes hatte man wiederholt versucht, das Steilufer über den Rücken des Vorberges zu erklimmen. Da das stets vergeblich geblieben war, beschloß Fritz, den Hügel im Osten zu umgehen. Er hütete sich aber weislich, jemand – außer John Block – seine Absicht mitzuteilen. Am Morgen des 7. Dezembers begaben sich daraufhin die beiden Männer nach der Ausbuchtung an der Ostseite unter dem Vorwande, wie gewöhnlich Schildkröten holen zu wollen.

Am Fuße der mächtigen Felsmasse des Hügels brachen sich die Wellen mit großer Heftigkeit, und Fritz setzte, wenn er auf die andere Seite des Hügels gelangen wollte, unzweifelhaft sein Leben aufs Spiel.

Vergeblich bemühte sich der Obersteuermann, ihn von dem Wagnis abzuhalten, es blieb ihm nichts übrig, als sich im Notfall zu seiner Unterstützung bereitzuhalten.

Fritz legte die Kleidung ab, befestigte sich eine lange Leine – das Fockreep von der Schaluppe – um den Leib, John Block packte deren Ende, und der junge Mann sprang beherzt ins Wasser.

Hier drohte ihm die zweifache Gefahr, entweder von der Brandung gegen den Fuß des Hügels geschleudert oder von der Strömung hinweggetragen zu werden, im Fall, daß die Leine etwa risse.

Zweimal versuchte Fritz erfolglos, sich über die Wellen emporzuarbeiten, erst beim dritten Male gelang es ihm, sich so weit oben zu halten, daß er einen Blick auf die Gegend jenseits des Hügels werfen konnte. Dann zog John Block ihn nicht ohne Mühe nach dem Ufer zurück.

»Nun«, fragte der Obersteuermann, »wie sieht es da drüben aus?«

»Felsen, nichts als Felsen«, antwortete Fritz, als er wieder etwas zu Atem gekommen war. »Ich habe nichts anderes gesehen, als kleine Buchten und Steinvorsprünge. Das Steilufer verläuft nach Norden zu in gleicher Weise weiter.«

»Darüber wundere ich mich gar nicht!« begnügte sich der Obersteuermann zu antworten.

Als das Ergebnis dieses kühnen Versuches bekannt wurde, von dem Jenny mit begreiflicher Erregung hörte, schien allen jede Hoffnung zu schwinden. Das Eiland, das der Kapitän Gould und die übrigen nicht mehr sollten verlassen können, erwies sich als ein unbewohnbarer und unbewohnter Steinhaufen!

Welch schmerzlichen Gedanken rief die Erkenntnis dieser Sachlage wach. Ohne die Meuterei befänden sich die Passagiere der »Flag« jetzt schon seit zwei Monaten in den fruchtbaren Gefilden des Gelobten Landes! Wie mußten sich auch alle die ängstigen, die sie erwarteten und sie doch nicht eintreffen sahen. Wie sollten sich die beiden Familien diese Verzögerung deuten? Wäre die Korvette etwa gar untergegangen? Sollten sie Fritz, Jenny, Franz, James, Suzan und Doll niemals wiedersehen? Und wenn die »Licorne» Schiffbruch gelitten hatte, war das auf der Fahrt von der Insel nach Europa oder vor oder nach ihrem Auslaufen von Capetown geschehen?

Die Angehörigen und Freunde der hier Verlassenen waren wirklich mehr zu beklagen, als diese selbst. Sie wußten jene wenigstens in der Neuen Schweiz in Sicherheit.

Die Zukunft bot ein recht trübes Bild angesichts einer Lage, deren Ausgang niemand vorhersehen konnte.

Und welch neue Besorgnis wäre noch zu so vielen anderen gekommen, wenn alle gewußt hätten, was Harry Gould und dem Steuermann allein bekannt war: Daß die Zahl der Schildkröten sich infolge des täglichen Verbrauches merkbar verminderte.

»Vielleicht«, äußerte hierzu John Block, »kommt das daher, daß die Tiere Kenntnis von einem unterirdischen Gange haben, durch den sie die Buchten im Osten oder

Westen erreichen können, ohne daß es uns möglich wäre, ihnen zu folgen.«

»Jedenfalls, Block«, antwortete Harry Gould, »sprechen Sie davon gegen niemand!«

»Darüber beruhigen Sie sich, Herr Kapitän. Wenn ich es Ihnen gesagt habe, geschah es nur, weil man Ihnen doch alles mitteilen kann . . .«

»Und auch mitteilen muß, Block!«

Von jetzt ab mußte der Obersteuermann noch mehr als bisher dem Fischfange obliegen, denn das Meer lieferte ja stets, was die Erde zu versagen anfing. Durch eine ausschließliche Ernährung mit Fischen, Weich- und Schaltieren drohte freilich die Gesundheit allmählich Schaden zu erleiden, und wenn erst Krankheiten ausbrachen, dann war der Becher des Unglücks ja übervoll.

Die letzte Woche des Dezembers kam heran. Das Wetter blieb immer schön, nur traten einige Gewitter ein, die aber nicht so schwer waren, wie das erste. Die zuweilen außerordentliche Hitze wäre manchmal kaum zu ertragen gewesen ohne den Schatten, den das Steilufer über den Strand hin warf. Das bot doch einigen Schutz gegen die Glutstrahlen der Sonne, die ihren Tagesbogen am nördlichen Himmel beschrieb.

Zu dieser Zeit erschienen hier auch sehr viele Vögel, und zwar nicht nur Seeschwalben, Trauerenten, Möwen und Fregattvögel, die gewohnten Gäste des Strandes, sondern gelegentlich auch ganze Völker von Kranichen und Reihern. Das erinnerte Fritz an seine schönen Jagden auf dem Schwanensee oder in der Umgebung der Meiereien des Gelobten Landes. Auf dem Gipfel des Hügels zeigten sich auch Kormorane, wie der Jennys, der jetzt im Geflügelhof von Felsenheim umherstolzierte, und zuweilen Albatrosse, gleich dem, den sie zu ihrem Boten vom Rauchenden Felsen gemacht hatte.

Alle diese Vögel hielten sich aber in sicherer Entfernung. Wenn sie sich auch auf dem Vorberge niederließen, versuchte man doch vergeblich, ihnen näher zu kommen, denn sie flatterten dann sofort über die unersteigbare Höhe davon.

Eines Tages wurden der Kapitän Gould und alle übrigen durch einen Ruf des Obersteuermannes nach dem Strande gelockt.

»Da seht doch ... seht doch!« wiederholte John Block, indem er nach dem Rande des oberen Plateaus hinwies.

»Was gibt es denn?« fragte Fritz.

»Sehen Sie denn gar nicht die Reihe schwarzer Punkte da oben?« erwiderte John Block.

»Das sind Pinguine«, erklärte Franz.

»Ja, ganz richtig, Pinguine«, bestätigte Harry Gould, »und wenn sie uns nicht größer als Krähen erscheinen, liegt das an der großen Höhe, in der sie sitzen.«

»Und da diese Vögel«, bemerkte Fritz, »haben nach dem Plateau gelangen können, so muß der Abhang an der anderen Seite des Steilufers leichter zugänglich sein.«

Das war wohl anzunehmen, denn die sehr unbeholfenen und schweren Pinguine hätten mit ihren kurzen Flügelstümpfen nicht bis zu jenem Kamme hinauffliegen können. War dessen Ersteigung auch von Süden her unmöglich, so schien sie doch von Norden her ausführbar zu sein. Bei dem Mangel eines Bootes aber, mit dem man hätte längs der Küste hinfahren können, mußte man darauf verzichten, den Gipfel des Steilufers zu erreichen.

Traurig, gar traurig gestaltete sich das Weihnachtsfest dieses Unglücksjahres. Wie niederdrückend war der Gedanke, welch fröhliche Christmas im großen Saale von Felsenheim inmitten der beiden Familien und in Gesellschaft des Kapitäns Gould und John Blocks gefeiert worden wäre! Es schien wirklich, als ob die Qual des Verlassenseins sich damit verdoppelte, und so beschränkte sich die Feier auf innige Gebete, worin sich freilich kaum noch eine schwache Hoffnung ausdrückte.

Und dennoch mußte man wohl dem Schöpfer danken, daß trotz so schwerer Prüfungen die Gesundheit dieser kleinen Welt noch nicht gelitten hatte. Dem Obersteuermann vorzüglich hatten alles Elend und alle Enttäuschungen auch nicht das geringste anhaben können.

»Ich werde fett«, erklärte er wiederholt, »ja, richtig fett! Das kommt davon, wenn man seine Zeit mit Nichtstun verbringt!«

Mit Nichtstun, ach, in dieser unglückseligen Lage war ja leider nichts zu tun.

Am Nachmittag des 29. ereignete sich ein Zwischenfall, der zwar auch keine erwünschte Änderung der Dinge hervorbringen konnte, der aber die Erinnerung an glücklichere Zeiten wachrief.

Auf dem noch erreichbaren Teile des Vorberges hatte sich ein Vogel niedergesetzt.

Es war ein Albatros, der jedenfalls von weither kam und sehr müde zu sein schien. Er streckte sich sozusagen, die Füße nach hinten und die Flügel gefaltet, auf dem Felsen aus.

Fritz wollte versuchen, ihn zu fangen. Bei seiner Geschicklichkeit im Schleudern des Lassos konnte ihm das vielleicht gelingen, wenn er eine Leine von der Schaluppe mit einem Laufknoten versah.

Der Obersteuermann machte eine solche Leine zurecht, und Fritz begann den Vorberg vorsichtig und geräuschlos zu erklimmen.

Alle folgten ihm mit den Blicken.

Der Vogel rührte sich nicht; Fritz konnte sich bis auf einige Toisen heranschleichen, dann sauste sein Lasso durch die Luft und schlang sich um den Leib des Albatros.

Dieser versuchte kaum, sich zu wehren, als Fritz ihn auf den Armen nach dem Strande hinuntertrug.

Da erscholl aus Jennys Mund ein Schrei der Überraschung.

»Er ist es! Er ist es!« jubelte sie, den Vogel streichelnd, ich erkenne ihn wieder!«

»Wie«, rief Fritz, »das wäre . . .«

»Ja ja, Fritz, das ist mein Albatros, mein Gefährte vom Rauchenden Felsen, derselbe, dem ich das Billet ans Bein gebunden hatte, das dir in die Hand gefallen war.«

War das wohl möglich? Täuschte sich Jenny nicht? Sollte dieser Albatros, der niemans nach jenem Eiland zurückgekehrt war, jetzt, drei Jahre später, nach dieser Küste geflogen sein?

Jenny irrte sich indes nicht, und das zeigte sich handgreiflich, als sie auf ein Bindfadenendchen hinwies, das noch an dem einen Bein des Vogels hing. Von dem Leinwandstückchen, worauf Fritz einige Antwortzeilen geschrieben hatte, war freilich keine Spur mehr zu entdekken.

Der Albatros war gewiß von sehr weit her gekommen, denn diese kräftigen Luftsegler vermögen überraschend große Strecken zu überwinden. Jedenfalls hatte dieser hier vom Osten des Indischen bis in diese Gegend des Stillen Ozeans eine Entfernung von etwa tausend Lieues zurückgelegt.

Von der Pflege und von den Liebkosungen, die dem Boten vom Rauchenden Felsen zuteil wurden, können wir füglich schweigen. Bildete er nicht eine Art Band, das die Schiffbrüchigen mit ihren Eltern und ihren Freunden in der Neuen Schweiz verknüpfte?

Zwei Tage später endete das Jahr 1817, das in den letzten Monaten so reich an Unglück gewesen war, und wer konnte wissen, wieviel davon die Zukunft noch in ihrem Schoße barg!

Vierundzwanzigstes Kapitel

Ein Gespräch über den Albatros. – Gutes Einvernehmen zwischen dem kleinen Bob und dem Vogel. – Anfertigung von Kerzen. – Ein neuer Gegenstand des Schmerzes. – Vergebliche Untersuchungen und Verzweiflung. – Ein Schrei des Albatros.

Täuschte sich der Kapitän Gould über die Lage des Eilandes nicht, so konnte der Sommer hier höchstens noch drei Monate andauern. Nach diesen drei Monaten trat der schreckliche Winter ein mit seinen kalten Windstößen und furchtbaren Stürmen. Die schwache Aussicht, draußen auf dem Meere ein Schiff zu erblicken und es durch Signale zu Hilfe zu rufen, war dann ganz entschwunden, denn in dieser Zeit des Jahres meiden die Seefahrer diese gefährlichen Meeresteile. Immerhin vollzog sich bis dahin vielleicht noch eine Änderung der Sachlage, wenn es auch sehr kühn erschien, auf eine solche zu hoffen.

Das Leben ging also in derselben Weise weiter, wie seit dem 26. Oktober, dem Unglückstage, an dem die Schaluppe zerstört worden war. Wie schwer wurde den arbeitsfrohen Verlassenen diese Eintönigkeit, diese Untätigkeit, da es ihnen ja unmöglich war, nur irgend etwas zu unternehmen. Darauf beschränkt, längs des Fußes des Steilufers, das sie gefangenhielt, hinzuirren, ermüdeten ihre Augen durch die unablässige Beobachtung des immer öden Meeres, und sie bedurften wirkliche einer außerordentlichen Willensstärke, nicht der Entmutigung zu erliegen.

Die langen Tage verstrichen meist unter Gesprächen, die Jenny in Gang zu bringen sich bemühte. Die mutige junge Frau flößte ihrer ganzen Umgebung neues Leben ein, wußte sie zu zerstreuen und besprach Pläne, über deren Wert sie sich freilich keineswegs täuschte. Fritz und sie tauschten gegenseitig ihre Gedanken aus, ohne daß es dazu der Worte bedurft hätte. Der Kapitän Gould und John Block sprachen meist über die Zukunft. Zuweilen fragten sie sich wohl auch, ob die Lage des Eilandes wirklich die sei, die sie – als im Pazifischen Ozeane – annahmen. Der Obersteuermann konnte sich hierüber eines leisen Zweifels nicht erwehren.

»Hat Sie das Eintreffen des Albatros auf solche Gedanken gebracht?« fragte ihn eines Tages der Kapitän.

»Ja, so ist es«, antwortete John Block, »und ich glaube, nicht ohne berechtigten Grund.«

»Wollen Sie daraus schließen, daß unser Eiland doch höher im Norden liege, als wir es vermuteten?«

»Jawohl, Herr Kapitän, und – wer weiß es? – vielleicht in der Nähe des Indischen Ozeans. Ein Albatros kann doch leichter Hunderte statt Tausende von Lieues weit fliegen, ohne einmal auszuruhen.«

»Das weiß ich, Block«, erwiderte Harry Gould, »ich weiß aber auch, daß Borupt daran gelegen sein mußte, mit der ›Flag‹ möglichst nach dem Pazifischen Ozean zu segeln. Die acht Tage über, die wir im Frachtraum eingesperrt waren, hat es mir, und auch Ihnen, so geschienen, als wenn wir Westwind gehabt hätten.«

»Das geb' ich zu«, antwortete der Obersteuermann, »und doch ... dieser Albatros ... ist er nur aus der Nähe oder ist er von weit her gekommen?...«

»Und wenn es so wäre, Block, wenn wir uns über die Lage dieses Eilandes vorher getäuscht hätten, wenn es nur wenige Lieues von der Neuen Schweiz entfernt läge, ist das für uns, die wir es nicht verlassen können, nicht ganz dasselbe, als ob des Hunderte von Lieues bis dahin wären?«

Die Anschauung des Kapitäns Gould war leider gar zu berechtigt. Übrigens mußte man immer noch annehmen, daß die »Flag« nach dem Pazifischen Ozean hin, also weit, weit weg aus der Gegend der Neuen Schweiz, gesteuert wäre. Was aber John Block dachte, das dachten die anderen ebenfalls. Es schien, als ob der Vogel vom Rauchenden Felsen alle mit neuer Hoffnung erfüllt hätte.

Nachdem sich der Albatros erholt hatte, zeigt er sich, wie das ja zu erwarten war, weder furchtsam, noch wild. Ihn noch weiter zu zähmen, war sehr leicht, und bald bewegte er sich über den Strand hin, nährte sich von Varecbeeren oder von Fischen, die er sehr geschickt fing, und zeigte gar keine Neigung, fortfliegen zu wollen.

Zuweilen stieg er doch längs des Vorberges auf und setzte sich, laut schreiend, am Rande des Steilufers nieder.

»Aha«, sagte dann der Obersteuermann, »der ladet uns ein, hinaufzukommen! Wenn er mir nur seine Flügel borgte, dann wollte ich schon bis dahin fliegen und auskundschaften, wie es auf der anderen Seite aussieht. Freilich, die Seite da drüben wird auch nicht mehr wert sein als diese hier; 's ist doch aber immer besser, das bestimmt zu wissen!«

Zu wissen? . . . Wußte man das nicht seit dem Tage, wo Fritz jenseits des Hügels dieselben nackten Felsen, dieselben unübersteiglichen Höhen gesehen hatte?

Einer der besten Freunde des Albatros war der kleine Bob. Zwischen dem Kinde und dem Vogel herrschte bald die größte Vertraulichkeit. Sie spielten zusammen auf dem Sande. Da war keine Neckerei von der einen, kein Schnabelhieb von der anderen Seite zu fürchten. Bei schlechtem Wetter zogen sich beide nach der Grotte zurück, worin der Albatros seinen Winkel hatte, den er jeden Abend einnahm.

Außer diesem Zwischenfalle, an den sich doch auch keine Hoffnungen knüpfen ließen, ereignete sich nichts, was dem Kapitän Gould und seinen Gefährten das eintönige Leben unterbrochen hätte.

Jedenfalls war es jetzt notwendig, ernstlich an die Wahrscheinlichkeit einer demnächstigen Überwinterung zu denken, die den armen Schiffbrüchigen vier bis fünf Monate rauher Jahreszeit in Aussicht stellte. Unter dieser Breite und inmitten des Pazifischen Ozeans wüten dann oft außerordentlich heftige Stürme, die auch eine sehr starke Temperaturerniedrigung herbeiführen können.

Der Kapitän Gould, Fritz und John Block tauschten zuweilen ihre Gedanken hierüber aus. Da sie die Unannehmlichkeiten der nächsten Zeit nicht vermeiden konnten, war es gewiß richtiger, ihnen gerade ins Gesicht zu sehen. Entschlossen zu kämpfen, fühlten sie jetzt nichts mehr von der Entmutigung, die sie beim Verluste der Schaluppe befallen hatte.

»Wenn unsere Lage nur nicht durch die Anwesenheit der drei Frauen und des Kindes erschwert wäre«, sagte öfters Harry Gould. »Ja, wenn wir hier nur Männer wären . . .«

»Wir haben deshalb nur die Verpflichtung, noch mehr zu tun, als wir sonst getan hätten«, antwortete Fritz.

In der Voraussicht des Winters erhob sich noch eine recht ernste Frage, die nämlich, ob es bei strengerer Kälte, wenn Tag und Nacht ein Feuer unterhalten werden müßte, nicht schließlich an Brennmaterial fehlen würde.

Das war vielleicht nicht zu fürchten, wenn sie sich mit dem Tang begnügten, der bei jeder Flut ausgeworfen und von der Sonne schnell getrocknet wurde. Da die Verbrennung dieser Seepflanzen aber einen beißenden Rauch erzeugte, konnte man sie nicht wohl zur Erwärmung der Grotte anwenden, worin die Luft sonst bald unatembar geworden wäre. Daneben machte es sich noch nötig, deren Eingang mit den Segeln der Schaluppe, und zwar recht dicht und fest zu verschließen, um einen sicheren Schutz gegen die Windstöße zu haben, die im Winter gegen den Fuß des Steilufers anstürmten.

Endlich mußte die Grotte doch erleuchtet werden, wenn das Wetter alle Arbeiten im Freien verbot.

Der Obersteuermann und Franz gingen deshalb, von Jenny und Doll unterstützt, daran, einen großen Vorrat grober Kerzen aus dem Speck und Fett der Seehunde herzustellen, die an der östlichen Ausbuchtung in Menge vorkamen und deren Fang keine besonderen Schwierigkeiten bereitete.

Ganz entsprechend dem in Felsenheim geübten Verfahren schmeltzte John Block dieses Fett ein und erhielt dadurch ein Öl, das beim Erkalten erstarrte. Da er keine Baumwolle, wie man sie in der Neuen Schweiz erntete, zur Verfügung hatte, mußte er sich mit den Fasern von Seegras begnügen, die immerhin brauchbare Dochte lieferten.

Außerdem kam endlich die Kleidung in Frage, womit alle nur dürftig versehen waren, und wie hätte diese, wenn sich der Aufenthalt hier verlängerte, ersetzt werden sollen?

»Ich bleibe dabei«, sagte eines Tages der Obersteuermann, »wenn man durch einen Schiffbruch auf eine wüste Insel geworfen wird, ist es klug und weise, ein Schiff oder ein Wrack zur Hand zu haben, worauf sich alles Notwendige vorfindet. Anderenfalls ist das ein miserables Ding!«

Die Bewohner der Neuen Schweiz hatten sich freilich aus dem »Landlord« mit allem reichlich versorgen können.

Am Nachmittage des 17. erregte ein Vorfall, dessen Folgen niemand hätte voraussehen können, allgemein eine sehr lebhafte Unruhe.

Bob spielte bekanntlich gerne mit dem Albatros. Wenn er sich so auf dem Strande belustigte, behielt ihn seine Mutter stets im Auge, damit er sich nicht zu weit entfernte, denn er kletterte gern einmal an den untersten Blöcken des Vorberges hinauf oder lief den heranrollenden Wellen entgegen. Blieb er dagegen mit dem Vogel in der Grotte zurück, so war keine Unannehmlichkeit zu fürchten.

Es mochte gegen drei Uhr sein. James Wolston half dem Obersteuermann die Spieren zum Tragen des Vorhanges zuzurichten, der vor dem Eingange angebracht werden sollte. In dem Winkel nahe dem Kochofen saßen Jenny, Suzan und Doll mit dem Ausbessern ihrer Kleider beschäftigt.

Jetzt war die Zeit, wo Bob sein Vesperbrot zu verzehren pflegte.

Frau Wolston ging nach der Grotte zu und rief nach dem Kinde.

Bob antwortete nicht.

Suzan begab sich nach dem Strande und rief noch lauter, bekam aber wiederum keine Antwort.

Da erhob auch der Obersteuermann seine Stimme:

»Bob! ... Bob! ... Es ist Zeit zum Essen!«

Das Kind zeigte sich nicht, man sah es auch nirgends auf dem Strande.

»Der Junge war hier ... ganz in unserer Nähe ... und vor kaum einer Minute!« versicherte James.

»Wo zum Kuckuck mag er denn stecken?« fragte sich John Block, der sich dem Vorberge zuwendete.

Der Kapitän Gould, Fritz und Franz gingen eben am Fuße der Felswand hin.

Bei ihnen war Bob auch nicht.

Der Obersteuermann legte die Hände zum Sprachrohr zusammen und rief wiederholt: »Bob! ... Bob!«

Das Kind blieb unsichtbar.

James lief nach dem Kapitän und seinen zwei Brüdern.

»Habt ihr denn Bob nicht gesehen?« fragte er sehr beunruhigt.

»Nein«, antwortete Franz.

»Vor einer halben Stunde«, erklärte Fritz, »sah ich ihn noch mit dem Albatros spielen.«

Nun zerstreuten sich alle nach allen Seiten und riefen nach dem Kleinen.

Vergebens.

Fritz und James eilten nach dem Vorberge, bestiegen die ersten Felsblöcke und ließen die Blicke über die ganze Bucht hin schweifen.

Weder das Kind, noch der Vogel waren zu bemerken.

Darauf kehrten beide zu Jenny und Doll und zu Frau Wolston zurück, die vor Angst ganz bleich geworden war.

»Hat denn jemand in der Grotte nachgesucht?« fragte da der Kapitän Gould.

Bob konnte ja wieder hineingelaufen sein, nur erschien es auffällig, daß er nicht herauskam, als nach ihm gerufen wurde.

Fritz war mit einem Sprunge in der Grotte, suchte darin alle Ecken und Winkel ab, kam aber, ohne das Kind mitzubringen, wieder heraus.

Frau Wolston irrte bestürzt und kaum ihrer Sinne mächtig hin und her. Möglicherweise war das Kind zwischen den Felsblöcken hinabgeglitten ... war vielleicht gar ins Meer gefallen ... kurz, es schienen, da Bob nirgends gefunden wurde, die schlimmsten Befürchtungen gerechtfertigt.

Immerhin konnte man nichts anderes tun, als die Nachsuchungen am Ufer und bis nach der Bucht hin fortzusetzen.

»Fritz und James«, sagte der Kapitän Gould, »kommt ihr beide mit mir, wir wollen den Fuß des Steilufers absuchen. Vielleicht ist Bob in einen Tanghaufen geraten.«

»Ja, tun Sie das«, antwortete der Obersteuermann, »Franz und ich, wir werden die ganze Bucht untersuchen ...«

»Und den Vorberg auch«, setzte Franz hinzu. »Es kann ja sein, daß Bob darauf umhergeklettert und in ein Loch gefallen ist.«

Die Männer gingen nun nach rechts und nach links hin davon. Jenny und Doll blieben bei Frau Wolston, um diese in ihrer Herzensangst zu beruhigen.

Eine halbe Stunde später waren alle nach einer erfolglosen Bemühung zurück. Im ganzen Umkreise der Bucht war kein lebendes Wesen zu finden gewesen. Niemand hatte auch nur eine Spur von dem Kinde entdeckt und alles Rufen war ohne Antwort geblieben.

Suzans Verzweiflung machte sich in schweren Seufzern Luft. Dann befiel sie ein heftiger Brustkrampf, so daß man sie trotz ihres Sträubens in die Grotte schaffen mußte. Ihr Gatte, der mit ihr ging, brachte kein Wort über die Lippen.

Draußen sagte Fritz:

»Es ist gar nicht anzunehmen, daß das Kind verunglückt wäre. Ich wiederhole euch, daß ich den Kleinen vor kaum einer Stunde auf dem Strande habe umherlaufen und springen sehen, doch nicht in der Richtung nach dem Meere zu. Er hielt einen Strick mit einem Kiesel am Ende in der Hand.«

»Ja, wo ist denn überhaupt der Vogel?« fragte Franz, sich umsehend.

»Ja freilich, wo ist denn der?« wiederholte John Block.

An diesen hatte anfänglich niemand gedacht, und der Obersteuermann überzeugte sich, daß auch der Albatros jetzt fehlte.

»Sollten denn beide zusammen verschwunden sein?« bemerkte Harry Gould.

»Das scheint fast so«, antwortete Fritz.

Die Männer richteten die Blicke nun nach allen Seiten hinaus, vorzüglich aber nach den Felsen, auf die der Vogel sich mit Vorliebe zu setzen pflegte.

Man sah ihn weder, noch vernahm man seinen Schrei, der von dem der Trauerenten, der Seeschwalben und der Möwen so leicht zu unterscheiden war.

Daß der Albatros über das Steilufer hinweg und nach einer anderen Höhe geflogen wäre, war ja nicht ganz auszuschließen, trotz seiner Gewöhnung an den Strand hier, an die, die darauf lebten, und vor allem an Jenny. Jedenfalls konnte aber der Knabe nicht mit davongeflogen sein. Vielleicht war er aber bei der Verfolgung des Vogels auf dem Vorberge weiter hinaufgeklettert, wenn das auch nach den Nachsuchungen Franzens und des Obersteuermannes kaum anzunehmen war.

Immerhin blieb ein Zusammenhang zwischen dem Verschwinden Bobs und dem des Albatros höchst wahrscheinlich. Gewöhnlich trennten sich ja diese beiden niemals, und jetzt sah man weder den einen noch den anderen. Das war doch merkwürdig genug.

Als der Abend herannahte und Vater und Mutter des Kleinen von der tödlichsten Angst gefoltert wurden, konnten sich Jenny, Doll, der Kapitän Gould und die anderen beim Anblicke Suzans, deren unzusammenhängenden Worte fast für ihren Verstand fürchten ließen, nur schweigend verhalten. Bei dem Gedanken aber, daß das Kind, wenn es in eine Vertiefung oder einen Spalt gestürzt wäre, die ganze Nacht über darin hilflos liegen müßte, wurden die Nachsuchungen doch noch einmal aufgenommen. Am äußeren Ende des Vorberges zündete man ein Feuer aus trockenem Tang an, das dem Kleinen als Führer dienen sollte, wenn dieser bis zur jenseitigen Ausbuchtung hinübergekommen wäre. Bis zu den spätesten Abendstunden wurden die Nachsuchungen fortgesetzt, dann mußte man die Hoffnung, Bob noch zu finden, aufgeben ... aufgeben in der Befürchtung, am folgenden Tage vielleicht auch nicht erfolgreicher zu suchen.

Alle waren in die Grotte zurückgekehrt ... nicht um zu schlafen, denn wem wäre das heute möglich gewesen? Bald schlich der eine, bald der andere wieder hinaus, spähte umher, lauschte auf das mindeste Geräusch neben dem Gurgeln der Brandung und kam zurück, um sich stumm niederzusetzen.

Oh, das war die schmerzlichste, die verzweiflungsvollste Nacht von allen, die der Kapitän Gould und die übrigen auf dieser öden Küste zugebracht hatten!

Gegen zwei Uhr des Morgens begann der bis dahin sternenklare Himmel sich zu bedecken. Der Wind war nach Norden umgeschlagen und trieb von dorther Wolken zusammen. Waren diese auch nicht gerade drohender Art, so jagten sie doch sehr schnell dahin, und jedenfalls war das Meer im Osten und Westen des Steilufers schon stark bewegt.

Jetzt war auch die Stunde, wo die steigende Flut die Wellen wieder über das flache Ufer wälzte.

Da sprang Frau Wolston auf und stürzte, ohne daß sie jemand zurückzuhalten vermochte, eine Beute der Verzweiflung, hinaus ins Freie.

»Mein Kind . . . mein Kind!« rief die arme Mutter in herzzerreißendem Tone.

Man mußte sie mit Gewalt zurückbringen. Wolston war seiner Gattin nachgeeilt, faßte sie am Arme und führte sie mehr tot als lebendig wieder in die Grotte.

Hier blieb die Unglückliche, stumpf vor sich hinbrütend, auf dem Seegraslager liegen, wo Bob neben ihr zu schlummern pflegte. Jenny und Doll bemühten sich, sie wieder zu sich zu bringen, was ihnen aber nur mit großer Mühe einigermaßen gelang.

Die ganze Nacht hindurch heulte ein scharfer Wind über das Plateau des Steilufers hin. Zwanzigmal wohl suchten Fritz, Franz, Harry Gould und der Obersteuermann das Ufer ab, immer mit der Befürchtung, einen kleinen, auf den Strand gespülten Leichnam zu finden.

Vergeblich . . . es blieb nur noch die Annahme übrig, daß das Kind von den Wellen ins Meer hinausgetragen worden war.

Gegen vier Uhr, als beim Wechsel der Gezeiten die Ebbe wieder eintrat, zeigte sich am östlichen Horizonte der erste hellere Schimmer.

Da vernahm Fritz, der im Grunde der Grotte an der Wand lehnte, eine Art Aufschrei hinter der Steinwand. Er lauschte gespannt, und da er sich getäuscht zu haben fürchtete, wendete er sich an den Kapitän.

»Folgen Sie mir!« redete er diesen an.

Ohne zu wissen, was Fritz vorhätte, ja ohne ihn nur darum zu fragen, folgte Harry Gould dieser Aufforderung.

»Horchen Sie«, sagte Fritz.

Der Kapitän Gould spitzte die Ohren.

»Das war der Schrei eines Vogels, was ich eben hörte«, erklärte er.

»Ja . . . der eines Vogels!« bestätigte Fritz.

»Da muß sich also ein Hohlraum hinter der Wand befinden . . .«

»Ohne Zweifel, und vielleicht ein Gang, der mit dem Freien in Verbindung steht . . . denn wie erklärte sich sonst . . .«

»Ja, ja, Sie haben recht, Fritz.«

Inzwischen war John Block herangetreten und hörte, wovon die beiden sprachen. Nachdem auch er das Ohr kurze Zeit an die Wand gelegt hatte, rief er:

»Das ist die Stimme des Albatros . . . ich erkenne sie!«

»Und wenn der Albatros da drüben ist«, sagte Fritz, »so wird, so muß der kleine Bob auch da sein . . .«

»Wie hätten die beiden aber dorthin gelangen können?« fragte der Kapitän.

»Oh . . . das werden wir ja ermitteln«, erwiderte John Block.

Franz, Jenny und Doll wurden von den Wahrnehmungen unterrichtet. Wolston und seine Gattin schöpften wieder eine schwache Hoffnung.

»Er ist dort! . . . Er ist dort!« wiederholte Suzan.

John Block hatte eine der dicken Kerzen angezündet. Daß der Albatros sich hinter dieser Wand befand, war nicht mehr zu bezweifeln, denn man hörte ihn immer und immer wieder schreien.

Ehe man untersuchte, ob er vielleicht draußen durch einen Felsenspalt dahingeglitten sei, wo er sich jetzt befand, schien es ratsamer, nachzusehen, ob nicht im Höhleninnern eine Öffnung in der Wand zu finden sei.

Das Licht in der Hand, untersuchte deshalb der Obersteuermann sorgfältig die Hinterwand der Höhle.

Er entdeckte zunächst nichts als einige Sprünge, die

aber viel zu wenig klafften, als daß der Albatros und Bob erst recht hätten da hindurch gelangen können. Ganz unten fand sich indes im Erdboden ein Loch von zwanzig bis fünfundzwanzig Zoll Durchmesser, groß genug also, das Kind und den Vogel hindurchschlüpfen zu lassen.

Da der Albatros jetzt aber schwieg, fürchteten doch noch alle, daß sich der Kapitän Gould, Fritz und der Obersteuermann getäuscht haben könnten.

Jetzt trat Jenny an des letzteren Stelle, beugte sich nach dem Loch nieder und rief wiederholt nach dem Vogel, der an ihre Stimme ebenso wie an ihre Liebkosungen gewöhnt war.

Da antwortete ihr ein Schrei und kurz darauf kam der Albatros aus der Öffnung hervor.

»Bob! Bob!« rief jetzt Jenny.

Das Kind antwortete weder, noch wurde es sichtbar. Sollte es doch nicht mit dem Vogel hinter der Wand gewesen sein? Seine Mutter konnte einen Aufschrei der Verzweiflung nicht unterdrücken.

»Warten Sie ein wenig«, sagte da der Obersteuermann.

Er kniete nieder, erweiterte das Loch, aus dem er den Sand hinter sich warf, und nach einigen Minuten war dieses erweitert genug, daß er hinein- und hindurchkriechen konnte.

Eine Minute später brachte er den ohnmächtigen Bob daraus mit hervor; unter den Küssen seiner Mutter kam der Kleine aber bald wieder zur Besinnung.

Fünfundzwanzigstes Kapitel

Die zweite Grotte. – Getäuschte Hoffnung. – Fritzens Kerze. – Durch die Felswand. – Mehrmalige Rast. – Das obere Plateau. – Nichts im Süden, im Osten und im Westen. – Im Augenblick des Abstieges.

Frau Wolston brauchte einige Zeit, sich von der erlittenen schrecklichen Seelenqual zu erholen. Bob war ihr indes wiedergegeben, und für die Leiden einer Mutter gibt es ja kein besseres Heilmittel, als die Liebkosungen ihres Kindes.

Was hier überhaupt vorgegangen war, ist jetzt wohl leicht zu erraten. Beim Spielen mit dem Albatros war Bob diesem nach dem Hintergrunde der Grotte nachgelaufen. Doch der Vogel hatte sich in das enge Loch gezwängt und Bob war ihm nachgefolgt. Am Ende des kurzen unterirdischen Ganges lag eine finstere Aushöhlung, aus der sich der Kleine nicht hatte wieder herausfinden können. Zuerst hatte er jedenfalls gerufen, doch ohne gehört zu werden; dann hatte er das Bewußtsein verloren, und wer konnte wissen, was aus ihm geworden wäre, wenn Fritz nicht, rein durch einen glücklichen Zufall, den Schrei des Albatros vernommen hätte.

»Na«, begann der Obersteuermann, »jetzt wo Bob wieder in den Armen der Mama liegt, jetzt ist alles wieder gut; obendrein haben wir durch ihn noch eine zweite Grotte entdeckt. Freilich wissen wir damit nichts anzufangen. Die erste genügt uns ja, und es verlangt wohl keinen, aus dieser wegzuziehen.

»Mindestens«, fiel der Kapitän Gould ein, »möcht ich aber wissen, ob sie sich etwa weiter hin erstreckt.«

»Bis zur anderen Seite des Steilufers, Herr Kapitän? . . .«

»Das wäre doch möglich, Block.«

»Ja freilich«, gestand der Obersteuermann. »Doch angenommen, sie reichte durch die ganze Felsmasse hindurch, was würden wir jenseits dieser finden? Sand, Felsen, Buchten, Vorgebirge, von fruchtbarem Boden und Pflanzen aber nicht so viel, wie in meinen Hut hineinginge.«

»Das mag wohl richtig sein«, meinte Fritz. »Immerhin dürfen wir nicht unterlassen, zu sehen . . .«

»Werden's sehen, Herr Fritz, werden alles sehen, und, wie man sagt, das Ansehen kostet ja nichts!«

Diese Besichtigung konnte indes nichtsdestoweniger die wichtigsten Folgen haben, sie mußte also ohne Zögern vorgenommen werden, was denn auch sofort ausgeführt wurde.

Der Kapitän, Fritz und Franz begaben sich nach dem Hintergrunde der Grotte zurück, und mit einigen dicken Kerzen in der Hand folgte der Obersteuermann ihnen nach. Um das Hindurchkommen zu erleichtern, erweiterten die ersteren die noch etwas enge Öffnung und den Gang, indem sie einige, dahineingestürzte Steine herausholten.

Es bedurfte jedoch über eine Viertelstunde, ehe die Öffnung hinreichend groß war. Übrigens hatte weder der Kapitän Gould, noch einer der anderen seit der Landung an dieser Insel an Leibesumfang zugenommen. Drei Monate einer immerhin dürftigen Lebensführung und einseitigen Ernährung waren dazu auch nicht geeignet, außer wenn einer von der Natur besonders zum Embonpoint neigt, wie der Obersteuermann, der, seit er von der »Flag« weg war, doch um einige Pfund zugenommen hatte.

Als alle hindurchgekrochen waren, wurden die Lichter angebrannt, deren Schein nun eine Untersuchung der zweiten Höhle ermöglichte.

Diese erwies sich bedeutend tiefer als die erste, zwar weniger breit, dagegen wohl hundert Fuß lang. Eigentlich bildete sie nur eine Art natürlichen Stollens von zehn bis zwölf Fuß Höhe und gleicher Breite. Vielleicht hingen noch andere Hohlräume mit ihr zusammen und bildeten im Innern der Felsmasse ein Labyrinth mit Gängen nach verschiedenen Richtungen. In diesem Falle konnte ja, wie der Kapitän Gould es sich gedacht hatte, recht wohl ein solcher Gang, wenn auch nicht nach dem Plateau, so doch nach der anderen Seite des Steilufers des westlichen Vorberges oder des Hügels an der Ostseite führen.

Kapitän Gould kam noch einmal auf diese Möglichkeit zu reden.

»Ja, das kann ja richtig sein«, meinte John Block, »und wenn es uns von außen her nicht gelungen ist, das Plateau zu erreichen, so gelingt es vielleicht von innen her.«

Nach etwa hundert Schritten durch den Gang, der sich mehr und mehr verengte, erreichten die drei Männer eine Felswand, vor der sie haltmachen mußten.

John Block leuchtete daran von unten bis nach oben überall umher, entdeckte dabei aber nur einige ganz enge Spalten, worin kaum eine Hand Platz hatte. Hier schwand also jede Hoffnung, weiter durch die Steinmasse vorzudringen.

Die Seitenwände des Ganges zeigten in ihrer ganzen Länge nirgends eine Öffnung. Die zweite Aushöhlung hinter der ersten Grotte ... das blieb vorläufig die einzige Entdeckung, die der Zwischenfall mit Bob zur Folge hatte.

»Auf diesem Wege«, äußerte Harry Gould, »werden wir also nicht über das Steilufer hinauskommen ...«

»Und auch nicht hinauf!« setzte der Obersteuermann hinzu.

Als man sich hierüber klar war, blieb nichts weiter übrig, als umzukehren.

Empfand man es immerhin als eine Täuschung, im Berginnern keinen wirklichen Durchgang entdeckt zu haben, so hatte doch auch vorher niemand ernstlich daran geglaubt.

Und dennoch schien es dem Kapitän Gould, John

Block und Fritz, als sie zurückgekehrt waren, so, als ob sie jetzt fester als je an diesen Strand gekettet wären.

Im Laufe der folgenden Tage zeigte das bis dahin sehr schöne Wetter deutlich Neigung umzuschlagen. Der Himmel bedeckte sich mit anfänglich leichten, bald aber dichter werdenden Wolken. Diesmal aber trieb sie eine nördliche Brise über das obere Plateau hin, eine Brise, die am Abend des 22. schnell an Stärke zunahm.

Bei dieser Windrichtung war für die Schildkrötenbucht nichts zu fürchten. Unter dem Schutze der Uferhöhe war sie dem Wogenschlage nicht so ausgesetzt, wie bei dem schrecklichen Sturm, der die Schaluppe zerstört hatte. Das Meer blieb längs des unteren eigentlichen Ufers ruhig, da es der Kraft des tollen Windes erst eine gute halbe Lieue draußen ausgesetzt war; es war also nichts zu fürchten, selbst wenn jetzt ein Orkan losbrechen sollte.

In der Nacht vom 22. bis zum 23. tobte ein sehr schweres Gewitter. Gegen ein Uhr morgens wurden alle durch einen Donnerschlag erweckt, der stärker war, als ein Kanonenschuß, den man dicht am Eingange der Grotte abgefeuert hätte.

Fritz, Franz und der Obersteuermann sprangen aus ihren Nischen hervor und stürzten nach dem Ausgange.

»Hier hat es ganz in der Nähe eingeschlagen«, sagte Franz.

»Jedenfalls oben am Rande«, antwortete John Block, der einige Schritte weit hinaustrat.

Suzan und Doll, die sich immer ängstlich beklommen fühlten bei den Gewittern, die ja nervöse Personen so peinlich erregen, waren Jenny vor die Grotte hinaus gefolgt.

»Nun, wie steht's?« fragte Doll.

»Es ist keinerlei Gefahr, meine liebe Doll«, antwortete Franz. »Geht nur wieder hinein und macht Augen und Ohren hübsch fest zu.«

Jenny war eben an ihren Gatten herangetreten.

»Das riecht hier aber nach Rauch, Fritz«, sagte sie.

»Kein Wunder ! Es ist Feuer . . . da draußen . . .« rief der Obersteuermann.

»Wo denn?« fragte der Kapitän Gould.

»Der Tanghaufen am Fuße des Steilufers brennt!«

In der Tat hatte der Blitz den Haufen trockener Pflanzen entzündet, und in kürzester Zeit verbreitete sich der Brand auf die Schicht von Seegras, die am Fuße der Bergmasse abgelagert war. Das Ganze brannte wie Stroh, knisterte im Winde und wirbelte in züngelnden und umherhüpfenden Flammen empor, die weithin einen scharfen, beißenden Rauch verbreiteten.

Zum Glück lagerte nichts von dem gefährlichen Materiale vor dem Eingange der Grotte, so daß das Feuer diese nicht erreichen konnte.

»Da . . . da gehen unsere Wintervorräte in Rauch und Flammen auf!« rief John Block.

»Ist denn gar nichts davon zu retten?« sagte Fritz.

»Nein, leider nicht das geringste«, antwortete der Kapitän Gould.

Das Feuer verbreitete sich mit so rasender Schnelligkeit, daß ihm überhaupt nicht Einhalt zu tun und nur etwas von dem einzigen Brennmaterial der Schiffbrüchigen zu bergen gewesen wäre.

Das Meer lieferte zwar unablässig neues, Tang und Seegras wurden ja fast täglich ausgeworfen, doch wie langer Zeit bedurfte es, eine so große Menge wie die frühere anzusammeln! Die Flut spülte davon, je zweimal in vierundzwanzig Stunden, ja stets nur einige Armvoll ans Land. Was jetzt auf dem Strande lagerte, war das Werk mehrerer Jahre; wer konnte aber voraussagen, ob die Wellen in den wenigen Wochen bis zum Eintritt der schlechten Jahreszeit genug für den Bedarf einer Überwinterung auswerfen würden?

In weniger als einer Viertelstunde hatte sich die Feuerlinie über den ganzen Hintergrund des Vorlandes ausgedehnt, und außer einigen kleinen Seegrashaufen längs des Vorberges war nichts mehr übrig.

Dieser neue Schicksalsschlag verschlimmerte die ohnehin beunruhigende Lage nicht wenig.

»Nein, Sapperment, so geht es nicht weiter!«

Im Munde des sonst so zuversichtlichen Obersteuermanns hatten diese Worte eine um so schwerer wiegende Bedeutung.

Die Mauern dieses Kerkers barsten darum aber doch nicht, um die Gefangenen entschlüpfen zu lassen.

Am nächsten Tage, am 23. Januar, herrschte, wenn auch nicht mehr gewitterhaftes, so doch recht unruhiges Wetter, und noch immer fegte ein scharfer Nordwind über das obere Plateau hinweg.

Zunächst galt es nun, sich zu überzeugen, ob wenigstens die dürren Ablagerungen am Vorberge vom Feuer verschont geblieben wären. Das war wenigstens teilweise der Fall. John Block, Fritz, Franz und James gingen deshalb sofort daran, so viel davon herbeizutragen, daß der Heizstoff, selbst ohne den täglichen Auswurf des Meeres zu rechnen, für eine Woche ausreichte.

So lange freilich der Nordwind anhielt, mußten die schwimmenden Pflanzenmassen nach dem Meere hinausgetrieben werden.

Bei Südwind waren davon jedenfalls größere Mengen zu gewinnen.

Immerhin ermahnte der Kapitän Gould, angesichts der späteren Zeit keine vernünftige Vorsicht außer acht zu lassen.

»Ja ja, Sie haben recht, Herr Kapitän«, stimmte John Block ein, »wir könnten, was uns vom Tang übriggebliebenen ist, in Hinblick auf den Winter wohl unter Schutz bringen.«

»Da ließe sich ja«, fügte Fritz hinzu, »als Lagerplatz recht gut die zweite Grotte benützen, die wir erst gestern entdeckt haben.«

Das erschien sehr ratsam, und gleich am Vormittage desselben Tages wollte sich Fritz noch einmal in diese hineinbegeben, um ihre inneren Raumverhältnisse eingehender zu besichtigen. Mit einer Kerze ausgerüstet, kroch er durch die enge Öffnung, die die beiden Grotten in Verbindung setzte. Die zweite konnte ja doch einen Ausgang nach der anderen Seite der Felswand haben.

Da fühlte Fritz in dem Augenblicke, wo er das Ende des langen Ganges erreichte, einen frischen Luftzug und vernahm auch, als er aufhorchte, ein ununterbrochenes Pfeifen.

»Der Wind«, murmelte er, »das ist der Wind!«

Jetzt trat er noch näher an die Wand heran, und über diese mit der Hand hinstreichend, entdeckte er einige Sprünge im Gestein.

»Der Wind«, wiederholte er, »das ist der Wind. Er dringt hier hindurch, weil er von Norden her weht. Irgendwo muß also, nach der Seite oder nach dem Kamme des Steilufers zu, doch ein Durchgang vorhanden sein. Von dieser Seite also bestände eine Verbindung nach dem nördlichen Abhange.«

Da, als Fritz längs der Wand hinleuchtete, erlosch plötzlich die Kerze, die ein schärferer Windhauch, der durch einen Sprung eindrang, ausgeblasen hatte.

Das war für Fritz genug des Hinweises; seine Überzeugung stand nun fest: Drang man durch diese Steinwand, so war ein Ausgang ins Freie gewonnen.

Sich nach der Höhle zurückzutasten, wo ihn alle erwarteten, diesen seine Entdeckung mitzuteilen, sie mit sich zu nehmen, um den Beweis zu liefern, daß er sich nicht getäuscht hätte, das war das Werk weniger Minuten.

Fritz, hinter ihm der Kapitän Gould, dann John Block, Franz und James begaben sich aus der ersten Höhle in die zweite, bei deren Beleuchtung durch mehrere Kerzen jetzt aber die Vorsicht gebraucht wurde, sie nicht zu sehr der Wand im Hintergrunde zu nähern.

Fritz hatte sich nicht getäuscht: Durch die Wand strich ein kühlerer Luftzug.

Der Obersteuermann senkte nun das Licht nach dem Erdboden, und siehe da, der Gang war hier nur durch Steingeröll verschlossen, das jedenfalls nach und nach von der Hauptmasse losgebröckelt war.

»Die Tür«, rief er, »da ist die Tür! Und es bedarf nicht einmal eines Schlüssels, sie zu öffnen! . . . Oh, Herr Kapitän, Sie hatten doch uns gegenüber recht!«

»Ans Werk . . . ans Werk!« begnügte sich Harry Gould zu antworten.

Der Durchgang war ohne Schwierigkeit von den Steinen zu befreien. Von Hand zu Hand reichte man sie einander hin; es waren freilich ziemlich viele, denn der Geröllhaufen hatte fünf bis sechs Fuß Höhe. Mit dem Fortschreiten der Arbeit wurde der Luftstrom immer lebhafter. Unzweifelhaft war eine Aushöhlung, die in die Bergmasse von der anderen Seite hineinreichte, vorhanden.

In einer Viertelstunde war der Durchgang genügend freigelegt.

Fritz drang zuerst hinein und stieg, die anderen hinter ihm, einen steilen, von schwachem Tageslicht erhellten Stollen zwölf bis vierzehn Fuß hoch hinauf.

Ein lotrechter Schacht, den die Männer hier vermutet hatten, fand sich nirgends. Sie gelangten endlich zwischen zwei sehr hohe, glatte Felsmauern, über denen der Himmel sichtbar war, und die eine fünf bis sechs Fuß breite, gewundene Schlucht bildeten. Längs dieser Schlucht war es, wo der Wind sich fing, der im Hintergrunde des Ganges durch die Spalten der Steinwand eindrang.

Das Steilufer war also in seiner ganzen Dicke gespalten; doch wohin lief dieser Spalt aus?

Um das zu erfahren, mußte man schon bis zu seinem Ende hingehen, wenn das überhaupt möglich war.

Es bedarf wohl kaum der Schilderung des Eindrukkes, den diese Entdeckung hervorrief; fühlten sich doch alle in der Lage von Gefangenen, vor denen sich die Tür des bisherigen Kerkers öffnete.

Da es erst acht Uhr morgens war, fehlte es nicht an Zeit zur weiteren Auskundschaftung, auch entstand gar nicht die Frage, einen einzelnen, ob Fritz oder den Obersteuermann, damit zu beauftragen. Alle wollten sie weiter vordringen, ohne einen Augenblick zu verlieren.

»Wir wollen aber wenigstens einige Nahrungsmittel mitnehmen«, bemerkte Jenny, »da sich unsere Abwesenheit verlängern könnte.«

»Und übrigens wissen wir ja gar nicht, wohin wir gehen«, sagte Franz.

»Wohin?... Hinaus!... In die Freiheit!« erwiderte der Obersteuermann.

Mit diesen wenigen Worten gab er den Empfindungen, die alle beherrschten, den treffendsten Ausdruck.

Der Kapitän Gould bestand indes darauf, erst vorher zu frühstücken und für die Möglichkeit eines längeren Ausbleibens gleich für mehrere Tage Proviant mitzunehmen.

Das Frühstück wurde bald verzehrt. Jeder führte gleich doppelte Bissen zum Munde, und keiner sprach ein Wort, nur um schneller essen zu können. Harry Gould und seine Gefährten verlangte es, nach viermonatigem Aufenthalt an dieser Bucht, doch dringend zu erfahren, ob ihre Lage hier sich jetzt bessern oder vielleicht gänzlich verändern sollte.

Zur Rückkehr war es immer noch Zeit, wenn das obere Plateau sich ebenso unwirtlich wie das Vorland erweisen, wenn es sich nicht zu einer mehr dauernden Niederlassung eignen sollte und wenn auch von seinem höchsten Punkte aus kein Land in der Nähe zu erblicken wäre. Überzeugten sich die Ausgesetzten von der »Flag«, daß sie hier auf einem Eiland oder einer Insel weilten, so wollten sie nach ihrer Grotte zurückkehren und sich so gut wie möglich für eine Überwinterung einrichten.

Bevor der Weg durch die Schlucht mit ganz unbekanntem Ausgange angetreten wurde, hätte es ja ratsamer erscheinen können, vielleicht Harry Gould, Fritz und den Obersteuermann vorauszuschicken, damit diese sich überzeugten, ob sie überhaupt einen passierbaren Ausgang nach dem Plateau oder nach einer Flanke des Steilufers hätte. Das hätte aber niemand zugegeben ... alle wollten an dem Unternehmen teilhaben. Jenny, Doll und Suzan Wolston waren vorzüglich dafür eingenommen, und da kein Hindernis vorlag, zusammen zu gehen, wurde darüber kein weiteres Wort verloren.

Nach eingenommenem Frühstück beluden sich die Männer mit einigen Speisevorräten. Alle begaben sich, sogar der Albatros, der neben Jenny hertrabte, aus der ersten Grotte durch die Öffnung nach dem dahinter liegenden Gang.

Die spaltartige Schlucht erreichten Fritz und Franz als die ersten; nach ihnen kamen Jenny, Doll und Suzan mit dem kleinen Bob an der Hand.

Der Kapitän Gould und James folgten diesen, und John Block bildete den Schluß des Zuges.

In ihrem ersten Teile war die Schlucht so enge, daß alle einzeln hintereinander marschieren mußten; verbreiterte sie sich später, so wollten sie zu zweien oder dreien gehen.

Tatsächlich wanderten sie ja nur gleichsam im Grunde eines Risses des Bergstockes, der zwischen zwei lotrechten, acht- bis neunhundert Fuß hohen Wänden hin verlief.

Nach etwa hundert Schritten auf gerader Strecke zeigte der Boden eine deutliche Neigung, so daß man schnell vorwärts kam. Freilich verlängerte sich dadurch der Gesamtweg, denn wenn er auf dem Plateau ausmündete, mußte ja der etwa achtzig Toisen betragende Höhenunterschied zwischen diesem und dem Vorlande erst überwunden werden. Der Weg wurde auch durch viele Krümmungen noch weiter verlängert. Das Ganze machte den Eindruck eines Labyrinths, das sich in schroffen und launischen Windungen durch die Bergmasse hinzog. Da es aber an Licht von obenher niemals fehlte, glaubte Harry Gould beurteilen zu können, daß die Hauptrichtung der Schlucht von Süden nach Norden verlief. Die Seitenwände traten nach und nach weiter auseinander, was das Fortkommen des kleinen Trupps erleichterte.

Gegen zehn Uhr mußte einmal zur Erholung haltgemacht werden. Man hatte eine geräumige, halbrunde Stelle erreicht, über der ein größeres Stück des Himmels sichtbar war.

Harry Gould schätzte die Höhenlage dieser Stelle nur auf etwa zweihundert Fuß über der Meeresfläche.

»Wenn das richtig ist», sagte er, »würden wir zum Aufstieg fünf bis sechs Stunden brauchen.«

»Oh, dann wär' es ja noch heller Tag, wenn wir oben ankommen«, bemerkte Fritz, »und wir hätten nötigenfalls sogar noch Zeit, vor der Nacht zurückzukehren.«

»Sie haben ganz recht, Fritz«, sagte Harry Gould, »wissen wir denn aber, ob die Schlucht sich nicht durch zahlreiche Umwege verlängert?«

»Und ob sie überhaupt nach dem Steilufer hinaufführt?« setzte Franz hinzu.

»Ob wir nun nach dem Gipfel oder nach der Seite der Felsmauer kommen«, ließ sich der Obersteuermann vernehmen, »nehmen wir die Dinge, wie sie liegen. Gelangen wir nach oben . . . nun gut, kommen wir tiefer unten heraus . . . auch gut, es kommt ja darauf nicht soviel an!«

Das war ja richtig, und doch welche Enttäuschung, welche Entmutigung mußte es zur Folge haben, wenn dieser Weg durch ein unüberwindliches Hindernis geschlossen war und also keinen Ausgang ins Freie bot.

Nach halbstündiger Rast brach die kleine Gesellschaft wieder auf. Die auch weiterhin in Windungen verlaufende Schlucht, die zehn bis zwölf Fuß Breite hatte, zeigte einen sandigen, zuweilen mit Steinen besäten Boden, doch keine Spur von Pflanzenwuchs. Das ließ darauf schließen, daß auch das Oberland unfruchtbar sein müsse, denn sonst hätte doch ein, vom Regen hereingespültes Samenkorn, hätte irgendein Keim hier doch Wurzel geschlagen; davon zeigte sich aber nichts, nicht einmal ein Büschel von Flechten oder Moosen.

»Liebe Jenny«, begann Fritz nach Beendigung des einfachen Mahles, »ich ersuche dich, mit Frau Wolston und Doll hier zurückzubleiben, Franz wird euch gern Gesellschaft leisten. Der Kapitän Gould, John Block und ich, wir werden versuchen, die Höhe des Steilufers zu erreichen. Verirren können wir uns ja unmöglich. Dann treffen wir euch hier an dieser Stelle wieder an und ihr habt euch eine vielleicht nutzlose Anstrengung erspart.«

Jenny bat aber, unterstützt von Suzan und Doll, ihren Gatten so inständig, sie mitzunehmen, daß Fritz nachgeben mußte, obwohl Harry Gould seinem ersten Vorschlage beigestimmt hatte.

Um drei Uhr wurde der Weg wieder fortgesetzt, gleich von Anfang an aber zeigte sich, daß dieser je länger je mehr immer größere Schwierigkeiten bot. Er verlief ziemlich steil aufwärts und dazu machte der oft mit Geröll bedeckte Boden, auf dem bei jedem Schritte einzelne Steine ins Rollen kamen, den Aufstieg höchst mühsam, so daß Harry Gould und Fritz nur mit äußerster Vorsicht dahinschritten. Die Schlucht hatte sich jetzt übrigens zu einer Art Hohlweg verbreitert, dessen Böschung noch um zwei- bis dreihundert Fuß aufstieg. Wiederholt mußte einer der Wanderer dem anderen helfen und diesen an den Armen emporziehen. Alles deutete indes darauf hin, daß das Plateau zu erreichen sein werde. Der Albatros breitete die mächtigen Schwingen aus und schwebte leicht in die Höhe, als wolle er einladen, ihm zu folgen. Ach, daß man ihn in seinem Fluge nicht begleiten konnte!

Nach unerhörten Anstrengungen befanden sich gegen

fünf Uhr alle glücklich auf der Uferhöhe.

Von hier aus war aber nach Süden, Osten und Westen hin nichts zu sehen, als das unendliche Meer!

Nach Norden dagegen zeigte das Plateau eine Ausdehnung, die nicht abzuschätzen war, weil dessen Grenze verdeckt lag. Deshalb ließ sich nicht beurteilen, ob es auch dort mit einer steilen, nach dem Meere zu gewendeten Wand ausliefe und ob man bis zu seinem Rande vordringen müsse, um den Meereshorizont sehen zu können.

Wie enttäuschend wirkte dieses Bild auf die Armen, die hier ein fruchtbares, grünendes, bewaldetes Land zu finden gehofft hatten! Überall dieselbe trostlose Unfruchtbarkeit wie an der Schildkrötenbucht, die, wenn auch ebenso unfruchtbar, doch minder traurig aussah, da sie hier und da mit Moos bewachsene Stellen aufwies und an ihrem Rande wenigstens einige Seepflanzen vorkamen. Nach Sonnenauf- und -untergang zu spähte man vergeblich nach einem Festlande oder einer Insel . . . alles deutete hier auf ein vereinzelt liegendes Eiland hin.

Daß das Meer im Norden nicht sichtbar war, lag an der mehrere Lieues betragenden Ausdehnung des Plateaus. Diese Strecke mußte jedenfalls noch überwunden werden, um sich über die Größe und Gestaltung des ganzen Eilandes zu vergewissern.

Gegenüber diesem Schwinden ihrer letzten Hoffnung sprach jetzt keiner auch nur ein einziges Wort. Da die schreckliche Einöde nicht die geringsten Hilfsquellen versprach, blieb kaum etwas anderes übrig, als wieder nach dem Hohlweg umzukehren, den bisher bewohnten Strand mit der Grotte aufzusuchen und sich in dieser für die langen Wintermonate so gut wie möglich in der Erwartung einzurichten, daß doch einmal noch Hilfe von außen kommen werde.

Es war jetzt um die fünfte Stunde, und da es bald zu dunkeln drohte, war keine Zeit mehr zu verlieren. Ging der Abstieg voraussichtlich auch schneller vonstatten, als der Aufstieg, so mußte der Weg in der Finsternis jedenfalls mehr Hindernisse bieten.

Da nun der nördliche Teil des Plateaus noch zu besichtigen war, entstand die Frage, ob das wohl geschehen solle, so lange es heute noch Tag war, oder sollte man sich gar zu einer Übernachtung zwischen den auf dem Plateau verstreut liegenden Felsblöcken entschließen? Das zweite erschien nicht ratsam, denn wo wäre hier bei einem Umschlag des Wetters Schutz zu finden gewesen? Die Vorsicht verlangte eine sofortige Rückkehr.

Da trat Fritz mit einem vermittelnden Vorschlage hervor.

»Meine liebste Jenny«, sagte er, »Franz mag dich mit Doll, Frau Wolston und dem Kleinen nach der Grotte zurückgeleiten. Ihr könnt die Nacht hier nicht zubringen. Der Kapitän Gould, John Block und ich, wir werden allein zurückbleiben und morgen, sobald es hell wird, die Besichtigung vollenden.«

Jenny antwortete zunächst nicht, während Suzan und Doll einen fragenden Blick auf sie richteten.

»Fritz hat mit seinem Vorschlage völlig recht«, erklärte Franz, »und was hätten wir übrigens zu erwarten, wenn wir alle hier verweilten?«

Jenny schwieg noch immer. Ihre Blicke schweiften über das endlose Meer an drei Vierteln des Horizontes. Vielleicht spähte sie nach einem Schiffe aus, dessen Lichter draußen auf dem Meere aufleuchten könnten . . .

Schon versank die Sonne schnell hinter den Wolken, die der Wind von Norden her zusammentrieb, und es bedurfte mindestens eines zweistündigen Marsches, inmitten tiefer Finsternis, die Schildkrötenbucht zu erreichen.

Noch einmal nahm Fritz das Wort.

»Jenny, ich bitte dich . . . gehe! . . . Der morgende Tag wird für unsere Nachforschung ausreichen. Gegen Abend sind wir jedenfalls wieder bei euch. Haben wir dann Ursache, hierher zurückzukehren, so wird es ohne Zögern geschehen.«

Jenny blickte zum letzten Male nach allen Seiten hinaus. Schon hatten sich alle zum Aufbrechen bereit erhoben. Der getreue Albatros flatterte von Felsblock zu Felsblock, während andere Vögel, wie Möwen, Seeschwalben und Trauerenten, in den Vertiefungen des Steilufers kreischend ihr Nest aufsuchten.

Die junge Frau erkannte, daß sie dem Rate ihres Gatten folgen müsse.

»Wir wollen gehen«, erklärte sie, »wenn auch ungern.«

»Also vorwärts!« mahnte Franz.

Da sprang plötzlich der Steuermann mit einem Satz auf, krümmte die Hand wie zu einem Schalltrichter zusammen und horchte gespannt nach Norden hinaus.

Stark gedämpft durch eine weite Entfernung war ein kurzer Donner zu hören.

»Hurra ... ein Kanonenschuß!« rief John Block.

Sechsundzwanzigstes Kapitel

Keiner will von der Stelle weichen. – Die Nacht auf dem Plateau. – Auf dem Wege nach Norden. – Die Fahnenstange. – Die britischen Farben. – Der Nebelschleier. – Ein Ausfruf Fritzens.

Regungslos, das Herz vor Erregung fast gelähmt und die Augen starr nach Norden gerichtet, lauschten alle und wagten kaum Atem zu holen. Sollten sie nur in einer Täuschung befangen sein? ... Nein ... das war nicht anzunehmen. Von fernher ertönten noch einige Schüsse, deren Krachen der schwache Wind hierher trug.

»Das ist ein Schiff, das draußen vor jener Küste vorbeisegelt!« begann endlich Harry Gould.

»Gewiß, der Geschützdonner kann nur von einem solchen herrühren, und wenn es erst völlig dunkel ist, können wir vielleicht gar seine Positionslichter erkennen.«

»Ja, warum sollten jene Kanonenschüsse«, fiel Jenny ein, »nicht ebensogut vom Lande herrühren können?«

»Vom Lande, liebe Jenny«, antwortete Fritz. »Da müßte sich also doch Land in der Nähe dieser Insel finden?«

»Ich glaube weit mehr, daß dort im Norden ein Schiff hinfährt«, wiederholte der Kapitän Gould.

»Wozu hätte es dann aber Kanonenschüsse abgegeben?« fragte James.

»In der Tat ... wozu jene Schüsse?« wiederholte Jenny.

Hielt man die Ansicht des Kapitäns für richtig, so mußte man auch annehmen, daß das betreffende Schiff von der Küste nicht sehr weit entfernt sein könnte. Vielleicht waren, wenn es erst ganz dunkel wurde, auch der Feuerschein der Geschützentladung und schließlich auch noch seine Positionslichter zu erkennen. Da der vernommene Kanonendonner von Norden her kam, war es erklärlich, daß das Schiff selbst nicht sichtbar war, da man nach dieser Seite hin ja auch das Meer nicht sehen konnte.

Jetzt war nun keine Rede mehr davon, wieder nach dem Hohlwege und nach der Schildkrötenbucht umzukehren. Wie das Wetter sich auch gestalten mochte, wollten doch alle bis zum Tagesanbruch an Ort und Stelle bleiben. Steuerte ein Schiff freilich im Osten oder Westen vorbei, so war es des Mangels an Holz wegen leider unmöglich, auf der Höhe des Steilufers ein Feuer zu entzünden, um sich mit ihm in Verbindung zu setzen.

Jedenfalls hatten die entfernten Detonationen aber alle, die sie hier vernahmen, bis zum tiefsten Innern erregt, machten sie doch den Eindruck, als ob sie die Verlassenen wieder mit ihresgleichen verknüpften, als ob dieses Eiland jetzt minder vereinsamt im großen Meere läge.

Da empfanden alle das unwiderstehliche Verlangen, sich für die möglichen Folgen dieses Zwischenfalles für ihre endliche Erlösung auszusprechen. Gern wären sie auch, ohne erst den nächsten Tag abzuwarten, bis an das Ende des Plateaus vorgedrungen, um nach Norden hin den Teil des Meeres, von wo aus der Schall der Schüsse gekommen war, übersehen zu können. Der Abend sank aber schon herab, es mußte sehr bald Nacht werden, eine Nacht ohne Mond und Sterne, und noch mehr verdunkelt durch die Wolken, die der Wind nach Süden trieb. Wie hätten sie sich aber in der Finsternis zwischen das Felsengewirr hineinwagen können? Was am Tage schon ziemlich schwierig war, mußte ja in der Nacht ganz unausführbar sein.

Damit trat denn an jeden die Aufgabe heran, sich hier, so gut es anging, einzurichten. Nach mancher vergeblichen Bemühung entdeckte der Obersteuermann endlich einen Schlupfwinkel, einen etwas geschützten Raum zwischen zwei Felsblöcken, wo Jenny, Doll, Suzan und der kleine Knabe wenigstens Unterkommen finden konnten, wenn es hier auch an feinem Sand oder einer Schicht trockenen Tangs, sich darauf auszustrecken, gebrach. Doch gleichviel, bot die Stelle doch Schutz gegen den Wind, im Falle daß dieser wieder auffrischte, und selbst notdürftig gegen Regen, wenn die Wolken sich in dieser Höhe öffnen sollten.

Zunächst wurde nun der Proviant hervorgeholt und jeder aß mit vortrefflichem Appetit. Eßvorrat war ja für mehrere Tage vorhanden, so daß es wahrscheinlich nicht nötig wurde, zu dessen Erneuerung zur Grotte zurückzukehren. Übrigens war in bezug der Ernährung selbst in Erwartung einer Überwinterung an der Schildkrötenbucht jede Besorgnis unbegründet.

Die Nacht war hereingebrochen ... eine scheinbar endlose Nacht, deren lange Stunden niemand je vergaß, außer dem kleinen Bob, der im Arme seiner Mutter schlummerte. Rings herrschte tiefe Finsternis, bei der die Lichter eines Schiffes gewiß mehrere Lieues weit zu erkennen gewesen wären.

Mit dem Kapitän Gould blieben auch die anderen Männer die ganze Zeit über wach. Ihre Blicke schweiften unablässig nach Osten, Süden und Westen, in der Hoffnung, daß dort irgendein Schiff dahinsegle, freilich auch in der Befürchtung, daß es die hier Verlassenen doch nicht bemerken und erlösen werde. Wären sie jetzt in der Schildkrötenbucht gewesen, so hätten sie auf der Spitze des Vorberges ein Feuer angezündet. Hier war das unmöglich.

Kein Lichtschein blitzte vor dem Tagesgrauen auf, kein Knall unterbrach die Stille der Nacht, und nirgends war etwas von einem Schiff zu sehen.

Der Kapitän Gould, Fritz, Franz und der Obersteuermann fragten sich deshalb auch, ob sie sich doch nicht etwa getäuscht hätten, als sie für Geschützdonner hielten, was vielleicht von der Entladung eines fernen Gewitters herrührte.

»Nein, nein«, versicherte Fritz, »das war von uns kein Irrtum. Dort, weit draußen im Norden, sind Kanonen abgefeuert worden.«

»Ganz meine Meinung«, sagte der Obersteuermann.

»Aus welchem Grunde wäre das aber geschehen?« fragte James Wolston.

»Nun, es bedeutete einen Gruß oder geschah zur Verteidigung«, erklärte Fritz. »Ich kenne wenigstens keine andere Veranlassung, bei der man sich der Geschütze bediente.

»Vielleicht«, meinte Franz, »haben dort gelandete Wilde die Insel angegriffen.

»Jedenfalls«, antwortete der Obersteuermann, »rühren die Kanonenschüsse nicht von Wilden her.«

»Demnach müßte das Eiland von Amerikanern oder Europäern bewohnt sein«, sagte James.

»Das Eiland . . . ja, ist es denn wirklich ein Eiland?«

entgegnete der Kapitän Gould. »Wissen wir denn, was dort draußen hinter dem Plateau liegt? . . . Befinden wir uns nicht etwa gar auf einer großen Insel? . . .«

»Einer großen Insel in diesem Teile des Stillen Ozeans?« fragte Fritz. »Auf welcher denn? . . . Ich wüßte keine . . .«

»Ich bin der Ansicht«, fiel der Obersteuermann ein – und er hatte wohl recht – »daß es ganz nutzlos ist, hierüber lange zu reden. Wir wissen eben nicht, ob wir hier auf einem Eiland oder einer Insel des Stillen Ozeans sind . . . damit Punktum! Noch ein wenig Geduld, bis es Tag wird, dann werden wir ja erfahren, wie es dort weiter nach Norden hin aussieht.«

»Da sehen wir vielleicht vieles . . . vielleicht gar nichts«, sagte James.

»Na«, erwiderte der Obersteuermann, »es ist auch schon etwas, darüber wenigstens klar zu sein.«

Gegen fünf Uhr zeigte sich das erste Morgengrauen. Am Horizonte im Osten stieg ein bleicher Schein herauf. Das Wetter war sehr still, der Wind hatte sich in der zweiten Hälfte der Nacht gänzlich gelegt. An die Stelle der von der Brise dahingetriebenen Wolken war jetzt ein Dunstschleier getreten, den die Sonne schließlich durchdrang. Der Luftkreis wurde allmählich klarer. Der scharf begrenzte feurige Schein im Osten breitete sich aus und wölbte sich über der Linie zwischen Himmel und Wasser. Endlich tauchte die glänzende Sonnenscheibe auf und warf lange Lichtstraßen auf die Oberfläche des Meeres.

Aller Blicke waren gespannt nach dem jetzt sichtbaren Teil des Ozeans gerichtet.

Kein von der Windstille des Morgens festgehaltenes Schiff zeigte sich auf dem Meere.

In diesem Augenblicke kamen Jenny, Doll und Suzan Wolston mit ihrem Kinde an der Hand zum Kapitän Gould heran.

Der Albatros hüpfte mit leichtem Flügelschlag auf

den Felsblöcken hin und her und entfernte sich zuweilen etwas weiter nach Norden zu, als ob er den Weg zeigen wollte.

»Sieht es nicht aus, als wollte er uns führen?« meinte Jenny.

»Oh, wir müssen ihm folgen«, rief Doll.

»Nicht eher, als bis wir etwas genossen haben«, antwortete Harry Gould. »Vielleicht haben wir mehrere Stunden lang zu marschieren, und da empfiehlt es sich doch, erst einige Kräfte zu sammeln.

Schnell wurde nun der Speisevorrat verteilt. Alle brannten ja vor Ungeduld, und noch vor sieben Uhr befanden sie sich auf dem Wege nach Norden.

Das Vorwärtskommen zwischen den Felsen war höchst beschwerlich. Über die kleinen stieg man hinweg, die größeren mußten umgangen werden. Der Kapitän Gould und der Obersteuermann, die immer vorausgingen, zeigten den anderen die besten Wege. Jenen folgten Fritz, der Jenny, Franz, der Doll, und James, der Suzan und den kleinen Bob unterstützte. Nirgends zeigte der Boden eine Grasnarbe oder eine Sanddecke . . . überall nichts als ein Chaos von Steinen, wie ein weites Feld mit erratischen Blöcken oder mit sich kreuzenden Moränen. Hoch oben zogen wieder verschiedene Vögel, wie Fregattvögel, Möwen und Seeschwalben, dahin, und auch der Albatros erhob sich zuweilen zum Fluge.

So wanderten alle mit großer Anstrengung eine Stunde lang, in der sie, etwas ansteigend, kaum eine Lieue zurückgelegt hatten. Das Aussehen und die Natur des Plateaus zeigte keinerlei Veränderung.

Jetzt wurde es gebieterisch nötig, einmal zum Ausruhen haltzumachen.

Fritz erbot sich zwar, mit dem Kapitän und dem Obersteuermann gleich noch weiter vorzudringen, um den übrigen eine vielleicht nutzlose Bemühung zu ersparen.

Dieser Vorschlag wurde aber einstimmig verworfen; vielmehr sollte jede Trennung vermieden werden. Alle wollten zur Stelle sein, wenn sich das Meer im Norden zeigen würde ... vorausgesetzt, daß das überhaupt geschah.

Gegen neun Uhr ging die Wanderung weiter. Der Nebel am Himmel mäßigte die Hitze der Sonne. In dieser Jahreszeit wäre sie sonst fast unerträglich gewesen auf dem Steinfelde, worauf deren Strahlen zu Mittag fast lotrecht herunterschossen.

Das sich nach Norden zu verlängernde Plateau wurde auch in westöstlicher Richtung immer breiter, so daß das bis dahin in dieser Richtung sichtbar gebliebene Meer den Blicken bald entschwinden mußte. Im übrigen fand sich nirgends ein Baum, nirgends eine Spur von Pflanzen ... überall dieselbe Dürre, dieselbe Verlassenheit. Weiter nach vorne zu zeigten sich da und dort kleinere Bodenerhebungen.

Um elf Uhr wurde aber der kahle Gipfel eines Bergkegels sichtbar, der diesen Teil des Plateaus um etwa dreihundert Fuß überragte.

»Dort ... dort hinauf müssen wir gelangen!« rief Jenny.

»Jawohl«, antwortete Fritz, »von dort aus werden wir einen sehr weiten Umkreis übersehen können. Vielleicht wird nur der Aufstieg sehr beschwerlich sein.«

Das war jedenfalls zu erwarten; alle waren aber so gespannt, endlich Aufklärung zu erhalten, daß niemand, trotz Mühen und Gefahren, hätte zurückbleiben wollen. Und doch, wer konnte wissen, ob die armen Leute nicht einer letzten Enttäuschung entgegengingen, die ihnen alle bisher bewahrte Hoffnung raubte!

Alle wendeten sich nun dem etwa dreiviertel Lieue entfernten Bergkegel zu. Wie beschwerlich war aber jeder Schritt, wie langsam kamen sie weiter durch die Hunderte von Blöcken, die sie überklettern oder umkreisen mußten. Es war mehr ein Gemsenklettern als eine Fußwanderung. Der Obersteuermann bestand darauf, Bob zu tragen, den seine Mutter ihm auch anvertraute.

Fritz und Jenny, Franz und Doll, sowie James und Suzan hielten sich immer dicht zusammen, um einander bei gefährlichen Wegstellen helfen zu können.

So kam die zweite Nachmittagsstunde heran, ehe sie den Fuß des Berges erreichten. Hier mußte nochmals Rast gemacht werden, denn sie hatten vom letzten Ruhepunkte aus immerhin fünfzehnhundert Toisen zurückgelegt.

Der Aufenthalt wurde nur kurz bemessen, und schon nach zwanzig Minuten begann der Aufstieg.

Der Kapitän Gould hatte beabsichtigt, eine Art Schlangenweg einzuschlagen, um einen zu steilen Aufstieg zu vermeiden, es zeigte sich indes, daß der Bergfuß nicht gangbar war. Alles in allem handelte es sich ja doch nur darum, dreihundert Fuß hoch emporzuklimmen.

Zu Anfang fand dabei der Fuß zwischen Felsblöcken auf einem Boden mit dürftigem Pflanzenwuchs, mit Büscheln von Sandhafer, einen Stützpunkt, an dem man sich doch ein wenig anhalten konnte.

Eine halbe Stunde genügte, bis zur halben Höhe hinaufzukommen. Da stieß Fritz, der den übrigen voran war, einen Schrei der Überraschung aus.

Alle blieben stehen und sahen nach ihm hin.

»Was ist denn das da?« sagte er, nach der obersten Spitze hinaufzeigend.

Dort ragte nämlich zwischen den letzten Felsstücken eine fünf bis sechs Fuß lange Stange empor.

»Sollte das der entblätterte Zweig eines Baumes sein?« sagte Franz.

»Nein, das ist kein Zweig«, erklärte der Kapitän Gould.

»Es ist ein Stock . . . eine Art Bergstock«, versicherte Fritz, »ein Stock, den man da oben eingesenkt . . .«

»Und an dem man eine Flagge befestigt hat«, setzte der Obersteuermann hinzu, »denn die Flagge ist noch daran vorhanden!«

Eine Flagge auf dem Berggipfel!

Ja, eben entfaltete sich das Flaggentuch im leichten Winde, doch waren dessen Farben der Entfernung wegen noch nicht zu erkennen.

»Es gibt also doch Bewohner dieses Eilandes!« rief Franz.

»Unzweifelhaft . . . es ist bewohnt«, meinte Jenny.

»Und wenn es doch nicht der Fall wäre«, erklärte Fritz, »so steht wenigstens das eine fest, daß bereits jemand davon Besitz genommen hat.«

»Ja, welches Eiland ist es denn eigentlich«, fragte James Wolston.

»Oder vielmehr, welche Flagge ist die da oben?« setzte Harry Gould hinzu.

»Die britische!« rief der Obersteuermann. »Seht dort, das rote Flaggentuch mit dem Union Jack in der oberen Ecke!«

Der Wind war ein wenig stärker geworden und hatte jetzt die britische Flagge völlig entfaltet.

Mit erneuten Kräften schwangen sich alle von einem Felsblock zum anderen. Hundertfünfzig Fuß trennten sie noch vom Gipfel; sie fühlten aber keine Anstrengung, dachten kaum daran, Atem zu schöpfen . . . immer stiegen sie, von einer übermenschlichen Kraft getrieben, nur höher, höher hinauf.

Gegen drei Uhr standen endlich der Kapitän Gould und seine Gefährten auf der Spitze des Bergkegels.

Doch nochmals erfuhren sie eine herbe Enttäuschung, als sie nach Norden hinausblickten.

Über Sehweite hinaus lagerte ein dichter Nebel, der es unmöglich machte, zu erkennen, ob das Plateau hier ebenso wie an der Schildkrötenbucht mit einem steilen Abfalle endigte oder sich noch weiter hinaus fortsetzte. Durch den fast dunklen Nebel war gar nichts zu erkennen. Über der Dunstschicht aber strahlte die schon nach Westen hinabsinkende Sonne noch in vollem Glanze.

Unter den gegebenen Umständen beschloß man, nötigenfalls bis zum anderen Tage an Ort und Stelle auszuhalten und zu warten, bis der Wind einmal den Nebel verscheuchte. Entschieden wollte keiner umkehren, ohne den nördlichen Teil des Eilandes gesehen zu haben.

Hier wehte ja die britische Flagge im Hauche der Brise, ein Zeichen, daß dieses Land gewiß schon einen bestimmten Namen führte, und daß es wahrscheinlich seiner geographischen Länge und Breite nach bereits auf den Seekarten eingetragen sei.

Die Kanonenschüsse am vorigen Abend konnten wohl ein zur Ehrung der Flagge abgegebener Salut gewesen sein; möglicherweise bot jener Teil der Küste auch eine Art Hafen zum Ausruhen und vielleicht ankerten jetzt eben da einige Schiffe.

War das Land hier auch tatsächlich weiter nichts als ein Eiland, so war es doch nicht zu verwundern, daß Großbritannien davon Besitz genommen hätte, da jenes an der Grenze des Indischen und des Stillen Ozeans lag. War es aber ein Teil eines Festlandes, so konnte es recht wohl zu den wenig bekannten Gebieten Australiens gehören, die sich an die unter britischer Herrschaft stehenden Strecken anschließen.

Wie erklärlich, dachte man an alle diese Möglichkeiten, malte sie aus und wog man ihre Wahrscheinlichkeit gegeneinander ab, denn mit der größten Ungeduld sah jeder dem Augenblicke entgegen, wo die Wahrheit an den Tag kommen sollte.

Da hörte man plötzlich den Schrei eines Vogels und darauf einen schnellen Flügelschlag.

Jennys Albatros war es, der davonflog und über der Nebelschicht hin sich nach Norden zu entfernte.

Wohin begab sich der Vogel? . . . Vielleicht nach einer fernen Küste? . . .

Sein Davoneilen erweckte allgemein ein Gefühl der Traurigkeit und selbst der Angst . . . es erschien allen wie ein Abschied für immer . . .

Die Zeit verstrich, das nur wenig anhaltende Wehen eines leichten Windes konnte den Nebel nicht verscheuchen, der in großen Wolken um den Fuß des Kegels wogte. Es schien wirklich, als sollte die Nacht herankommen, ohne daß sich der nördliche Horizont den Blicken gezeigt hätte.

Doch nein, alle Hoffnung sollte noch nicht verloren sein. Als die Dunstmassen sich zu senken begannen, konnte Fritz erkennen, daß der Bergkegel kein Steilufer, sondern einen sanft abfallenden Boden überragte, der wahrscheinlich bis zum Meere in gleicher Abdachung verlief.

Als dann der Wind mehr zunahm, so daß das Flaggentuch sich spannte, konnte man die Böschung bequem hundert Fuß weit übersehen.

Sie bildete keine Anhäufung von Felsblöcken, sondern die Flanke einer Art Höhenzuges und zeigte sogar einigen Pflanzenwuchs, einen Anblick, den die armen Verlassenen seit so vielen Monaten entbehrt hatten.

Wie freudig betrachteten alle die weiten, grünenden Flächen, die Gebüsche, Aloen, Mastixbäume und die Myrthenbäume, die sich da und dort erhoben. Jetzt wollte niemand mehr warten, bis der Nebel sich zerstreute, alle drängte es, vor Einbruch der Dunkelheit nach dem jenseitigen Fuße des Berges zu kommen.

Und siehe da! . . . Acht- bis neunhundert Fuß weiter unten, tauchten durch die Risse in dem Nebelschleier die Wipfel eines Waldes auf, der sich mehrere Lieues weit ausdehnte; darauf folgte eine fruchtbare Ebene mit vereinzelten Gesträuchen und Baumgruppen und offenen Feldstücken nebst umfänglichen Wiesen mit mehreren Wasserläufen, deren bedeutendster nach einer Einbuchtung im Osten strömte.

Im Osten und im Westen reichte das Meer überall bis zum Horizonte hinaus. Nur im Norden bleib es verdeckt; allem Anscheine nach war das Land hier also kein Eiland, sondern eine Insel, eine ziemlich große Insel!

Weit draußen hoben sich vom Himmel noch undeutlich die Linien eines von Osten nach Westen verlaufenden Felsenrückens ab. War das der Saum einer Küste?

»Vorwärts ... brechen wir auf!« rief Fritz.

»Ja ... ohne Zögern vorwärts!« drängte auch Franz. »Wir können noch vor der Nacht unten sein!«

»Und diese verbringen wir unter dem Schutze der Bäume«, setzte der Kapitän Gould hinzu.

Jenny ging auf Fritz zu mit dem Ersuchen, nun ja nicht länger zu zögern, als der Nebel sich eben auflöste. Der Ozean zeigte sich in seiner Unendlichkeit in einer Entfernung, die wohl sieben bis acht Lieues betragen mochte.

Eine Insel ... das Land war seiner Größe nach wirklich eine Insel!

Man konnte jetzt erkennen, daß die nördliche Küste drei Buchten von verschiedener Ausdehnung bildete, von denen die größte im Nordwesten, die mittlere im Norden und die kleinste, die aber am tiefsten ins Land einschnitt, im Nordosten lag. Der in diese führende Meeresarm endigte in zwei, weit draußen aufsteigenden Kaps, deren eines sich an ein ziemlich hohes Vorgebirge anschloß.

Ein Land war aber auch nach Norden zu nicht zu sehen und kein Segel blähte sich auf dem Meere.

Blickte man nach Süden hin, so zeigte sich die Aussicht in etwa zwei Lieues Entfernung durch den Kamm des Steilufers abgeschlossen, das die Schildkrötenbucht umrahmte.

Welch ein Unterschied aber zwischen der unfruchtbaren, öden Landstrecke, die der Kapitän Gould und die anderen eben durchmessen hatten, und dem Bilde, das sich hier vor ihren Augen auftat! Überall fruchtbares, abwechslungsreiches Land mit Wäldern und offenen Ebenen, überall mit der üppigen Vegetation der Tropenzonen. Nirgends aber war ein Dorf, ein Weiler oder auch nur eine einzige Wohnstätte zu sehen.

Da entrang sich Fritz ein Schrei, ein Aufschrei der Erlösung, den er nicht zurückzuhalten vermochte, während seine Arme sich nach Norden hin ausstreckten:

»Die Neue Schweiz! . . .«

»Ja, die Neue Schweiz!« rief jetzt auch Franz.

»Die Neue Schweiz!« wiederholten Jenny und Doll mit einer vor Erregung halberstickten Stimme.

Vor ihnen, jenseits jenes Waldes, jenseits jener Wiesengründe, erkannten sie den felsigen Wall als die Höhe, von der aus die Schlucht der Kluse nach dem Grüntal Eingang gewährte. Hinter diesem aber lag das Gelobte Land mit seinen Gehölzen, seinen Meiereien und dem Schakalbache. Dort draußen erhob sich Falkenhorst zwischen den mächtigen Mangobäumen, dort lag Felsenheim im Schutze seiner grünenden Einfriedigung. Die Bucht zur Linken war die Perlenbucht, in weiter Ferne erhob sich, gleich einem schwärzlichen Kegel, der von vulkanischen Dämpfen gekrönte rauchende Fels, ferner zeigte sich die Nautilusbai, von der aus das Kap der Getäuschten Hoffnung hinausragte, und endlich die von dem Haifischeiland beschützte Rettungsbucht. Die Kanonenschüsse von gestern mochten also wohl von der Batterie dieses Eilandes abgegeben worden sein, da ein Schiff weder in der Bucht, noch auf offenem Meere zu erblicken war.

Und von unaussprechlicher Freude erfüllt, hochklopfenden Herzens und die Augen von Tränen der Dankbarkeit überströmt, vereinten sich alle in dem Gebete, das Franz dem gütigen Himmel darbrachte.

Siebenundzwanzigstes Kapitel

Eine Grotte am Fuße des Bergrückens. – Rückblick auf die Vergangenheit. – Durch den Wald. – Fang einer Antilope. – Der Montrose-Fluß. – Das Grüntal. – Der Hohlweg der Kluse. – Eine Nacht in der Einsiedelei Eberfurt.

Die Grotte, worin Herr Wolston, Ernst und Jack vor vier Monaten bei Gelegenheit ihres Ausfluges nach der Bergkette übernachtet hatten, am Tage vorher, wo die englische Flagge auf dem Gipfel des Pic Jean Zermatt gehißt worden war, widerhallte heute von der berechtigsten Freude, von der lebhaftesten Bewegung. Lauter Jubel überall. Wenn heute nacht keiner einen ruhigen Schlummer fand, so lag die Ursache dieser Schlaflosigkeit nicht in bösen, beängstigenden Träumen, sondern in der geistigen Aufregung, in dem Wirbel der Gedanken, den die letzten Vorfälle erzeugt hatten.

Nachdem sie dem Schöpfer den innigsten Dank dargebracht hatten, wollten der Kapitän Gould, Fritz, Franz, James, der Obersteuermann, Jenny, Doll und Suzan Wolston keine Minute länger auf dem Berggipfel verweilen. Zwei Stunden waren noch übrig, ehe es dunkel wurde, und diese Zeit mußte genügen, bis zum Fuße der Bergkette zu gelangen.

»Es müßte merkwürdig zugehen«, bemerkte Fritz, »wenn wir dort nicht eine Aushöhlung fänden, die genügend groß wäre, uns alle aufzunehmen . . .«

»Wenn aber nicht«, fiel Franz ein, »so schlafen wir dort unter den Bäumen . . . unter Bäumen der Neuen Schweiz . . . der Neuen Schweiz!«

Franz konnte sich nicht enthalten, den teuren, von allen gesegneten Namen zu wiederholen.

»Sagen Sie mir ihn auch einmal, liebe Doll», fuhr er fort, »damit ich ihn noch einmal höre . . .«

»Ja, der Neuen Schweiz!« rief das junge Mädchen, deren Augen vor Freude erglänzten.

»Der Neuen Schweiz!« wiederholte auch Jenny, die ihrem Fritz die Hand drückte.

Selbst von dem kleinen Bob ertönte das Wort gleich einem Echo, wofür ihm mancher Kuß als Belohnung zuteil wurde.

»Liebe Freunde«, begann jetzt der Kapitän Gould, »wollen wir noch hinabsteigen und bis nach jenen Bergen gehen, so ist keine Zeit mehr zu verlieren.«

»Und wie steht's mit dem Essen«, fragte John Block, »mit der Besorgung des unterwegs nötigen Proviantes?«

»Binnen achtundvierzig Stunden sind wir in Felsenheim«, versicherte Franz.

»Und auf den Ebenen der Neuen Schweiz gibt es ja Wild in Überfluß«, setzte Fritz hinzu.

»Was nützt uns das, da wir keine Gewehre haben«, fragte der Kapitän Gould. »So gewandt Fritz und Franz auch sein mögen, glaub' ich doch nicht, daß, wenn sie sich nur so stellen, als ob sie schießen wollten . . .«

»Bah!« fiel ihm Fritz ins Wort, »wir haben doch flinke Beine! Das werden Sie schon noch sehen, Herr Kapitän! Morgen vor der Mittagsstunde haben wir gutes, richtiges Fleisch anstelle des Schildkrötenfleisches . . .«

»Fritz, sprich mir nichts Schlechtes über die Schildkröten«, bat Jenny, »und wenn es nur aus Dankbarkeit wäre . . .«

»Ja, du hast recht, liebes Frauchen; doch vorwärts nun! Bob will nicht länger mehr hier bleiben; nicht wahr, Bob?«

»Nein, nein«, antwortete das Kind, »wenn Papa und Mama mitkommen . . .«

»Natürlich kommen sie mit«, versicherte Jenny, »und sie werden nicht die letzten im Zuge sein.«

»Vorwärts . . . zum Aufbruch! . . .«

Alle riefen es wie aus einem Munde.

»Sapperment«, sagte der Obersteuermann schalkhaften Tones, »wenn man nun bedenkt, daß wir da unten ... weiter südlich ... ein schönes Strandgebiet haben, wo es von Schildkröten und Muscheltieren wimmelt, dazu eine prächtige Grotte mit allen Vorräten für mehrere Wochen ... in dieser Grotte die molligsten Lager auf sauberem Tang ... und jetzt, jetzt sollen wir das alles im Stiche lassen ...«

»Oho, wir kehren schon noch einmal zurück, um unsere Schätze zu holen«, versprach Fritz.

»Ja ... aber wann ...« fuhr John Block fort.

»Will er gleich schweigen, verwünschter Block!« befahl Harry Gould scherzend.

»Ich bin ja schon mäuschenstill, Herr Kapitän, und möchte nur noch zwei Worte sagen.«

»Die wären? ...«

»Vorwärts marsch!«

Seiner Gewohnheit entsprechend, setzte sich Fritz an die Spitze. Die übrigen gruppierten sich in der hergebrachten Weise. Ohne Schwierigkeiten gelangten sie über den Abhang des Kegels zum Fuße der Bergkette hinab. Ein glücklicher Instinkt, ein wirklicher Orientierungssinn hatte sie geleitet, denselben Weg einzuschlagen, dem Herr Wolston, Ernst und Jack früher gefolgt waren, und dabei erreichten sie noch vor acht Uhr den Saum des großen Tannenwaldes.

Durch einen glücklichen Zufall – warum darüber erstaunen, wo sich jetzt alles zu ihrem Besten zu gestalten schien? – entdeckte der Obersteuermann auch die Grotte, in der Herr Wolston und die beiden Brüder Unterkunft gefunden hatten. Daß sie etwas beschränkt war, bekümmerte niemand, wenn sie nur für Jenny, Doll, Suzan und den kleinen Bob ausreichte, die Männer waren gern bereit, unter freiem Himmel zu übernachten. An der weißlichen Asche einer Feuerstatt erkannte man übrigens, daß sich hier schon früher jemand aufgehalten hatte.

Vielleicht waren also der ältere Zermatt mit Herrn Wolston, Ernst und Jack, vielleicht auch die Frauen mit ihnen, durch diesen Wald gewandert, hatten den Kegel erklommen und darauf die britische Flagge aufgepflanzt. Und wenn die einen auf dem Wege etwas voraus waren und die anderen zurückblieben, hatten sie sich hier recht gut wieder treffen können.

Nach dem Abendessen und als der kleine Bob in einer Ecke der Grotte eingeschlummert war, entwickelte sich, trotz der Mühsale des Tages, noch ein lebhaftes Gespräch über die Erlebnisse auf der »Flag«.

In den acht Tagen, wo der Kapitän Gould, der Obersteuermann, Fritz, Franz und James eingesperrt gewesen waren, mußte das Schiff nach Norden zu gesegelt sein. Das war jedenfalls nur die Folge widriger Winde, denn Borupt und der Mannschaft lag sicherlich viel daran, nach dem fernen Gebiete des Pazifischen Ozeans zu entkommen. War das nicht gelungen, so lag die Schuld dafür gewiß nur am Wetter. Alles deutete darauf hin, daß die »Flag« mehr nach dem Indischen Ozean und in die Nähe der Neuen Schweiz verschlagen worden war. Mit Berücksichtigung der verflossenen Zeit und der Fahrtrichtung, als die Schaluppe ausgesetzt worden war, ließ sich ohne Irrtum annehmen, daß Harry Gould und seine Gefährten sich an jenem Tage vielleicht kaum hundert Lieues weit von der Insel gefunden hatten, von der sie sich weit mehr entfernt glaubten, da die Schaluppe damals ja schon nach acht Tagen die Neue Schweiz erreicht hatte.

Freilich erfolgte die Landung an dem Teile der Südküste, den Fritz und Franz noch nicht kannten, hinter der Bergkette, die sie zum ersten Male beim Heraustreten aus dem Grüntale gesehen hatten. Wer hätte auch ahnen können, daß hinsichtlich der Natur des Bodens und seiner Erzeugnisse zwischen der reichen Gegend im Norden des Bergrückens und dem trostlos öden Plateau von dem Kegelberge aus bis hinab zum Meere ein so greller Unterschied bestehen könnte?

Jetzt erklärte sich auch das Erscheinen des Albatros

auf der Rückseite des Steilufers. Nach der Abfahrt Jenny Montroses mochte der Vogel wohl nach dem Rauchenden Felsen zurückgekehrt sein, von dem er zuweilen nach der Neuen Schweiz hinüberflog, ohne je bei Falkenhorst oder Felsenheim aufzutauchen. Welch großen Anteil hatte das Tier aber an der Rettung der Verlassenen! Ihm verdankten diese ja die Entdeckung der zweiten Grotte, wohin ihm der kleine Bob gefolgt war, und ferner die der Schlucht und des Hohlweges, der auf dem Plateau des Steilufers ausmündete.

Das war die Verkettung der Umstände, die Reihenfolge der Tatsachen, woraus die dankbaren Herzen das Walten der gütigen Vorsehung erkannten. Übrigens hatten sie, trotz aller Prüfungen und allen Unglückes, ja sogar gegenüber der Befürchtung, in der Grotte überwintern zu müssen, niemals das Vertrauen auf Gottes Hilfe verloren.

Das Gespräch dehnte sich begreiflicherweise sehr lange aus. Endlich überwältigte alle aber doch die Müdigkeit und sie verbrachten die letzten Nachtstunden in tiefem Schlafe. Am frühen Morgen und nach einem schnell eingenommenen Imbiß machten sie sich in heiterer und erwartungsvoller Stimmung wieder auf den Weg.

Nach den Überbleibseln der Feuerstätte in der Grotte fand die kleine Gesellschaft, als sie durch den Wald dahinzog, noch weitere Spuren. Die niedergetretenen Streifen im Grase und die da und dort abgebrochenen Zweige rührten jedenfalls von vorübergekommenen Raubtieren oder Wiederkäuern her, daneben zeigten sich aber auch mehrfach Spuren eines Lagers, über die man sich nicht täuschen konnte.

»Und wer anders als mein Vater, meine Brüder und Herr Wolston«, bemerkte Fritz, »hätte die Flagge auf jenem Gipfel anbringen sollen?«

»Wenigstens wenn sie sich nicht von allein da aufgepflanzt hat!« antwortete lachend der Obersteuermann.

»Das wäre von einer englischen Flagge auch kein besonderes Wunder«, fuhr Franz im nämlichen Tone fort, »denn es gibt gerade Orte genug, wo sie von selbst aus dem Boden gewachsen zu sein scheint!«

Der Kapitän Gould mußte über diese drolligen Bemerkungen unwillkürlich lächeln. Trotz aller vegetativen Eigenschaften, die der britischen Flagge zukommen mögen, unterlag es doch keinem Zweifel, daß die auf dem Gipfel von Menschenhand gehißt worden war. Der ältere Zermatt und die Seinen hatten also einen Ausflug nach den Bergen, und zwar auf dem kürzesten Wege ausgeführt, und es erschien als das einfachste, ihren Spuren zu folgen.

Von Fritz geführt, stiegen die anderen die ersten Abhänge hinab, die teilweise vom Walde bedeckt waren.

Daß besondere Schwierigkeiten zu überwinden oder auf dem Wege zwischen der Bergkette und dem Gelobten Lande noch Gefahren zu bestehen wären, erschien kaum annehmbar.

Die Entfernung zwischen diesen beiden Punkten mochte der Schätzung nach acht Lieues betragen. Bei einer Tagesleistung von vier Lieues, unterbrochen durch eine zweistündige Mittagsrast und ausreichende Nachtruhe, mußte es möglich sein, am Abende des folgenden Tages den Hohlweg der Kluse zu erreichen.

Von hier aus nach Felsenheim oder Falkenhorst zu kommen, war dann nur noch die Sache von einigen Stunden.

»Oh«, sagte Franz, »hätten wir hier nur unsere beiden wackeren Büffel, Sturm und Brummer, oder Rasch, Fritzens Onagre, oder auch Brausewind, Jacks schnellfüßigen Strauß, so brauchten wir nicht einen vollen Tag, um Felsenheim zu erreichen.«

»Nun ja«, bemerkte Jenny scherzend, »Franz wird doch vergessen haben, den Brief zur Post zu geben, worin wir baten, uns die Tiere entgegenzuschicken.«

»Wie, Franz, du?« fuhr Fritz in komischem Ernste

fort, »du, ein so überlegter, ein so aufmerksamer junger Mann? . . .«

»Ach nein«, entgegnete Franz, »Jenny hat nur vergessen, eine Meldung an den Fuß ihres Albatros zu heften, ehe dieser davonflog!«

»Wie unbesonnen von mir!« antwortete die junge Frau.

»Oh«, meinte Doll, »es ist doch gar nicht ausgemacht, daß der Bote die Meldung an die richtige Adresse abgeliefert hätte.«

»Ja, wer weiß?« antwortete Franz. »Jetzt erleben wir ja ein Wunder nach dem anderen.«

»Recht schön und gut«, schloß der Kapitän Gould, »da wir jedoch weder auf Sturm und Brummer, noch auf Rasch und Brausewind rechnen können, ist es am besten, wir verlassen uns einfach auf uns selbst . . .«

»Und machen etwas lange Beine«, vollendete Block den Satz.

Jetzt wurde der Marsch fortgesetzt, erst zu Mittag sollte wieder haltgemacht werden. Von Zeit zu Zeit lösten sich James, Franz und der Obersteuermann ab, Bob zu tragen, obwohl das Kind unbedingt laufen wollte. Die Durchschreitung des Waldes erfuhr also keine Verzögerung.

Unterwegs konnten James und Suzan Wolston, die von den Wundern der Neuen Schweiz noch nichts kannten, gar nicht genug erstaunen über die Üppigkeit der Vegetation, die die am Kap der Guten Hoffnung bei weitem übertraf.

Und doch befanden sie sich jetzt erst in dem sich völlig selbst überlassenen Teile der Insel, dessen Entwicklung noch keine Menschenhand beeinflußt hatte. Was würden sie erst sehen, wenn sie die kultivierten Teile des Landes, die Meiereien der Einsiedelei Eberfurt, die von Zuckertop, Waldegg und des Prospect-Hill, des reichen Gebietes des Gelobten Landes besuchten!

Jagdwild, wie Agutis, Bisam- und Wasserschweine,

Antilopen und Kaninchen, doch auch Trappen, Rebhühner, Auerhähne, Hasel- und Perlhühner nebst Enten gab es in Überfluß. Fritz und Franz hatten gewiß Ursache zu bedauern, daß ihnen jetzt die Jagdflinten fehlten. Ja, wenn nur Braun und Falk oder selbst der alte Türk hier bei ihnen gewesen wären! Selbst wenn Fritzens Adler nicht verendet wäre und seinen Herrn jetzt begleitet hätte, würde dieser wohl bald ein halbes Dutzend schmackhafte Hühner zur Strecke gebracht haben. Da die Wasser- und Bisamschweine und die Agutis aber jeder Annäherung auszuweichen wußten, verliefen auf dem ersten Teile der Wanderung alle Versuche, ein solches Tier zu fangen, ganz erfolglos, und voraussichtlich mußte bei der nächsten Mahlzeit der noch vorhandene letzte Mundvorrat verzehrt werden.

Da ereignete sich ein glücklicher Zwischenfall, der die Nahrungsfrage recht befriedigend löste.

Gegen elf Uhr gab der vorausmarschierende Fritz ein Zeichen, nahe einer kleinen Waldblöße haltzumachen. Durch diese schlängelte sich ein Rio, an dessen Ufer ein ziemlich großes Tier eben seinen Durst löschte.

Es war eine Antilope, und welch gesundes, kräftigendes Fleisch mußte man haben, wenn es gelang, sich des Wiederkäuers durch irgendein Mittel zu bemächtigen.

Am einfachsten erschien es, die kleine Lichtung unbemerkt zu umstellen, die Antilope, wenn sie weiterlaufen wollte, selbst auf die Gefahr hin, mit deren Hörnern unliebsame Bekanntschaft zu machen, abzufangen, sie zu überwältigen und zu töten.

Das schwierigste hierbei war es nur, diese Einschließung auszuführen, ohne die Aufmerksamkeit des mit so scharfem Gesicht, feinem Gehör und empfindlichem Geruche ausgestatteten Tieres zu erwecken.

Während Jenny, Doll, Suzan und Bob hinter einem Busche versteckt blieben, begannen Fritz, Franz, James, der Kapitän Gould und der Obersteuermann, die freilich keine andere Waffe als ihre Taschenmesser besaßen, die Lichtung, sich möglichst verborgen haltend, einzukreisen.

Die Antilope trank noch immer aus dem Bache, ohne irgendwie Beunruhigung zu zeigen, als Fritz plötzlich mit lautem Aufschrei nach der Lichtung vorstürmte.

Sofort richtete das Tier sich auf, streckte den Hals weit vor und lief auf das Dickicht zu, wo es wohl mit einem Sprunge über das Buschwerk hinwegsetzen konnte.

An der Stelle, wohin es sich wendete, standen Franz und der Obersteuermann, das Messer in der Hand. Konnten sie es nicht hindern, über ihren Kopf wegzuspringen, so war die Antilope sicherlich bald weit entflohen.

Das Tier sprang auf, jedenfalls aber mit ungenügendem Anlauf, denn es fiel vorzeitig herunter, riß dabei den Obersteuermann um und suchte sich wieder zu erheben und nach dem Walde zu entweichen, wo an dessen Einfangen nicht mehr zu denken war.

Da war aber Fritz schon zur Stelle, dem es, sich auf die Antilope stürzend, gelang, ihr das Messer in die Seite zu bohren. Dieser Stoß hätte aber noch nicht genügt, wenn Harry Gould nicht den Hals des Tieres mit dem Messer getroffen hätte.

Damit war das Tier regungslos inmitten der Zweige hingestreckt, während der Obersteuermann sich etwas schwerfällig wieder aufrichtete.

»Verwünschtes Vieh!« rief John Block, der nicht ohne einige Verletzungen davongekommen war. »Ich habe in meinem Leben doch schon so manchen Wasserschwall ins Gesicht bekommen, doch niemals einen, der mich über den Haufen geworfen hätte!«

James, Jenny, Doll und Suzan kamen eben herzugelaufen.

»Ich hoffe, Ihr seid nicht ernstlich verletzt, Block?« fragte Harry Gould.

»Nein . . . ein paar Schrunden . . . so etwas zählt nicht, Herr Kapitän. Unangenehm und sogar beschämend ist nur, auf solche Weise einen dummen Purzelbaum geschlagen zu haben.«

»Nun«, fiel Jenny ein, »als Schmerzensgeld soll Ihnen das beste Stück zukommen.«

»Nein, Frau Zermatt, nein, ich ziehe das vor, das mich zu Boden geworfen hat, und da das der Kopf des Tieres war, so möchte ich auch seinen Kopf verzehren!«

Nun ging man daran, die Antilope auszuweiden, und die eßbaren Stücke abzuschneiden. Da jetzt die Ernährung der Wanderer bis zum morgigen Abend hinreichend gesichert war, brauchte sich vor der Ankunft im Hohlwege der Kluse niemand darum weitere Sorge zu machen.

Fritz und Franz brauchten es nicht erst zu lernen, wie man ein beliebiges Stück Wild zurichtet. Sie hatten sich das theoretisch und praktisch in den zwölf Jahren, wo sie auf den Feldern und in den Waldungen des Gelobten Landes dem Waidwerk obgelegen hatten, gründlich zu eigen gemacht. Auch der Obersteuermann erwies sich bei dieser Arbeit nicht ungeschickt. Ihm schien es besonderes Vergnügen zu gewähren, sich an dem Tiere damit, daß er ihm das Fell abzog, rächen zu können. In weniger als einer Viertelstunde waren die Keulen, die Rippenstücke und andere schmackhafte Teile fertig, auf der Glut geschmort zu werden.

Da schon die Mittagsstunde nahte, empfahl es sich, gleich auf der Lichtung haltzumachen, zumal da der Rio hier frisches, klares Wasser lieferte. Harry Gould und James entzündeten ein Feuer von dürrem Holz am Fuße eines Mangobaumes. Als dieses zu glimmenden Kohlen heruntergebrannt war, legte Fritz die besten Stücke von der Antilope darauf, überließ es aber Suzan und Doll, das Braten zu überwachen.

Durch glücklichen Zufall fand Jenny auch eine Menge Wurzeln, die sich in der Asche rösten ließen, und die, da sie den hungrigen Magen zu füllen versprachen, das Frühstück gewiß recht angenehm vervollständigten.

Übrigens gibt es kaum etwas Schmackhafteres, als das zarte Fleisch der Antilope, das überall als hervorragender Leckerbissen gilt.

»Das ist ja herrlich«, rief John Block, »einmal wieder ein rechtschaffenes Stück Fleisch zu essen, das früher stolz einhergewandert, aber nicht schwerfällig auf der Erde dahingekrochen war!«

»Nichts Schlechtes reden von den Schildkröten», sagte mahnend der Kapitän, »und wäre es auch, um die Vorzüge der Antilope zu preisen!«

»Herr Gould hat recht«, stimmte Jenny zu. »Was wäre denn aus uns geworden ohne die vortrefflichen Tiere, die uns seit der Ankunft auf der Insel genährt haben?«

»Na, meinethalben. Also: Die Schildkröten leben hoch! Dafür geben Sie mir nun aber ein drittes Rippenstückchen.«

Nach Beendigung des stärkenden Mahles ging es wieder vorwärts, denn es war keine Stunde zu verlieren, wenn am Nachmittage die in Aussicht genommene Wegstrecke, von vier Lieues für den Tag, noch zurückgelegt werden sollte.

Wären Fritz und Franz hier allein gewesen, so hätten sie nach keiner Müdigkeit gefragt und sich, ohne Rast und Ruh' auch die Nacht hindurch wandernd, nach dem Hohlweg der Kluse aufgemacht. Vielleicht war ihnen auch ein solcher Gedanke gekommen, der Verführerisches genug an sich hatte, da sie schon am Nachmittage des nächsten Tages in Felsenheim angelangt wären. Sie wagten aber gar nicht den Vorschlag, vorausgehen zu wollen, da sie wußten, daß sie doch niemand ziehen lassen würde.

Übrigens war jedenfalls die Freude noch größer, wenn alle zusammen an dem ersehnten Ziele eintrafen und sich in die Arme der Eltern und Freunde stürzten, die schon so lange auf sie gewartet und vielleicht verzweifelt hatten, sie je wiederzusehen. Welche Aufregung, welchen Jubel mußte es geben, wenn sie alle ausriefen:

»Da sind wir! . . . Da sind wir!«

Die zweite Wegstrecke verlief ganz ebenso wie die erste und unter Schonung der Kräfte Jennys, Dolls und Suzan Wolstons.

Alles ging ohne Zwischenfall ab, und gegen vier Uhr nachmittags war der Saum des Waldes erreicht.

Von diesem aus lag eine fruchtbare Landschaft vor ihnen. Ihren Pflanzenwuchs verdankte sie allein der Treibkraft des Erdbodens . . . Hier üppige Wiesen, dort Waldmassen oder Baumgruppen, die sich bis zum Eingange des Grüntales fortsetzten.

In der Ferne trabte eine Gesellschaft von Hirschen und von Damwild vorüber. Ihnen nachzustellen, war natürlich ganz ausgeschlossen. Dann zeigten sich wieder Trupps von zahlreichen Straußen, deren Erscheinen Fritz und Franz an ihren Ausflug in die Umgebung des Araberturms erinnerte.

Ebenso tauchten mehrere Elefanten auf; sie trotteten ruhigen Schrittes durch dichtes Gestrüpp, welch verlangende Blicke hätte ihnen aber Jack, wenn er jetzt hier war, zugeworfen!

»Warum sollte es«, sagte Fritz, »in unserer Abwesenheit Jack nicht gelungen sein, einen Elefanten zu fangen, ihn zu zähmen und ihn abzurichten, wie wir es ja mit Sturm, Brummer und Leichtfuß getan haben?«

»Das ist wohl möglich, mein Lieber«, antwortete Jenny. »Nach vierzehnmonatiger Abwesenheit läßt sich ja so manches Neue in der Neuen Schweiz erwarten . . .«

»In unserem zweiten Vaterlande!« sagte Franz.

»Ich sehe es schon«, rief Doll, »es wird jetzt noch andere Wohnstätten, andere Meiereien, vielleicht gar ein ganzes Dorf aufzuweisen haben.«

»Oh«, meinte der Obersteuermann, »ich wäre schon mit dem zufrieden, was wir hier vor uns sehen, und ich kann kaum glauben, daß es auf Ihrer Insel ein herrlicheres Stück Land als dieses hier gäbe.«

»Das ist noch gar nichts gegen das Gelobte Land, Herr Block«, versicherte Doll.

»Nichts«, bestätigte Jenny, »und wenn Herr Zermatt ihm diesen biblischen Namen gegeben hat, so hatte es ihn reichlich verdient, und wir werden, begünstigter als die alten Hebräer, das gesegnete Kanaan betreten.«

John Block mußte wohl die Überzeugung gewinnen, daß diese Lobsprüche keineswegs übertrieben seien.

Um sechs Uhr ließ Fritz für die Nacht haltmachen, wenn es ihm auch, wie seinem Bruder, große Überwindung kostete, da beide so gern noch bis zum Grüntal weitergewandert wären.

Zu dieser Jahreszeit drohte kaum ein Umschlag des Wetters und die Kälte war auch nicht zu fürchten. Im Gegenteil hatten der Kapitän Gould und alle übrigen am Tage weit mehr von der Wärme gelitten, wenigstens, trotz der schützenden Bäume, um die Mittagsstunde. Weiterhin hatten einige verstreute Gehölze gestattet, im Schatten zu marschieren, ohne dabei besonders von der geraden Richtung abzuweichen und eine Verspätung zu erfahren.

Von den flackernden Flammen eines Feuers aus trokkenen Zweigen wurde das Abendessen in gleicher Weise zubereitet, wie am Mittag. Diese Nacht konnte zwar niemand in einer Grotte zubringen, bei der herrschenden Müdigkeit fand aber doch jeder den Schlaf.

Vorsichtshalber wollten Fritz, Franz und der Obersteuermann abwechselnd wachen. Als es dunkel wurde, ertönte von fernher dumpfes Gebrüll und erinnerte daran, daß auf diesem Teile der Insel verschiedene Raubtiere hausten.

Am nächsten Tage erfolgte der Aufbruch mit dem Morgenrote. Der Engpaß der Kluse mußte mit der zweiten Etappe erreicht werden können, wenn die Strecke bis dahin, auf der sich vielfach frische Fährten zeigten, keine besonderen Hindernisse bot.

Die Wanderung ging nun wirklich ebenso unbehelligt vonstatten, wie am Tage vorher. Um die Sonnenstrahlen zu vermeiden, schlug man nur den Weg von Gehölz zu Gehölz ein.

Nach dem Mittagsmahle am Ufer eines schnellfließenden, neun bis zehn Toisen breiten Flusses, der nach Norden hin verlief, brauchte man nur dessen linkem Ufer zu folgen.

Weder Fritz noch Franz kannte diesen Wasserlauf, da ihre Ausflüge sie früher noch nie bis zum mittleren Teil der Insel geführt hatten. Sie ahnten natürlich auch nicht, daß dieser bereits einen Namen erhalten hatte, daß er der Montrose-Fluß hieß, und ebensowenig kannten sie den neuen Namen des Pic Zermatt, auf dem die britische Flagge wehte. Wie erfreut mußte erst Jenny sein, wenn sie erfuhr, daß dieser Wasserlauf, einer der bedeutendsten der Neuen Schweiz, den Namen ihrer Familie trug!

Nach einer Stunde Weges verließen die Wanderer den ziemlich schroff nach Osten abbiegenden Montrose, und zwei Stunden später betraten die wie gewöhnlich vorauseilenden Fritz und Franz zuerst wieder eine ihnen schon bekannte Gegend.

»Das Grüntal!« riefen sie und begleiteten ihren Ruf mit freudigem Hurra.

Tatsächlich lag das Grüntal vor ihnen und sie brauchten darin nur bis zu der Palisadenwand, die das Gelobte Land abschloß, vorzudringen, um an den Engpaß der Kluse zu gelangen.

Jetzt hätte keine Rücksicht, nicht Hunger und nicht Erschöpfung, weder die einen noch die anderen aufzuhalten vermocht. Alle folgten trotz des holperigen Weges Fritz und Franz mit schnellen Schritten. Es war als würden sie mächtig vorwärts getrieben angesichts des Zieles, das sie kaum je noch zu erreichen gehofft hatten.

Oh, wenn jetzt durch besonders glücklichen Zufall die Herren Zermatt und Wolston in der Einsiedelei von Eberfurt wären, wenn deren Familien sie, wie in der schönen Jahreszeit so häufig, dahin begleitet hätten ...

Doch das wäre, wie man zu sagen pflegt, »des Glükkes allzuviel« gewesen, und selbst John Block wollte darauf nicht hoffen.

Jetzt zeigte sich das nordwestliche Ende des Grüntals zwischen seinen Felsenwänden, und Fritz drang nach dem Hohlweg vor.

Die Pfähle an dessen Eingange standen noch fest in den Spalten des steinigen Bodens, fest genug, auch den kräftigsten Vierfüßlern zu widerstehen.

»Da ... unser Tor!« rief Fritz.

»Ja«, sagte Jenny, »das Tor unseres Gelobten Landes, wo alle die weilen, die wir lieben!«

Jetzt galt es nur, einen der breiten Pfähle auszuheben, was in wenigen Minuten geschehen war.

Endlich betrat man den Engpaß, und jeder hatte das Gefühl, als ob er »nach Hause« zurückkehrte, in die Heimat, von der man sich noch vor drei Tagen um viele hundert Lieues entfernt glaubte.

Fritz, Franz und John Block setzten den Pfahl wieder in seine Vertiefung ein, um Raubtieren und Dickhäutern keinen Eingang freizulassen.

Gegen halb acht Uhr brach mit der den Tropenzonen eigenen Schnelligkeit die Nacht herein, als Fritz und die übrigen gerade bei der Einsiedelei von Ebenfurt eintrafen.

In der Meierei befand sich niemand, und wenn man das bedauerte, so war es doch nicht zu verwundern.

Das Häuschen hier zeigte sich gut erhalten. Nachdem Tür und Fenster geöffnet worden waren, richtete man sich zu einer letzten Rast ein, die nur etwa zehn Stunden dauern sollte.

Die Wohnung befand sich – der ältere Zermann hielt stets darauf – in dem Zustande, die beiden Familien bei ihren mehrfachen Besuchen in jedem Jahre bequem aufnehmen zu können. Jenny, Doll, Suzan, der kleine Bob und der Kapitän Gould erhielten die vorhandenen Lagerstätten angewiesen, der mit trockenem Grase bedeckte Erdboden des Schuppens genügte den anderen für die letzte Nacht, die ihrer Rückkehr noch vorausging.

Ebenfurt war übrigens stets mit Mundvorrat für eine Woche versorgt.

Jenny brauchte also nur die großen Weidenkörbe zu öffnen, die Konserven verschiedener Art, Sago, Cassavebrot oder Maniokmehl und eingesalzenes Fleisch und geräucherte Fische enthielten. Um sich Obst, wie Feigen, Mandeln, Bananen, Birnen oder Äpfel zu beschaffen, bedurfte es nur weniger Schritte, soches von den Bäumen zu pflücken, und ebenso bequem war Gemüse aus dem Küchengarten zu holen.

Selbstverständlich waren Küche und Speisezimmer mit allem notwendigen Gerät ausgestattet. Bald loderte ein tüchtiges Feuer auf dem Herde auf und stand der Kochtopf auf dem Dreifuße darüber. Das nötige Wasser wurde einer Ableitung des Ostflusses entnommen, die den Behälter der Meierei speiste. Zur großen Befriedigung gereichte es endlich allen, sich an einigen Glas Palmwein aus den im Keller lagernden Fäßchen erquikken zu können.

»Sapperlot«, rief der Obersteuermann jubelnd, »wir sind auch lange genug auf schmale Wasserkur gesetzt gewesen!«

»Wir werden Ihnen auch tüchtig zutrinken, lieber Block«, sagte Fritz.

»Oh, soviel Sie wollen«, antwortete der Obersteuermann. »Es gibt doch gar nichts Schöneres, als sich mit einem Schluck guten Weines gegenseitig auf seine Gesundheit zuzutrinken!«

»Und auch«, bemerkte Franz, »auf das Glück, unsere Eltern und unsere Freunde in Falkenhorst oder Felsenheim wiederzusehen!«

Beim Klange der Gläser ertönten somit drei Hurras zu Ehren der Familien Zermatt und Wolston.

»Wahrhaftig«, erklärte John Block, »es gibt in England und auch anderswo so manches Gasthaus, das sich mit dem der Einsiedelei Eberfurt nicht messen kann.«

»Und dazu, wackerer Block«, antwortete Fritz, »vergessen Sie nicht, daß hier der Unterhalt nichts kostet!«

Nach dem frohen Mahle begaben sich Jenny, Doll, Suzan und das Kind in dem einen, der Kapitän Gould in dem anderen Zimmer, und Fritz, Franz, James und der Obersteuermann unter dem Schuppen zur Ruhe, deren sie nach der langen Wanderung gar sehr bedurften.

Die Nacht verlief unter den besten Umständen und alle schliefen tief und ununterbrochen bis zum Aufgang der Sonne.

Achtundzwanzigstes Kapitel

Abmarsch nach Falkenhorst. – Der Kanal. – Beunruhigung. – Der verwüstete Hof. – Die Wohnung in der Luft. – Auf dem Gipfel des Baumes. – Verzweiflung. – Eine Rauchsäule über Felsenheim. – Achtung!

Am folgenden Tage um sieben Uhr früh, nach einem letzten Mahle aus den Überbleibseln des gestrigen, und einen Abschiedstrunk – ein Glas Palmwein – nicht zu vergessen, verließen Fritz und die übrigen die Einsiedelei von Eberfurt.

Bei ihrer Ungeduld nahmen sie sich vor, die drei Lieues bis zur Meierei Falkenhorst in weniger als drei Stunden zurückzulegen.

Nicht ohne Grund hatte Fritz beschlossen, jetzt zunächst diese Anlage aufzusuchen.

Wohl gab es noch einen zweiten Weg, den, der nach der Farm von Waldegg an der Spitze des Schwanensees führte, doch dieser war etwas länger. Am richtigsten war es, in gerader Linie nach Falkenhorst zu wandern und dann nach Felsenheim die schöne Allee zu benützen, die nahe der Küste bis zur Mündung des Schakalbaches hinführte.

»Es ist immerhin möglich«, meinte Fritz, »daß unsere Familien gerade jetzt ihr ›Luftschloß‹ bezogen hätten.«

»Oh, wenn das der Fall ist, mein Schatz«, sagte Jenny, »werden wir die Freude haben, sie früher als erwartet umarmen zu können . . .«

»Und vielleicht noch eher«, fiel Doll ein, »wenn uns das Glück beschert wäre, ihnen unterwegs zu begegnen . . .«

»Vorausgesetzt, daß sie nicht in der Sommerwohnung des Prospect-Hill weilen«, bemerkte Franz. »Dann würden wir bis zum Kap der Getäuschten Hoffnung hinausgehen müssen.«

»Ist das nicht dasselbe Kap«, fragte Kapitän Gould, »von wo aus Herr Zermatt dem Wiedereintreffen der ›Licorne‹ entgegensehen kann?«

»Ganz recht, dasselbe«, antwortete Fritz, »und da die Korvette ihre Reparaturen ohne Zweifel längst beendet hat, muß sie sehr bald in Sicht der Insel auftauchen.«

»Na ja . . . so oder so . . .«, fiel der Obersteuermann ein, ich meine, das beste, was wir tun können, ist doch: schleunigst aufzubrechen. Finden wir niemand in Felsenheim, so geht's nach dem Prospect-Hill oder sonstwohin . . . aber, vorwärts!«

Fehlte es in Eberfurt nicht an Küchengeräten und landwirtschaftlichen Werkzeugen, so hatte Fritz hier doch vergeblich nach Feuerwaffen und Munition gesucht. Wenn sein Vater und seine Brüder nach dieser Meierei kamen, nahmen sie nämlich ihre Gewehre wohl mit, ließen sie aber aus Vorsicht niemals da zurück. Bei einer Wanderung durch das Gebiet des Gelobten Landes war übrigens, seitdem Tigern, Löwen und Panthern der Zutritt nach dem Engpaß der Kluse versperrt war, eigentlich gar nichts zu fürchten. Jedenfalls drohten hier weit weniger Gefahren, als auf der Strecke zwischen dem Pic Zermatt und dem Grüntale.

Ein fahrbarer Pfad – wie häufig hatte ihn der mit den Büffeln und dem Onagre bespannte Wagen schon eingeebnet – verlief zwischen im besten Wachstum stehenden Feldstücken und in üppigem Grün prangenden Gehölzen. Das allseitige Gedeihen ergötzte den Blick. Der Kapitän Gould und der Obersteuermann, sowie James und Suzan Wolston, die diese Gegend zum ersten Male sahen, waren ganz entzückt davon. Ja, hier war Raum für Kolonisten, hier hätten von solchen schon Hunderte, wie auf der ganzen Insel Tausende, ihren reichlichen Unterhalt gefunden.

Nach anderthalbstündiger Wanderung, ungefähr in der Mitte zwischen der Einsiedelei von Eberfurt und Falkenhorst, machte Fritz für kurze Zeit halt an einem Wasserlaufe, dessen Vorhandensein in diesem Teile des Gebietes er noch nicht kannte.

»Siehe da ... etwas Neues!« sagte er.

»Ja wirklich«, antwortete Jenny, »ich entsinne mich wenigstens keines Wasserlaufes in dieser Gegend.«

»Dieser Rio scheint mir aber eher ein Kanal zu sein!« bemerkte der Kapitän Gould.

In der Tat war es ein von Menschenhand gegrabener Kanal.

»Sie haben recht, Kapitän«, erklärte Fritz. »Herr Wolston wird den Gedanken gehabt haben, einen Teil des Schakalbaches abzuleiten, um damit den Schwanensee zu speisen und darin einen, auch in der warmen Jahreszeit gleichbleibenden Wasserstand zu schaffen, der dann eine Bewässerung der Umgebung von Waldegg ermöglichte.«

Fritz täuschte sich, wie der Leser weiß, hiermit nicht.

»Ja, ja«, fuhr Franz fort, »das kann nur Ihr Vater gewesen sein ... Ihr Vater, meine liebe Doll, dem dieser Gedanke gekommen und von dem er ausgeführt worden ist.«

Franz täuschte sich bekanntlich ebensowenig.

»Oh«, meinte Doll, »da wird wohl Ihr Bruder Ernst auch sein Teil daran gehabt haben.«

»Ohne Zweifel ... unser gelehrter Ernst«, bestätigte Fritz.

»Doch warum nicht auch der unerschrockene Jack ... und auch Herr Zermatt selbst?« fragte der Kapitän Gould.

»Also die ganze Familie!« rief Jenny lachend.

»Oder vielmehr die beiden Familien, die jetzt doch nur eine einzige bilden!« erwiderte Fritz.

Da ließ der Obersteuermann wieder, seiner Gewohnheit gemäß, eine sehr treffene Bemerkung fallen:

»Haben der oder die, die diesen Kanal ausgehoben haben, ein rühmliches Werk getan, so verdienen alle Anerkennung, doch auch der oder die, die durch Anlegung einer Brücke dessen Überschreitung ermöglichten. Gehen wir also hinüber und dann weiter!«

Nach Überschreitung der kleine Brücke gelangte man nach dem dichter bewaldeten Teil des Gebietes, aus dem der Rio hervorbrach, der in der Nähe von Falkenhorst etwas unterhalb des Walfischeilandes mündete.

Um der Wahrheit die Ehre zu geben, muß hier erwähnt werden, daß Fritz und Franz schon gespannten Ohres lauschten, ob sie nicht ein entferntes Bellen oder den Knall einer Flinte vernähmen. Was trieb denn nur Jack, der leidenschaftliche Jäger, wenn er an einem so herrlichen Morgen zu jagen vergaß? Wild zeigte sich ja hier überall, floh durch die Dickichte oder flatterte von Baum zu Baum. Hätten die zwei Brüder nur Gewehre zur Hand gehabt, jetzt würden sie manche Doublette gemacht haben. Sie meinten, Haar- und Federwild sei hier im Gebiete noch niemals so zahlreich vorgekommen, und ihre Begleiter kamen aus dem Erstaunen darüber fast gar nicht heraus.

Doch außer dem Zwitschern der kleinen Vögel, hörte man nur den Schrei von Rebhühnern und Trappen, das Schwatzen von Papageien und zuweilen das Gebell von

Schakalen, doch niemals mischte sich der Knall einer Feuerwaffe oder die Stimme eines Hundes unter diese Laute.

Falkenhorst lag freilich noch eine gute Lieue weit entfernt, und außerdem war ja nicht ausgeschlossen, daß die beiden Familien jetzt noch in Felsenheim wohnten.

Jenseits des Falkenhorster Baches brauchte man nur dessen rechtem Ufer bis zum Saume des Waldes nachzugehen, wo sich am anderen Ende der riesige Mangobaum erhob, dessen untere Äste die Wohnung in der Luft trugen. Eine halbe Stunde mußte hinreichen, den Wald in seiner ganzen Länge zu durchmessen.

Höchstwahrscheinlich befand sich jetzt weder das Zermattsche Ehepaar, noch Ernst und Jack, weder Herr Wolston, noch seine Gattin oder seine Tochter in Falkenhorst. Es schien unmöglich, daß ihre Anwesenheit nicht schon irgendwie verraten worden wäre, denn sollten Turk, Braun und Falk wirklich ihre jungen Herren dann nicht bereits gewittert haben? Hätten sie nicht durch freudiges Gebell die Rückkehr der so lange Abwesenden gemeldet?

Tiefe Stille herrschte unter den Bäumen . . . eine Stille, die sogar etwas Beklemmendes an sich hatte. Als Fritz Jenny ansah, las er in deren Augen ein Gefühl von Angst, die bisher doch nichts rechtfertigte. Franz lief, eine Beute einer auffälligen Nervosität, wiederholt vorwärts und zurück. Alle empfanden eine merkwürdige Bedrückung. Binnen zehn Minuten sollten sie in Falkenhorst sein . . . binnen zehn Minuten, war das nicht so gut, als ob sie bereits dort wären?

»Voraussichtlich«, begann der Obersteuermann, der die allgemeine Niedergeschlagenheit bekämpfen wollte, »werden wir einfach noch durch Ihre schöne Allee bis Felsenheim zu wandern haben. Der Verzug von einer Stunde . . . das ist alles . . . und was bedeutet das nach einer so langen Abwesenheit?«

Alle schritten schneller dahin. Sehr bald zeigte sich

der Waldesrand und dann der riesige Mangobaum inmitten des Hofes mit seiner Palisade, um die sich noch eine lebende Hecke hinzog.

Fritz und Franz stürmten nach der in der Hecke angebrachten Tür.

Diese Tür stand offen, und man erkannte sogar, daß sie halb aus ihren Angeln gerissen war.

Die beiden Brüder drangen in den Hof ein und blieben an dem Wasserbassin in der Mitte stehen.

Die Wohnung war verlassen.

Aus dem Geflügelhofe und den der Palisade anliegenden Ställen ertönte kein Laut, obgleich diese in der Sommerzeit gewöhnlich von Kühen, Schafen und verschiedenen Hühnerarten belebt waren. In den Schuppen lagen allerlei Gegenstände, Kasten, Körbe und Ackergeräte in einer Unordnung umher, die mit der peinlichen Sorgsamnkeit der Frau Zermatt und der Frau Wolston nebst ihrer Tochter bestimmt nicht zu vereinigen war.

Franz eilte nach den Stallungen.

Sie enthielten nichts als einige Bündel Heu in den Trögen und Krippen.

Sollten nun die Tiere wohl die Pforte der Einfriedigung gesprengt haben? ... Irrten sie draußen auf dem Lande umher? ... Nein, in der Umgebung von Falkenhorst war wenigstens nichts zu sehen gewesen. Nun konnten sie zwar aus dem oder jenem Grunde in den anderen Farmen mit untergebracht worden sein, doch das erklärte die hier herrschende Unordnung auch noch nicht.

Die Meierei Falkenhorst enthielt bekanntlich zwei Wohnungen, die eine zwischen den Ästen des Mangobaumes und die andere zwischen den mächtigen Wurzeln am Fuße des Stammes. Darüber lag, hergestellt aus Bambusstämmen, die das mit geteertem Moose bedeckte Dach bildeten, eine Art Terrasse mit Geländer. Diese Terrasse bedeckte wieder mehrere Einzelräume, die durch Scheidewände auf den Wurzeln getrennt und geräumig genug waren, den beiden Familien Unterkunft zu gewähren.

In dieser ersten Wohnung war es ebenso sill, wie auf dem Hofe.

»Kommt mit hinein!« rief Fritz mit bebender Stimme.

Alle folgten ihm, stießen aber sofort einen Schrei aus . . . einen Schrei, da sie kein Wort hervorzubringen vermochten.

Das Mobiliar war hier durcheinander geschoben, Tische und Stühle umgestürzt, Kisten und Kasten erbrochen, der Inhalt an Wäsche lag auf der Erde und die Werkzeuge waren in alle Winkel geschleudert. Man hätte sagen können, daß hier nur aus Lust am Plündern geplündert worden wäre. Von den Vorräten an Nahrungsmitteln, die gewöhnlich in Falkenhorst gehalten wurden, war nichts mehr übrig, auf dem Futterboden kein Heu mehr, im Keller die Wein-, Bier- und Likörfäßchen leer. Nirgends eine Waffe, mit einziger Ausnahme einer geladenen Pistole, die der Obersteuermann aufhob und in seinen Gürtel steckte. Gewöhnlich waren doch für die Dauer der Jagdzeit Karabiner und Flinten immer in Falkenhorst zurückgelassen worden.

Fritz, Franz, Jenny und alle übrigen standen sprachlos vor diesem unerwarteten Anblick und fragten sich, ob es in Felsenheim, in Waldegg, Zuckertop und auf dem Prospect-Hill wohl ebenso traurig aussehen möge. Sollte von den verschiedenen Meiereien die der Einsiedelei von Eberfurt allein von den Plünderern verschont geblieben sein, und wer waren denn eigentlich diese Raubgesellen?

»Liebe Freunde«, begann endlich der Kapitän Gould, »hier hat sich ein Unglück ereignet, und doch ist es vielleicht nicht so groß, wie ihr es zu fürchten scheint.«

Niemand gab eine Antwort, und was hätten Fritz, Franz oder Jenny gegenüber dieser traurigen Verwüstung sagen sollen? Nachdem sie nun freudigen Herzens den Fuß auf das Gelobte Land gesetzt hatten, was fanden sie da in Falkenhorst? ... Nichts als eine Ruine und die Verlassenheit!

Was mochte denn vorgefallen sein? War die Neue Schweiz etwa überfallen worden von einer Rotte jener frechen Seeräuber, die damals so zahlreich im Indischen Ozean hausten, wo die Andamaneninseln und die Nicobarengruppe ihnen sicheres Versteck boten? Hatten die Familien zur Zeit Felsenheim verlassen, sich nach einem anderen Teil des Gebietes zurückziehen oder gar von der Insel flüchten müssen? Waren sie jenen Piraten in die Hände gefallen oder bei dem Versuche, sich zu verteidigen, gar umgekommen?

Daneben fragte es sich doch auch noch, ob die Vorgänge hier einige Monate, einige Wochen oder nur einige Tage zurücklagen und ob es vielleicht möglich gewesen wäre, sie zu verhindern, wenn die »Licorne« in der verabredeten Zeit hier eingetroffen wäre.

Jenny hatte die größte Mühe, ihre Tränen zurückzuhalten, während Suzan und Doll leise schluchzten. Franz wollte schon hinausstürmen, seinen Vater, seine Mutter, seine Brüder zu suchen, und Fritz mußte ihn mit Gewalt zurückhalten. Harry Gould und der Obersteuermann, die wiederholt hinausgingen, um die nächste Umgebung der Palisaden zu besichtigen, waren wieder in das Zimmer gekommen, ohne etwas gesehen oder gehört zu haben, was zu weiterer Aufklärung hätte dienen können.

Ein Entschluß mußte jetzt aber unbedingt gefaßt und vor allem entschieden werden, ob man in Falkenhorst bleiben und hier die Entwicklung der Dinge abwarten, oder nach Felsenheim gehen sollte, ohne zu wissen, wie es dort aussah. Sollte vielleicht eine Rekognoszierung ausgeführt werden, während Jenny, Doll und Suzan Wolston unter dem Schutze James Wolstons zurückblieben, indes Fritz, Franz, Harry Gould und John Block, entweder längs der Küstenallee oder quer durch Wald und Feld, auf Auskundschaftung auszogen?

Jedenfall mußte der jetzigen Ungewißheit ein Ende gemacht werden, selbst wenn die nackte Wahrheit jeden Schimmer von Hoffnung auslöschte.

Fritz glaubte bestimmt der allgemein herrschenden Empfindung Ausdruck zu geben, als er sagte:

»Wir wollen versuchen, nach Felsenheim vorzudringen . . .«

»Und sofort aufbrechen«, rief Franz.

»Ich begleite Sie beide«, erklärte der Kapitän Gould.

»Und ich ebenfalls«, setzte John Block hinzu.

»Gut, gut«, antwortete Fritz, »James muß aber bei Jenny, Doll und Suzan zurückbleiben, die sich in Falkenhorst oben in Sicherheit bringen mögen . . .«

»Zuerst wollen wir einmal alle hinaufgehen«, schlug John Block vor, »von da oben aus ist vielleicht eher etwas zu sehen . . .«

Dieser Versuch erschien wohl ratsam, ehe sich jemand als Kundschafter hinauswagte. Von der Wohnung in den Ästen und vorzüglich vom Wipfel des Mangobaumes aus, mußte man einen Teil des Gelobten Landes, ferner im Osten das Meer und auf gut drei Lieues weit die Uferstrecke zwischen der Rettungsbucht und dem Kap der Getäuschten Hoffnung übersehen können.

»Hinauf, hinauf!« antwortete Fritz auf den Vorschlag des alten Seemanns. Im voraus ließ sich ja annehmen, daß die zwischen den Ästen des Baumes schwebende und von dem dichten Laube des Mangobaumes versteckte Wohnstätte von der Verwüstung verschont geblieben sei. Die Tür, die den Zugang nach der im Innern des Stammes hinaufführenden Treppe vermittelte, zeigte keine Spuren äußerer Gewalt, vielleicht infolge ihrer etwas verborgenen Lage im letzten Zimmer.

Franz versuchte die noch verschlossene Tür zu öffnen und sprengte das Schloß, dessen Riegel heraussprang.

In wenigen Augenblicken waren alle die durch einige Öffnungen im Stamme erleuchtete Treppe hinaufgeeilt und betraten den kreisförmigen Balkon, der hinter einem Laubvorhange sehr gut verborgen lag.

Als Fritz und Franz die Plattform erreichten, drangen sie sofort in das nächste Zimmer ein.

Weder dieses noch eines der angrenzenden zeigte eine Spur von Unordnung, die Lagerstätten waren unberührt, die Möbel standen an ihrem Platze. Das bewies also, daß das alte »Nest des Falken« unversehrt geblieben war, und das lag offenbar daran, daß die Plünderer die untere Tür nicht entdeckt hatten. Was die, wie gesagt, zwischen den Ästen des Mangobaumes angelegte Wohnstätte betraf, war sie jetzt von dem, im Laufe von zwölf Jahren immer dichter gewordenen Laubwerk so vollständig umgeben, daß sie niemand weder vom Hofe darunter noch vom Saume des benachbarten Waldes aus wahrnehmen konnte.

Binnen einer Minute hatte Jenny, der sich Doll und Suzan anschlossen, alle Räumlichkeiten besichtigt, die ihr ja so wohlbekannt waren, da sie hier mit der übrigen Familie oft genug geweilt hatte.

Alles machte wirklich den Eindruck, als hätten Frau Zermatt und Frau Wolston hier noch gestern ihres Amtes gewaltet. Da fanden sich an gedörrtem Fleisch, an Mehl, Reis, Konserven und Getränken Vorräte für eine volle Woche, wie solche gewöhnlich in Falkenhorst, doch ebenso in den anderen Meiereien, denen von Waldegg, der Einsiedelei von Eberfurt, des Prospect-Hill und vom Zuckertop, zurückgelassen wurden.

Sobald sie nach dem Balkon wieder zurückgekommen waren, erkletterten Fritz und der Obersteuermann die oberen Äste des Mangobaumes, um einen erweiterten Ausblick zu gewinnen.

Augenblicklich dachte natürlich niemand ans Essen oder Trinken. Alle beschäftigte, alle bekümmerte die Verlassenheit, die – jetzt in der Sommerzeit – in Falkenhorst herrschte, und die greuliche Verwüstung, wofür die Anlagen unten im Hofe so unwidersprechlich zeugten.

Nach Norden hin erstreckte sich die Küstenlinie, die das Kap der Getäuschten Hoffnung an dem Hügel, wo sich der Prospect-Hill erhob, abschloß. Nach dieser Richtung hin wurde der Ausblick aber durch Waldmassen beschränkt und reichte nicht über die Meierei Waldegg hinaus. Soweit man überhaupt sehen konnte, zeigte sich übrigens nichts Verdächtiges.

Nach Westen hin und jenseits des Kanals, der den Schakalbach mit dem Schwanensee verband, breitete sich das von dem Falkenhorster Rio bewässerte Land aus, durch das Fritz mit seinen Gefährten nach Überschreitung der kleinen Brücke gekommen war. Dieses erschien weniger öde, als das, das sich, noch weiter im Westen, nach dem Engpaß der Kluse hin erstreckte.

Im Osten erglänzte der breite Meeresarm zwischen dem Kap der Getäuschten Hoffnung und dem Kap im Osten, hinter dem sich die »Licorne«-Bai ausdehnte. Auf dem Meere war kein Segel, längs des Ufers hin kein Boot zu erblicken. Nichts als die weite Wasserfläche, aus der im Nordosten die Riffe emporragten, woran der »Landlord« seinerzeit zugrunde gegangen war.

Wandten sich die Augen nach Süden, so konnten sie nur, in der Entfernung von einer Lieue, den Eingang zur Rettungsbucht nahe dem Felswall sehen, der die Wohnstätte in Felsenheim beschützte.

Von der Wohnung und ihren Nebenanlagen selbst konnte man nichts wahrnehmen, außer den grünenden Kronen der Bäume im Gemüsegarten und darüber hinaus eine glänzende Linie, die, sich nach Südwesten hinziehend, den Verlauf des Schakalbaches andeutete.

Nach einer zehn Minuten andauernden, sorgsamen Umschau kamen Fritz und John Block wieder nach dem Balkon herunter. Mit Benützung des Fernrohres, das der ältere Zermatt immer in Falkenhorst zurückließ, hatten sie aufmerksam die Gegend nach Felsenheim zu und die Uferlinie abgesucht.

Nirgends war ein Mensch zu erblicken gewesen; es

hatte den Anschein, als ob die beiden Familien die Insel verlassen hätten.

Immerhin war es ja möglich, daß Zermatt und die seinen von den Räubern nach einer anderen Meierei des Gelobten Landes oder vielleicht gar nach einem anderen Teile der Neuen Schweiz geschleppt worden wären. Bei Gelegenheit dieser Vermutung machte Harry Gould eine Bemerkung, auf die sich nur schwer etwas einwenden ließ.

»Die Räuber, wer sie auch sein mögen«, sagte er, »müssen unbedingt zu Wasser hierhergekommen und werden in der Rettungsbucht ans Land gestiegen sein. Wir haben aber keines ihrer Fahrzeuge gesehen und müßten daraus also schließen, daß sie die Insel wieder verlassen haben, und zwar unter Mitführung der . . .«

Niemand wagte dem Kapitän Gould eine Antwort zu geben. Besonders schwerwiegend war der Umstand, daß Felsenheim jetzt unbewohnt zu sein schien, wenigstens sah man nirgends eine Rauchsäule über die Bäume des Gartens emporwirbeln.

Harry Gould äußerte noch den Gedanken, daß die beiden Familien die Neue Schweiz vielleicht freiwillig verlassen hätten, da die »Licorne« zur berechneten Zeit nicht wieder erschienen war.

»Ja . . . aber wie denn?« fragte Fritz, der sich gern an eine solche Hoffnung geklammert hätte.

»Nun, auf einem Schiffe, das hierhergekommen war«, antwortete Harry Gould, »entweder auf einem von denen, die aus England hierher gesendet waren, oder auf einem, das der Zufall nach den Gewässern der Insel geführt hatte.«

Eine solche Erklärung war ja einigermaßen annehmbar, trotz der sehr ernsten Gründe, die unter den vorliegenen Umständen gegen eine Räumung der Neuen Schweiz sprachen.

Darum sagte auch Fritz:

»Hier ist kein Zögern statthaft . . . vorwärts, wir müssen Klarheit haben!«

»Vorwärts!« wiederholte Franz.

Doch als Fritz sich schon zum Hinuntergehen anschickte, hielt Jenny ihn plötzlich zurück.

»Da . . . eine Rauchwolke . . . ich glaube, Rauch zu sehen, der über Felsenheim aufsteigt!«

Fritz ergriff das Fernrohr, richtete es nach Süden und hielt das Auge gut eine Minute lang an dessen Okulare.

Jenny hatte recht. Ein sich allmählich verdichtender Rauch, der jetzt deutlicher erkennbar wurde, entstieg dem Laubgewölbe der Steinwand, die Felsenheim an der Rückseite abschloß.

»Sie sind dort . . . sie sind dort . . .« rief Franz, »und wir, wir sollten schon seit einer Stunde bei ihnen sein!«

Die Behauptung des jungen Mannes wurde von niemand angezweifelt. Alle hatten ein so großes Bedürfnis, wieder einige Hoffnung zu schöpfen, daß sie alles andere vergaßen, ebenso die Verlassenheit hier um Falkenhorst, wie die Plünderung des Hofes, das Fehlen der Haustiere, die Leere der Stallungen und die Verwüstung der Zimmer am Fuße des Mangobaumes.

Wenigstens der Kapitän Gould und John Block gewannen jedoch bald die nüchterne Überlegung wieder. Offenbar – der Rauch lieferte dafür den Beweis – war Felsenheim augenblicklich bewohnt . . . doch ob nicht von den Räubern? Wer konnte das entscheiden? Jedenfalls war bei einer Annäherung die größte Vorsicht geboten. Vielleicht war es deshalb besser, nicht der nach dem Schakalbache führenden Allee zu folgen. Ging man über die Felder und soviel wie möglich von einem Gehölze zum anderen, so durfte man hoffen, ungesehen bis nach der Drehbrücke zu gelangen.

Schon bereiteten sich alle, die Wohnung in der Höhe zu verlassen, als Jenny das Fernrohr senkte, durch das sie die Küste der Bucht besichtigt hatte, und in den Ruf ausbrach:

»Den Beweis, daß unsere Angehörigen noch da sind,

daß sie ihre Insel nicht verlassen haben, liefert der Umstand, daß die Flagge noch auf der Haifischinsel weht!«

Das war wohl richtig, es hatte bisher nur noch niemand auf die weiß und rote Schweizer Flagge geachtet, die über dem Batterieschuppen flatterte. Doch gab das die Gewißheit, daß die Herren Zermatt und Wolston, ihre Frauen und ihre Kinder, die Insel wirklich nicht geräumt hatten? Die Flagge wehte ja doch Tag für Tag an dieser Stelle.

Hierüber wollte sich aber niemand den Kopf zerbrechen. In Felsenheim müßte sich, noch vor Ablauf einer Stunde, ja alles aufklären.

»Vorwärts! ... Nur vorwärts!« wiederholte Franz, sich nach der Treppe wendend.

»Halt! ... Halt!« gebot da plötzlich der Steuermann mit gedämpfter Stimme.

Der alte Seemann kroch mehr als er ging, auf den Balkon nach der Seite der Rettungsbuch zu hinaus. Hier schob er die Blätter etwas auseinander, steckte den Kopf hindurch, zog ihn aber schleunigst wieder zurück.

»Was ist denn da draußen zu sehen?« fragte Fritz.

»Eine Rotte von Wilden!« antwortete John Block.

Neunundzwanzigstes Kapitel

Verschiedene Vermutungen. – Was war zu beginnen? – Ein Kanonenschuß. – Die Haifischinsel. – Eine Rekognoszierung bis zum Strande. – Ein verlassenes Kanu. – Einschiffung. – »Schießt nicht!«

Es war jetzt halb drei Uhr nachmittags. Der Mangobaum hatte ein so dichtes Blattwerk, daß es die fast senkrechten Sonnenstrahlen nicht zu durchdringen vermochten. Fritz und die anderen liefen also keine Gefahr, in der hochgelegenen Wohnstätte von Falkenhorst, die den an der Insel gelandeten Wilden jedenfalls noch unbekannt war, so leicht aufgespürt zu werden.

Fünf halbnackte Männer mit schwarzer Haut, gleich den Eingeborenen des westlichen Australiens, schritten, mit Pfeil und Bogen bewaffnet, die Allee daher. Daß sie gesehen worden waren, und daß das Gelobte Land jetzt auch noch andere Insassen berge als die Bewohner Felsenheims, konnten sie natürlich gar nicht ahnen. Doch was war aus dem älteren Zermatt und den Seinigen geworden? Hatten sie sich noch flüchten können, oder waren sie in einem ungleichen Kampfe umgekommen?

Es ließ sich doch, wie John Block bemerkte, kaum annehmen, daß sich die Zahl der auf der Insel eingedrungenen Eingeborenen auf dieses halbe Dutzend Männer beschränkte. Bei einer solchen Minderheit hätten sie den älteren Zermatt, dessen beide Söhne und Herrn Wolston, selbst bei einer Überrumpelung, wohl nicht überwältigen können. Jedenfalls war es eine ganze Bande auf einer Flottille von Pirogen, die die Neue Schweiz überfallen hatte. Die Flottille lag jetzt vermutlich in der kleinen Bucht mit der Schaluppe und der Pinasse. Von der Höhe von Falkenhorst aus, war das freilich nicht zu sehen, da die Spitze der Rettungsbucht nach dieser Seite hin die Aussicht beschränkte.

Doch wo befanden sich die Familien Zermatt und Wolston? Ließ sich aus dem Umstande, daß man sie weder in Falkenhorst noch in dessen Umgebung getroffen hatte, der Schluß ziehen, daß sie als Gefangene in Felsenheim wären, daß sie weder Zeit noch Gelegenheit gefunden hätten, nach einer der anderen Meiereien zu flüchten ... oder daß sie gar niedergemetzelt wären?

Damit hätte sich freilich alles erklärt: Die Verwüstung in Falkenhorst, die Verlassenheit in dem Teile des Gelobten Landes zwischen dem Kanal des Schwanensees und dem Küstenlande. Fritz, Franz und Jenny waren von dem schwersten Unglück betroffen, das ihnen je begegnen konnte; selbst James, seine Frau und seine

Schwester fühlten das mit ihnen. Wie hätte man jetzt eine, wenn auch noch so schwache Hoffnung bewahren können? Und während Harry Gould und der Obersteuermann die Eingeborenen nicht aus den Augen verloren, ließen jene ihren Tränen, ihrer Verzweiflung freien Lauf.

Dennoch blieb noch eine weitere Vermutung übrig: Die beiden Familien hatten sich vielleicht nach Westen zu irgendwohin auf der Insel, etwa nach jenseits der Perlenbai, retten können. Denn hatten sie die Pirogen schon aus der Ferne über die Rettungsbucht herankommen sehen, so konnten sie wohl auch Zeit gefunden haben, im Wagen zu entfliehen und Mundvorräte nebst Waffen mitzunehmen ... Und doch wagte hier niemand an diese Möglichkeit zu glauben.

Harry Gould und John Block beobachteten unausgesetzt die Annäherung der Wilden. Wollten diese nochmals in den Hof und dann in die schon geplünderte Wohnung eindringen? War da nicht zu befürchten, daß sie schließlich auch die Türe zur Treppe entdeckten? In diesem Falle würde man sich, da es nur fünf bis sechs waren, ihrer wohl ohne große Anstrengung erwehren können. Wenn sie auf der Plattform immer nur einzeln – und anders war es nicht möglich – auftauchten, würden sie einer nach dem anderen gepackt und über das Geländer vierzig bis fünfzig Fuß tief hinabgestürzt werden.

Und hatten sie, wie der Obersteuermann erklärte, dann noch Beine, um darauf nach Felsenheim zu laufen, so mußten die Burschen mehr dem Katzen- als dem Affengeschlechte angehören.

Als die fünf Männer das Ende der Allee erreicht hatten, blieben sie stehen. Jetzt entging Fritz, Harry Gould und John Block keine ihrer Bewegungen mehr. Was hatten sie in Falkenhorst vor? ... War die Wohnung in der Höhe ihren Blicken bisher entgangen, so konnten sie sie doch, und auch die, die sich daselbst aufhielten, jetzt vielleicht entdecken. Dann kamen sie wahrscheinlich in größerer Zahl hierher zurück, und einem Angriffe von hundert Eingeborenen Widerstand zu leisten ...

Nach Überschreitung des offenen Vorplatzes gingen die Wilden zunächst auf die Palisade zu und um diese herum. Drei davon traten in den Hof ein und gingen in einen der Schuppen zur Linken, woraus sie gleich darauf mit einigen Fichereigeräten, die hier aufbewahrt waren, wieder hervorkamen.

»Sie genieren sich ganz und gar nicht, diese Spitzbuben!« murmelte der Obersteuermann. »Sie fragen hier nicht einmal um Erlaubnis ...«

»Ob sie wohl ein Boot am Ufer haben und längs der Küste fischen wollen?« sagte Harry Gould.

»Das werden wir sehr bald erfahren, Herr Kapitän«, antwortete John Block.

Die drei Männer schlossen sich ihren Genossen wieder an und gingen mit diesen, einem kleinen, mit dichten Dornenhecken eingefaßten Pfad an der rechten Seite des Falkenhorster Rio folgend, nach dem Meere hinunter.

Man verlor sie nur einen Augenblick aus dem Gesichte, als sie den Einschnitt erreichten, durch den der Bach bis zu seiner Mündung in der Flamingobucht verlief.

Da sie sich von hier aus aber nach links wendeten, blieben sie verschwunden und konnten erst wieder gesehen werden, wenn sie weiter draußen auf dem Wasser erschienen. Daß sich ein Boot am Ufer befände, war sehr wahrscheinlich, wahrscheinlich auch, daß sie sich dessen gewöhnlich zum Fischfange in der Nähe von Falkenhorst bedienten.

Während Harry Gould und John Block ihre Beobachtungen fortsetzten und Doll und Suzan noch schluchzend und weinend dasaßen, sagte Jenny, ihren Schmerz niederkämpfend, zu Fritz:

»Was ist nun zu beginnen, mein Lieber?«

Fritz sah nur seine Gattin an; er war offenbar um eine

Antwort verlegen.

»Was jetzt zu beginnen ist«, fiel der Kapitän Gould ein, »darüber müssen wir baldigst schlüssig werden. Zunächst ist es nutzlos, länger hier auf dem Balkon zu bleiben, wo wir Gefahr laufen, entdeckt zu werden.«

Als alle sich ins Zimmer zurückgezogen hatten, neben dem der von dem langen Wege ermüdete kleine Bob in einer Kammer schlummerte, begann Fritz als Antwort auf die Frage, die seine Gattin an ihn gerichtet hatte:

»Meine liebste Jenny, nein ... noch ist nicht alle Hoffnung aufzugeben, daß wir unsere Angehörigen und Freunde wiederfinden. Es ist ja möglich, recht gut möglich, daß sie sich nicht haben überraschen lassen. Mein Vater und Herr Wolston werden die Pirogen schon von weitem gesehen haben. Wahrscheinlich haben sie dann Zeit genug gehabt, sich nach einer der Meiereien, selbst in die Wälder hinter der Perlenbucht zurückzuziehen, wohin sich die Wilden kaum wagen dürften. Auf unserem Wege von der Einsiedelei bis über den Kanal haben wir nirgends Spuren von ihrem Vorüberkommen gefunden. Meine Überzeugung geht dahin, daß sich die Eindringlinge vom Küstenlande nicht weit entfernt haben.«

»Das glaub' ich auch«, setzte Harry Gould hinzu, »und meiner Ansicht nach werden die Herren Zermatt und Wolston mit ihren Angehörigen geflohen sein.«

»Ja ja, so ist es sicherlich!« rief Jenny. »Meine beste Doll und Sie, Suzan, verzweifelt nur nicht, weint nicht mehr! Ihr werdet eueren Vater, euere Mutter ebenso wiedersehen, wie wir, Fritz, die deinigen und, James, auch die ihrigen!«

Die junge Frau sprach sich so vertrauensvoll aus, daß bei ihren Worten in allen die Hoffnung wieder erwachte und Fritz, ihre Hand ergreifend, sagte:

»Durch deinen Mund, meine Herzensjenny, hat der allgütige Gott gesprochen!«

Bei reiflicher Überlegung mußte man wohl auch, wie der Kapitän Gould betonte, zu der Anschauung kommen, daß an einen unerwarteten Überfall Felsenheims durch die Eingeborenen nicht recht zu glauben sei, da die Pirogen an dieser unbekannten Küste während der Nacht nicht hatten landen können. Jedenfalls mußten sie bei Tageslicht, von Osten oder Westen, in die Rettungsbucht eingefahren sein. Bei der Gestaltung dieses Meeresarmes zwischen dem Kap im Osten und dem der Getäuschten Hoffnung war es dann aber ausgeschlossen, daß der ältere Zermatt, Herr Wolston, Ernst oder Jack sie nicht schon weit draußen bemerkt und nicht Zeit gehabt hätten, nach einem anderen Teile der Insel zu flüchten.

»Und wenn die Landung dieser Eingeborenen«, meinte Fritz, »erst ganz neuerdings erfolgte, so weilten unsere Familien vielleicht gar nicht in Felsenheim. Jetzt ist ja gerade die Zeit, wo sie die Meiereien zu besuchen pflegten. Haben wir sie vergangene Nacht auch nicht in der Einsiedelei von Eberfurt angetroffen, so können sie doch recht wohl in Waldegg, auf dem Prospect-Hill oder in Zuckertop inmitten des dichten Waldes sein.

»So wollen wir uns erst nach Zuckertop begeben«, schlug Franz vor.

»Das können wir tun«, antwortete John Block, »doch nicht vor der Nacht.«

»Doch ... sofort ... augenblicklich!« drängte Franz, der keinen Einwand gelten lassen wollte. »Ich kann ja allein dahin gehen. Zwei und eine halbe Lieue für den Hin- und ebensoviel für den Rückweg ... da kann ich in drei Stunden wieder hier sein, und wir wissen dann bestimmt, woran wir sind.«

»Nein, Franz, nein!« sagte Fritz. »Ich verlange, daß du dich nicht von uns trennst, das wäre unklug, und als der ältere von uns beiden befehle ich es dir sogar!«

»Fritz ... du wolltest mich abhalten ...«

»Ja, dich abhalten, eine Unvorsichtigkeit zu begehen.«

»Fanz, Franz«, ließ sich Doll mit bittendem Tone vernehmen, »hören Sie auf Ihren Bruder! . . . Franz . . . ich bitte Sie darum!«

Franz hatte sich jenen Gedanken einmal in den Kopf gesetzt und er schickte sich an, hinunterzugehen.

»Na, er mag seinen Willen haben«, meldete sich da der Obersteuermann, der jetzt vermitteln zu sollen glaubte. »Da einmal Erkundigungen eingezogen werden müssen, so mag es auch noch am Tage geschehen. Ich frage mich dann aber nur, warum wir nicht gleich alle nach Zuckertop aufbrechen sollen.«

»Kommt mit!« sagte Franz.

»Und doch«, fuhr der Obersteuermann, an Fritz gewendet fort, »ist es denn richtig, wenn wir gerade nach Zuckertop gingen?«

»Wohin denn sonst?« fragte Franz.

»Nun . . . gleich nach Felsenheim!« antwortete John Block.

Dieser so unversehens in das Gespräch geworfene Name gab diesem sofort eine andere Wendung.

Nach Felsenheim? . . .

Freilich, wenn die Herren Zermatt und Wolston, ihre Frauen und Kinder, den Eingeborenen in die Hände gefallen und sie trotzdem am Leben geblieben waren, so mußten sie sich dort befinden, da der Rauch anzeigte, daß Felsenheim bewohnt war. Dort sollten sie die Rückkehr ihres Fritz und Franz, ihrer Jenny und Doll, und die Ankunft James Wolstons und Suzans erfahren.

»Nach Felsenheim gehen . . . ganz gut«, bemerkte jetzt der Kapitän Gould, »doch alle zusammen? . . .«

»Alle? . . . Nein«, entschied Fritz, »nur zwei oder drei, und erst nach Einbruch der Nacht.«

»Der Nacht?« wiederholte Franz, der mehr als je an seinem Vorhaben festhielt. »Ich gehe nach Felsenheim!«

»Und glaubst du, so lange es hell ist, den Wilden, die hier in der Nähe hausen, entgehen zu können?« erwiderte Fritz. »Und wenn dir das gelänge, wie kämst du nach Felsenheim hinein, wenn diese es jetzt in ihrer Gewalt haben?«

»Ja, das weiß ich selbst nicht, Fritz, doch eines werde ich doch erreichen: Zu erfahren, ob unsere Angehörigen dort sind ... dann lauf' ich zurück.«

»Mein lieber Franz«, sagte da der Kapitän Gould, »ich begreife Ihre Ungeduld und, wahrhaftig, ich teile sie auch. Und doch, fügen Sie sich unserem Rate, der von der Klugheit eingegeben ist. Wenn jene Wilden aufmerksam würden und Sie abfingen, wenn sie sich aufmachten, um uns zu erspähen, dann wären wir weder in Waldegg, noch sonstwo länger in Sicherheit.«

In der Tat wäre die Lage der Dinge damit aufs Höchste gefährdet worden, und wohin sich Fritz und die anderen dann auch verbargen, die Eingeborenen würden sie schließlich doch aufgespürt haben.

Fritz gelang es endlich, seinem Bruder Vernunft beizubringen, und Franz mußte sich der Autorität dessen beugen, der jetzt vielleicht schon das Haupt der Familie war.

Es sollte also der Eintritt der Dunkelheit abgewartet werden, und dann wollten Franz und der Obersteuermann Falkenhorst verlassen. Jedenfalls war es ratsamer, diese Auskundschaftung, die immerhin noch Gefahren genug bot, zu zweien vorzunehmen. Längs der die Allee säumenden Hecke hinunterschleichend, sollten beide versuchen, nach dem Schakalbache zu gelangen. War dann die Brücke nach dem anderen Ufer gedreht, so wollten sie durch den Bach schwimmen und durch den Obstgarten in die Umfriedigung von Felsenheim einzudringen versuchen. Von da aus konnten sie durch eines der Fenster sich leicht überzeugen, ob die Ihrigen darin eingesperrt wären. War das nicht der Fall, so wollten Franz und John Block unverzüglich nach Falkenhorst zurückkehren, und dann konnte man sich noch entscheiden, Zuckertop vor Tagesanbruch zu erreichen.

Jetzt hieß es alos: Warten, doch wie langsam schlichen die Stunden dahin? Noch nie hatten sich der Kapitän Gould und alle anderen so niedergeschlagen gefühlt, selbst damals nicht, als die Schaluppe auf unbekanntem Meere ausgesetzt worden war, auch nicht, als ihr Fahrzeug an den Klippen der Schildkrötenbucht zerschellte und als die Schiffbrüchigen, und darunter drei Frauen und ein Kind, sich bedroht sahen, auf jener öden Küste, in einem Gefängnis, aus dem sich nicht entweichen konnten, unter den schwierigsten Umständen überwintern zu müssen.

Doch bei jenen schweren Prüfungen hatten sie wenigstens noch den Trost gehabt, ohne Angst um die zu sein, die in der Neuen Schweiz waren. Jetzt aber, wo sie hierhergekommen waren, fanden sie die Insel in der Gewalt einer Bande von Eingeborenen und wußten nicht, was aus ihren Eltern, ihren Freunden geworden war, ja sie mußten eher befürchten, daß diese bei einem Gemetzel umgekommen seien.

Inzwischen verlief der Tag weiter. Von Zeit zu Zeit erklomm der eine oder der andere, meist Fritz oder der Obersteuermann, die höheren Äste des Mangobaumes, um das Land und das Meer zu überblicken. Sie wollten sich vorzüglich darüber unterrichten, ob die Wilden noch in der Umgebung von Falkenhorst umherschwärmten oder ob sie wieder den Weg nach Felsenheim eingeschlagen hätten.

Da war nichts zu sehen, außer draußen im Süden, nach der Mündung des Schakalbaches zu, die kleine Rauchsäule, die über der Felswand schwebte.

Bis Nachmittag vier Uhr hatte sich die Sachlage in keiner Hinsicht verändert, und nun wurde aus den Vorräten der Wohnstätte eine Mahlzeit bereitet.

Nach Franzens und John Blocks Rückkehr konnte es ja nötig werden, sogleich nach Zuckertop aufzubrechen, und bis dahin war es ein weiter Weg.

Da ertönte plötzlich ein dumpfes Krachen.

»Was war denn das?« fragte Jenny, die Fritz zurückhielt, da er sah, daß sie sich nach einem der Fenster begeben wollte.

»Sollte es ein Kanonenschuß gewesen sein?« antwortete Franz.

»Hurra ... ein Kanonenschuß!« rief der Obersteuermann.

»Wer könnte ihn aber abgefeuert haben?« sagte Fritz.

»Etwa ein Schiff, das in Sicht der Insel liegt?« fragte James.

»Vielleicht gar die ›Licorne‹!« rief Jenny.

»Dann müßte diese der Insel sehr nahe sein«, bemerkte John Block, »denn von sehr weit her kam jener Schuß nicht.«

»Auf die Plattform! ... Hinaus! Hinaus!« drängte Franz, der schon nach dem Balkon eilte.

»Vorsicht, damit wir nicht bemerkt werden, denn die Bande muß jetzt aufmerksam und mißtrauisch sein!« empfahl der Kapitän Gould.

Alle Blicke richtete sich dem Meere zu.

Hier war aber kein Schiff zu entdecken, das, nach der Nähe jenes Schusses zu urteilen, hätte in der Nähe der Walfischinsel liegen müssen. Auf der Wasserfläche bemerkte der Obersteuermann nur ein von zwei Wilden besetzte Kanu, das eiligst das Ufer bei Falkenhorst zu gewinnen suchte.

»Wenn das Ernst und Jack wären!« flüsterte Jenny.

»Nein, nein«, antwortete Fritz, »jene zwei Männer sind Eingeborenen und das Kanu ist eine Piroge.«

»Doch warum scheinen sie zu entfliehen?« fragte Franz. »Sollten sie von anderen verfolgt werden?«

Da stieß Fritz einen Schrei aus ... einen Schrei der Freude und der Überraschung.

Er hatte einen aufblitzenden Feuerschein zwischen einer weißen Rauchwolke beobachtet, und gleich darauf schallte eine zweite Detonation herüber, die das Echo am Ufer mehrfach wiedergab.

Gleichzeitig zischte ein Geschoß nahe über dem Wasser daher und warf zwei Faden von dem Boote, das so schnell wie möglich nach Falkenhorst zu flüchtete, eine schäumende Wassergarbe in die Höhe.

»Dort . . . dort!« rief Fritz. »Mein Vater, Herr Wolston, alle die unsrigen sind da drüben!«

»Auf der Haifischinsel?« fragte Jenny.

»Ja, auf der Haifischinsel!«

In der Tat war der erste Kanonendonner ebenso von diesem Eiland ausgegangen, wie der zweite mit dem nach der Piroge geschleuderten Geschosse. Ohne allen Zweifel hatten der ältere Zermatt, Herr Wolston und ihre Familien sich in den Schutzbereich der dortigen Batterie zurückziehen können, an die die Wilden sich nicht heranwagten. Darüber flatterte die weiß und rote Fahne der Neuen Schweiz, während die britische Flagge auf dem höchsten Gipfel der Insel wehte.

Nichts vermöchte die Freude – ja mehr als Freude – den hellen Jubel zu schildern, dem sich Fritz, Franz, Jenny, Doll, James und Suzan jetzt überließen. Da ihre Angehörigen hatten nach der Haifischinsel gelangen können, brauchten diese nun weder in Zuckertop, noch in einer anderen Meierei des Gelobten Landes gesucht zu werden. Ihre Empfindungen wurden selbstverständlich von dem Kapitän Gould und dem Obersteuermann geteilt, die ja mit den ehemaligen Passagieren der »Flag« eine so innige Freundschaft vereinte.

Jetzt war keine Rede mehr davon, nach Felsenheim zu gehen; sie wollten Falkenhorst nur verlassen, um sich – wie, das wußte noch niemand – nach der Haifischinsel zu begeben. Ach, wenn es jetzt möglich gewesen wäre, vom Gipfel des Mangobaumes Zeichen zu geben, etwa eine Flagge aufzupflanzen, um der von der Batterie zu antworten! Klug wäre das freilich ebensowenig gewesen, wie etwa mit der Pistole Schüsse abzugeben, die, so gut wie der ältere Zermatt sie vernahm, doch auch von den Wilden gehört werden mußten, wenn ein Teil von diesen noch in der Umgebung von Falkenhorst hauste.

Das wichtigste blieb es doch immer, daß die Anwesenheit des Kapitän Gould und der übrigen von den Burschen nicht entdeckt wurde, denn einem Angriffe von diesen, woran sich voraussichtlich die ganze Rotte beteiligte, die sich doch schon Felsenheims bemächtigt hatte, wären die fünf Männer auf dem Baum nicht gewachsen gewesen.

»Unsere Lage ist jetzt ziemlich gut«, bemerkte Fritz, »also unterlassen wir alles, was sie zum Schlimmen wenden könnte.«

»Gewißt«, bestätigte Harry Gould, »da wir bisher noch nicht bemerkt wurden, wollen wir nichts unternehmen, was dazu führen könnte. Ehe wir etwas tun, muß unbedingt die Nacht abgewartet werden.«

»Wie soll es aber möglich sein, nach der Haifischinsel zu kommen?« fragte Jenny.

»Oh, sehr einfach: schwimmend«, erklärte Fritz. »Ich verpflichte mich, hinüber zu schwimmen, und da mein Vater sich hat mit der Schaluppe flüchten können, bringe ich dann das Fahrzeug hierher, um euch alle abzuholen.«

»Fritz ... bester Fritz«, konnte sich Jenny zu erwidern nicht enthalten, »durch diesen Meeresarm zu schwimmen ...«

»Ist nur ein Spiel für mich, liebe Frau, nur ein Spiel!« versicherte der kühne, junge Mann.

»Ganz gut und schön«, wendete John Block ein, »doch wer weiß, vielleicht liegt gar das Kanu jener Spitzbuben jetzt am Strande.«

Der Abend kam endlich heran. Gegen sieben Uhr war es schon dunkel, da die Nacht in diesen Breiten dem Tage fast ohne Dämmerung folgt.

Gegen acht Uhr war die Zeit zur Entscheidung gekommen, und Fritz, Franz und der Obersteuermann sollten nach dem Hofe hinabsteigen, um sich zunächst zu versichern, daß keine Eingeborenen mehr in der Nähe wären. In diesem Falle sollten sie sich bis zur Küste hinunterschleichen. Der Kapitän Gould, James Wolston, Jenny, Doll und Suzan wollten unten am Baume warten, bis ein Signal sie riefe, sich auch ans Ufer zu wagen.

Die drei Genannten tasteten sich die Treppe hinunter, denn sie wollten kein Licht anzünden, das sie ja hätte verraten können.

In der unteren Wohnung befand sich niemand, auch nicht in den Schuppen des Hofes. So galt es denn auszukundschaften, ob die am Morgen hierher gekommenen Männer den Weg nach Felsenheim wieder eingeschlagen hätten oder ob sie sich noch am Ufer befänden, an dem sie mit der Piroge doch wohl gelandet waren.

Die bisher beobachtete Vorsicht durfte natürlich vor allem nicht außer acht gelassen werden. Deshalb beschlossen Fritz und John Block, zunächst allein nach dem Ufer vorzudringen, während Franz gleichsam als Beobachtungsposten am Hofeingange warten und sogleich wieder hinaufgehen sollte, wenn Falkenhorst irgendwie bedroht erschiene.

Fritz und der Obersteuermann traten also durch die Palisade hinaus und eilten über den freien Platz, auf dem die Allee von Felsenheim mündete. Darauf glitten sie etwa zweihundert Schritte weit von Baum zu Baum hin, lauschten und spähten ringsumher und gelangten glücklich an die enge Felsenspalte, in der sich die Wellen brachen.

Der Strand war verlassen, wie das Meer bis hinaus zu dem Kap, dessen Profil im Osten kaum noch zu erkennen war. Ein Lichtschein zeigte sich weder in der Richtung nach Felsenheim, noch auf der ganzen Rettungsbucht. Nur ein Gehölz war etwa dreiviertel Lieues vor ihnen undeutlich zu sehen.

Das war die Haifischinsel.

»Nun denn, vorwärts!« sagte Fritz.

»Vorwärts!« wiederholte John Block.

Beide schritten dem sandigen Ufergebiete zu, das jetzt bei sinkender Ebbe ein Stück hinaus wasserfrei dalag.

Wie freudig hätten sie da aufgejauchzt, wenn sie nicht ihrer selbst Herr geblieben wären! Hier fand sich ein Kanu, das auf die Seite gesunken war.

Jene Piroge war es, die die Batterie mit zwei Kanonenschüssen begrüßt hatte.

»Ein wahres Glück, daß die Kugeln sie gefehlt haben«, rief John Block, »sonst läge sie jetzt wohl auf dem Grunde. Wenn es der Herr Jack oder Herr Ernst gewesen ist, der sich als so schlechter Schütze erwiesen hat, werden wir dem Betreffenden unsere dankbare Anerkennung nicht vorenthalten.«

Das kleine, mittels Pagaien zu bewegende Fahrzeug von australischer Bauart konnte eigentlich nur fünf bis sechs Personen aufnehmen. Der Kapitän Gould und seine Gefährten waren aber ihrer acht – ohne das Kind – die nach der Haifischinsel übergeführt werden sollten. Das Eiland lag freilich nur dreiviertel Lieues von hier entfernt.

»Nun denn, so heißt es: sich zusammenpferchen«, sagte John Block, »zwei Fahrten dürfen nicht gemacht werden.

»Überdies«, setzte Fritz hinzu, »tritt in einer Stunde schon die Flut wieder ein, und da sie sich nach der Rettungsbucht hin bewegt, ohne sich zu weit von der Haifischinsel zu entfernen, wird es uns nicht zu viele Anstrengung kosten, diese zu erreichen.«

»Alles gestaltet sich zum besten«, antwortete der Obersteuermann, »nun wird gar bald die Lösung da sein!«

Das Fahrzeug ins Meer zu schieben, machte sich nicht nötig, bei der steigenden Flut mußte es sich ja allein aufrichten und flott werden. John Block überzeugte sich nur noch, daß es fest genug angebunden war, so daß es nicht vorzeitig hinweggeführt werden könnte.

Beide drehten nun wieder um, schritten auf die Allee zu und kamen zu Franz, der sie im Hofe erwartete.

Mit großer Freude hörte dieser, was die beiden Kundschafter zu berichten hatten. Da jetzt aber noch bis zum Eintritte der Flut gewartet werden mußte, verließ Fritz seinen Bruder und den Obersteuermann mit dem Auftrage, die Umgebung des Hofes noch weiter zu überwachen. Mit welcher Befriedigung die Nachrichten, die er den oben Harrenden brachte, aufgenommen wurden, kann man sich wohl leicht genug vorstellen.

Gegen neuneinhalb Uhr waren alle am Fuße des Baumes versammelt.

Franz und John Block hatten nichts Verdächtiges bemerken können. In den Umgebungen von Falkenhorst herrschte tiefe Stille, denn man hätte, da auch nicht der schwächste Wind wehte, schon das leiseste Geräusch wahrnehmen müssen.

Nach Überschreitung des Hofes und des freien Platzes davor, schlichen sich alle, Fritz, Franz und Harry Gould voran, unter den Bäumen der Allee hin und erreichten unbehelligt das Ufer.

Dieses war noch ebenso verlassen, wie zwei Stunden vorher.

Schon hatte die Flut das Boot, das nun an seiner Leine schaukelte, aufgerichtet. Es galt nur noch einzusteigen, es loszubinden und dann in die Strömung zu treiben.

Sofort nahmen Jenny, Doll, Suzan und das Kind im Hinterteile der Piroge Platz. Die anderen drängten sich auf den Bänken zusammen und Fritz und Franz ergriffen die Pagaien.

Es war jetzt gegen zehn Uhr, und bei der mondlosen Nacht zu erwarten, daß die Überfahrt unbemerkt verlaufen werde.

Trotz der tiefen Finsternis, konnte es natürlich nicht schwerfallen, nach der Insel zu steuern.

Sobald die Piroge in die Strömung gekommen war, wurde sie schon nach der richtigen Seite hingezogen.

Alle verhielten sich still. Kein Wort wurde, nicht einmal flüsternd, gewechselt. Alle standen unter dem Drucke einer außerordentlichen Erregung. Daß die Familien Zermatt und Wolston sich auf dem Eilande befanden, unterlag ja keinem Zweifel; doch wenn nun einer gefangen genommen worden oder bei seiner Verteidigung gar umgekommen war . . .

Auf den Flutstrom allein war nun nicht zu rechnen, um geraden Weges nach der Haifischinsel zu gelangen. Eine halbe Lieue von deren Ufer wendete dieser sich nach der Mündung des Schakalbaches zu und verlief von hier nach dem Hintergrunde der Rettungsbucht.

Fritz und Franz ruderten also mit allen Kräften auf das dunkle Gehölz zu, aus dem kein Laut, kein Lichtschimmer hervordrang.

Jedenfalls befand sich aber der ältere Zermatt oder Herr Wolston, Jack oder Ernst auf Wache bei der Batterie, und wenn die Piroge von da aus bemerkt wurde, lief sie Gefahr, eine Kugel zu bekommen, denn der oder die Wachthabenden mußten annehmen, es handle sich um einen Versuch der Wilden, die Insel unter dem Schutze der Nacht zu überfallen.

Wirklich flammte, als das Fahrzeug nur noch fünf bis sechs Kabellängen vom Ufer entfernt war, ein Licht an der Stelle auf, wo sich die Batterie unter ihrem Schutzdache befand. Wurde damit ein Zünder in Brand gesetzt und sollte die Luft wieder durch den Donner eines Geschützes erschüttert werden?

Da sprang der Bootsmann, überzeugt, sich vernehmbar machen zu können, in die Höhe und rief mit Stentorstimme:

»Schießt nicht! . . . Schießt nicht! . . .«

»Es kommen Freunde!« setzte der Kapitän Harry Gould hinzu.

»Wir sind es . . . wir . . . wir!« wiederholten Fritz und Franz.

Und als sie den Fuß auf die ersten Felsen setzten, empfingen der Vater Zermatt, Herr Wolston, Ernst und Jack die Langersehnten in ihren Armen.

Dreißigstes Kapitel

Endlich vereint! – Ein gedrängter Bericht über alle Ereignisse seit der Abfahrt der »Licorne«. – Die Familien in ihrem Kummer. – Keine Hoffnung mehr. – Das Auftauchen der Pirogen.

Nach wenigen Minuten waren – jetzt vollzählig – die beiden Familien, der Kapitän Harry Gould und John Block in dem Vorratshause in der Mitte des Eilandes versammelt . . . hundert Schritte von dem kleinen Batteriehügel, über dem die Flagge der Neuen Schweiz wehte.

Eine Schilderung der Szene des Wiedersehens zu geben, zu beschreiben, wie das Zermattsche Elternpaar Fritz, Franz und Jenny stürmisch ans Herz drückte, wie James, Doll, Suzan und Bob sich den Umarmungen des Herrn und der Frau Wolston kaum zu entwinden vermochten, und wie diese alle dem wackeren Kapitän Gould und dem Obersteuermann die Hände drückten – das mit Worten auszudrücken, was nur ein Gemisch von Jubelrufen, Tränen und Liebkosungen war, wäre doch unmöglich, und deshalb wollen wir es lieber gar nicht erst versuchen.

Als sich dann die erste Aufregung etwas beruhigt hatte, ging es kurze Zeit an ein eifriges Erzählen der Geschichte der fünfzehn Monate seit dem Tage, wo die »Licorne«, die Jenny Montrose, Fritz, Franz und Doll hinwegführte, hinter den letzten Anhöhen des Kaps der Getäuschten Hoffnung verschwunden war.

Doch bevor man auf die Ereignisse der Vergangenheit eingehender zurückkommen konnte, mußte man der Gegenwart gerecht werden.

Obwohl die beiden Familien jetzt wieder vollzählig beisammen waren, befanden sie sich doch in einer recht ernsten, recht bedrohten Lage. Die Wilden mußten sich dieses Eilandes schließlich doch bemächtigen, wenn es an Munition oder an Mundvorrat zu mangeln begann.

Auf irgendeine Hilfe von außen war ja nicht zu rechnen.

Mit kurzen Worten berichtete Fritz über die »Licorne«, und wie diese am Kap habe zurückbleiben müssen, von der Meuterei an Bord der »Flag«, der Aussetzung der Schaluppe ins offene Meer, von der Ankunft an dem öden und unfruchtbaren Teile einer unbekannten Insel, wie von den Umständen, unter denen der Kapitän Gould und seine Gefährten erkannt hatten, daß diese Insel die Neue Schweiz sei, ferner von der Wanderung der kleinen Gesellschaft bis zum Gebiete des Gelobten Landes, ihrem Aufenthalte in Falkenhorst und von dem Erscheinen der Eigeborenen.

»Und wo sind diese?« fragte Fritz schließlich.

»In Felsenheim«, antwortete sein Vater.

»In großer Zahl?«

»Nun, mindestens hundert, denn sie kamen, wahrscheinlich von der Küste Australiens her, in fünfzehn Pirogen hier an.«

»Und dem Himmel sei Dank, daß ihr vor ihnen habt fliehen können!« rief Jenny.

»Ja, mein liebes Kind«, antwortete der ältere Zermatt, »sobald wir der Pirogen ansichtig geworden waren, die nach Umschiffung des Kaps im Osten in die Rettungsbucht einliefen, haben wir uns nach der Haifischinsel in der Hoffnung zurückgezogen, hier einen Angriff besser abwehren zu können.«

»Die Wilden wissen also«, fiel Fritz ein, »daß ihr euch jetzt auf diesem Eilande befindet?«

»Das wissen sie zwar«, antwortete sein Vater, »doch, Gott sei Dank, haben sie hier bisher nicht landen können, und noch weht über uns die alte, teure Flagge!«

Hier folge nun in kurzem Auszuge, was sich seit dem Zeitpunkte, mit dem der erste Teil dieser Erzählung abschloß, in der Neuen Schweiz ereignet hatte.

Bei dem Wiedereintritte der schönen Jahreszeit und nach den Ausflügen, die zur Entdeckung des Montrose-Flusses führten, wurde ein Aufklärungszug bis zu der früher erwähnten Bergkette unternommen, wobei Herr Wolston, Ernst und Jack auf dem Gipfel des Pic Zermatt die britische Flagge hißten. Das war etwa zwölf Tage vor der Landung der Schaluppe an der Südküste der Insel geschehen, und wenn dieser Zug bis jenseits der Bergkette ausgedehnt worden wäre, hätte nicht viel daran gefehlt, dem Kapitän Gould an der Schildkrötenbucht zu begegnen. Und wenn dieser Fall eintrat, wieviel Kummer, wieviel Sorge und Qual wäre beiden Teilen erspart geblieben! Wie der Leser weiß, überschritten Herr Wolston und die beiden Brüder aber nicht die dürre, sich nach Süden zu ausdehnende Hochebene, sondern schlugen sofort wieder den Weg nach dem Grüntale ein.

Wir wissen ebenfalls, daß Jack, von seinem heißen Wunsche, einen jungen Elefanten zu fangen, verführt, mitten in ein Lager von Wilden geraten war, die ihn gefangen nahmen. Nachdem er deren Händen entronnen war, hatte er die ernste Nachricht mit heimgebracht, daß eine Rotte Eingeborener an der Ostküste der Insel gelandet war.

Welche Besorgnis das allen einflößte, welche Entschließung man angesichts der Möglichkeit eines Angriffes auf Felsenheim faßte und wie eine Tag und Nacht dauernde Bewachung der Wohnstätte eingeführt wurde, darauf brauchen wir hier nicht näher zurückzukommen.

Drei volle Monate gingen indes ohne Störung vorüber; die Wilden erschienen weder von der Seite des Kaps im Osten, noch von dem Hinterlande des Gelobten Landes her; es sah aus, als hätten sie die Insel endgültig verlassen.

Sehr beunruhigend blieb es jedoch, daß die »Licorne«, die im September oder Oktober hätte zurückkommen sollen, auf dem Gewässer der Neuen Schweiz nicht eintraf. Vergeblich begab sich Jack wiederholt nach der Anhöhe auf dem Prospect-Hill, um nach der Korvette auszulugen ... immer kam er nach Felsenheim zurück, ohne etwas von dieser entdeckt zu haben.

Hier sei auch – um nicht wieder darauf zurückzukommen – erwähnt, daß das Schiff, das Herr Wolston, Jack und Ernst gesehen hatten, als sie auf dem Pic Jean Zermatt standen, die »Flag« gewesen war, was man aus der Übereinstimmung der Daten feststellen konnte. Ja, es war jener, in die Gewalt Robert Borupts gefallene Dreimaster, der nach einer anfänglichen Annäherung an die Insel durch die Gegend der Sundainseln nach dem Großen Ozean zu gesteuert war und von dem man später nie wieder etwas gehört hat.

Die letzten Wochen des Jahres verliefen endlich allen in einer Traurigkeit, die bald zur Verzweiflung ausartete. Nach fünfzehn Monaten hegten die Herren Zermatt und Wolston, ebenso wie Ernst und Jack, keine Hoffnung mehr, die »Licorne« je wiederzusehen. Frau Zermatt, Frau Wolston und Anna hörten gar nicht mehr auf, die Abwesenden – die Verschollenen – zu beweinen. Keine von ihnen hatte noch Mut zu irgendetwas.

»Was nützt es – so war ihr Gedankengang – für das weitere Gedeihen unserer Insel zu arbeiten? Warum sollen wir noch weitere Farmen anlegen, noch andere Felder besäen, warum ein Gebiet noch weiter verbessern, das für uns schon zu groß, für unsere Bedürfnisse zu ergiebig ist? Unsere Kinder, unsere Brüder und Schwestern werden ja doch nicht wieder zurückkehren nach diesem zweiten Vaterlande, wo ihnen die Zukunft so verlockend winkte, wo sie so glücklich waren und wir es so lange Zeit noch hätten sein können!«

Nach einem so überaus langen Ausbleiben setzten sie keinen Zweifel mehr darein, daß die »Licorne« Schiffbruch gelitten habe, daß sie mit allem, was sie trug, untergegangen sei, und daß man von ihr weder in England noch im Gelobten Lande je wieder etwas hören werde.

Hatte die Korvette nämlich ihre Fahrt nach Europa ohne Unfall vollendet, so mußte sie nach einem Aufenthalte von wenigen Tagen am Kap der Guten Hoffnung binnen drei Monaten in Portsmouth, ihrem Heimathafen, eingetroffen sein. Von dort wäre sie einige Monate später mit der Bestimmung nach der Neuen Schweiz wieder abgesegelt und bald wären ihr dann mehrere Auswandererschiffe nach der neuen englischen Kolonie gefolgt. Da nun aber kein Schiff diesen Teil des Indischen Ozeans besucht hatte, mußte die »Licorne« jedenfalls in den gefährlichen Meeren zwischen Australien und Afrika verunglückt sein, ohne nur ihre erste Landungsstelle in Capetown erreicht zu haben. Dann wußte aber auch noch niemand von dem Vorhandensein der Insel und diese blieb auch in Zukunft unbekannt, wenn nicht der Zufall ein Fahrzeug in diese fernen Gewässer verschlug, durch die jenerzeit noch keine Schiffahrtsstraße führte.

Diese Verkettung der Tatsachen war nur zu richtig, und nur zu logisch die Folgerungen, die sich daraus ergaben, deren letzte darauf hinauskam, daß die Neue Schweiz bis jetzt noch nicht dem Kolonialreiche Großbritanniens einverleibt sei.

In der ersten Hälfte der besseren Jahreszeit hatten der ältere Zermatt und Herr Wolston nicht daran gedacht, Felsenheim zu verlassen. Sonst verlebten sie gewöhnlich die schönste Zeit des Sommers in Falkenhorst und widmeten je eine Woche den Meiereien von Waldegg, Zukkertop, des Prospect-Hill und der Einsiedelei Eberfurt. Diesmal beschränkten sie sich auf ganz kurze Besuche, soweit die Sorge für die Tiere daselbst solche notwendig machte. Die übrigen Teile der Insel, außerhalb des Gebietes des Gelobten Landes, ließen sie jetzt ganz unbeachtet. Weder die Pinasse, noch die Schaluppe glitten um das Kap im Osten oder um das der Getäuschten Hoffnung, um weitere Untersuchungen vorzunehmen, weder die Nautilusbai, noch die Perlenbucht wurden bis zu ihrem Ende besichtigt. Kaum unternahm Jack mit dem Kajak einige Fahrten über die Rettungsbucht, er begnügte sich vielmehr mit der Jagd in der Nähe von Felsenheim und ließ Brausewind, Sturm und Brummer gemächlich ausruhen. Manche von Wolston geplante Arbeiten, zu denen sein Instinkt als Ingenieur ihn antrieb, wurden jetzt nicht unternommen. Wozu auch ... ja, wozu denn? Mit diesen drei Worten kam die traurige Entmutigung der beiden, hart geprüften Familien zum Ausdruck.

Auch am 25. Dezember, als sie sich zum Weihnachtsabend versammelten, zu dem Feste, das in den früheren Jahren stets mit heller Freude gefeiert worden war, entströmten nur Tränen ihren Augen und beteten sie für die, die jetzt nicht hier waren.

So begann das Jahr 1817. Noch niemals hatte in dem herrlichen Sommer desselben die Natur ein so reiches Füllhorn ihrer Gaben über sie ausgeschüttet. Ihre Freigebigkeit ging aber über die Bedürfnisse dieses häuslichen Herdes hinaus, um den sich jetzt nur sieben Personen scharten. Die große Wohnung erschien fast leer und tot gegenüber der schönen Zeit, wo hier ein so reges Leben geherrscht hatte.

Wie mußten jetzt das Zermattsche und das Wolstonsche Ehepaar es bereuen, daß sie der Abreise ihrer Kinder zugestimmt, ja diese dazu fast noch ermutigt hatten, wo sich doch schon alle eines so andauernden, ungetrübten Glückes erfreuten. War es denn klug und weise von ihnen, das noch vermehren zu wollen? Zeigten sie sich nicht vielmehr undankbar gegen den Himmel, der die Überlebenden vom »Landlord« schon viele Jahre so sichtlich gesegnet hatte?

Und doch, was Herr und Frau Zermann für ihre zwei Söhne getan hatten, das mußte ja geschehen, und Jenny hatte ja die Verpflichtung, ihren Vater aufzusuchen; Fritz aber mußte wiederum die begleiten, die seine Gattin werden und deren Hand er von Oberst Montrose erbitten sollte. Franz endlich lag es ob, Doll nach dem Kap der Guten Hoffnung zu begleiten, sie James Wolston zu übergeben und bei der Rückkehr der »Licorne«

beide, nebst Suzan und deren Kinde, ihren Eltern zuzuführen. Der ältere Zermatt hielt sich übrigens auch für verpflichtet, so viele Kolonisten hierherzuziehen, wie die Ertragsfähigkeit der Neuen Schweiz aufzunehmen gestattete.

Ja . . . alle hatten klug und weise gehandelt. Wer hätte denn voraussehen können, daß die Korvette von dieser Fahrt nicht zurückkehren sollte, und daß man darauf verzichten müßte, sie jemals wieder erscheinen zu sehen?

Und dennoch konnte man wohl fragen, ob denn wirklich alles unrettbar verloren sei. Die Verzögerung der »Licorne« konnte ja auch durch andere Ursachen als durch einen totalen Schiffbruch veranlaßt sein; vielleicht hatte sie schon länger in Europa liegen bleiben müssen und konnte man ihrem Erscheinen jenseits des Kaps im Osten oder des Kaps der Getäuschten Hoffnung doch noch entgegensehen; vielleicht tauchten ihre hohen Segel recht bald am Horizonte auf und flatterte ihr langer Wimpel grüßend am Top des Großmastes.

In der zweiten Januarwoche dieses traurigen Jahres war es gewesen, als der ältere Zermatt eine Flottille von Pirogen in dem Augenblick entdeckte, als sie die Spitze des Kaps im Osten umschiffte, und der Rettungsbucht zusteuerte. Über die Tatsache selbst brauchte man nicht zu staunen, denn nachdem Jack vorher in die Hände von Wilden gefallen war, mußten diese wissen, daß die Insel selbst bewohnt war.

Wie dem aber auch sein mochte, jedenfalls mußten die von der Flut getragenen Pirogen vor Ablauf von zwei Stunden die Mündung des Schakalbaches erreicht haben. Wahrscheinlich brachten die Boote gegen hundert Mann, denn jedenfalls hatte sich die ganze, an der Insel gelandete Bande an dieser Fahrt beteiligt, und wie hätte man einer so großen Zahl einen ernsthaften Widerstand leisten können? Was war nun zu tun? Sollten die Insassen Felsenheims nach Falkenhorst, dem Prospect-Hill, nach Zuckertop oder gar nach der Einsiedelei Eberfurt fliehen? Würden die beiden Familien dann mehr in Sicherheit sein? Hatten die Eindringlinge überhaupt erst auf die reichen Gefilde des Gelobten Landes den Fuß gesetzt, so durchstreiften sie diese gewiß auch bald in ihrem ganzen Umfange. Sollten die Bewohner von Felsenheim also vielleicht eine mehr verborgene Zufluchtstätte in den unbekannten Teilen der Insel suchen, und gab ihnen das die Gewißheit, dort nicht entdeckt zu werden?

Nach reiflicher Überlegung trat da Herr Wolston mit dem Vorschlage hervor, Felsenheim zu verlassen und nach der Haifischinsel überzusetzen. Schifften sich alle hinter der Landspitze der Rettungsbucht schleunigst auf der Schaluppe ein und steuerte diese nahe dem Ufer nach Falkenhorst zu dahin, so konnten die Flüchtlinge das Eiland vielleicht noch vor dem Eintreffen der Pirogen erreichen. Dort lag, unter dem Schutze der beiden Karonnaden der Batterie, wenigstens die Möglichkeit vor, sich wirksamer zu verteidigen, wenn die Eingeborenen eine Landung an der kleinen Insel versuchen sollten.

Mangelte auch die Zeit, allerlei Geräte und den nötigen Proviant für einen längeren Aufenthalt hinüberzuschaffen, so konnte doch das auch Lagerstätten enthaltende Vorratshaus des Eilandes die beiden Familien aufnehmen. Übrigens wollte der ältere Zermatt wenigstens auf der Schaluppe verladen, was die ersten Bedürfnisse zu decken versprach. Außerdem diente bekanntlich die mit Mango-, Kokos- und anderen Bäumen bestandene Insel als Park für eine Antilopenherde, und eine klare Quelle lieferte, selbst in der heißesten Jahreszeit, gutes Wasser in Überfluß.

Wegen der nötigen Nahrung für einige Monate brauchte man sich also keine Sorge zu machen. Ob die beiden Vierpfünder freilich genügen würden, die Flottille abzuwehren, wenn sie in voller Stärke gegen die Haifischinsel heranrückte, das konnte vorläufig niemand sagen. Jedenfalls war aber den Eingeborenen die Macht der Feuerwaffen unbekannt und schon der Geschützdonner mußte den Schrecken in ihre Reihe tragen, ohne von den Geschossen und den Kugeln zu reden, womit die beiden Geschütze und die Karabiner sie gewiß nicht verschonen sollten. Gelang es etwa fünfzig der Wilden aber dennoch Fuß zu fassen, was ... ja, was dann? ...

Herrn Wolstons Vorschlag wurde angenommen, und jetzt war kein Augenblick mehr zu verlieren. Jack und Ernst lotsten die Schaluppe nach der Mündung des Schakalbaches. Mit größter Eile wurden Konserven von Cassave, nebst Reis und Mehl, auch Waffen und Schießbedarf darin verladen. Die beiden Zermatts, das Wolstonsche Ehepaar, sowie Ernst und Anna stiegen ein, während Jack in seinem Kajak Platz nahm, der im Notfalle eine Verbindung zwischen der Küste und dem Eiland unterhalten konnte. Die Tiere in Felsenheim – mit Ausnahme der beiden Hunde, die ihre Herren begleiten sollten – mußten sich selbst überlassen bleiben. Der Schakal, der Strauß und der Adler würden sich ihr Futter schon zu beschaffen wissen.

Die Schaluppe stieß von der Mündung des Baches ab, als die Pirogen bereits gegenüber der Walfischinsel sichtbar wurden, sie lief aber nicht Gefahr, in dem Teile des Meeres zwischen Felsenheim und der Haifischinsel entdeckt zu werden.

Herr Wolston und Ernst hatten sich an die Ruder gesetzt und der ältere Zermatt steuerte in der Weise, daß er wiederholt Wasserwirbel benützte, die das Fahrzeug ohne zu große Mühe gegen die steigende Flut aufkommen ließen. Eine Seemeile weit erforderte es dennoch eine tüchtige Anstrengung, nicht nach der Rettungsbucht hin zurückgetragen zu werden, und dreiviertel Stunden nach der Abfahrt lag das zwischen den Felsen hingesteuerte Boot glücklich am Fuße des Batteriehügels. Sofort wurden nun die von Felsenheim mitgenommenen Kisten, Waffen und sonstigen Gegenstände ausgeladen und in dem Vorratshause untergebracht. Herr Wolston und Jack stiegen jedoch gleich nach dem Batterieschuppen hinauf und stellten sich dort so auf, daß sie die Umgebung des Eilandes übersehen konnten.

Natürlich wurde die noch am Signalmast wehende Flagge sogleich eingezogen. Immerhin war zu befürchten, daß die Wilden, deren Pirogen sich nur noch in der Entfernung von einer Seemeile befanden, sie bereits bemerkt hätten. Jetzt galt es also, sich in Voraussicht eines unmittelbar drohenden Angriffes für die Verteidigung bereitzuhalten.

Dieser Angriff erfolgte indes nicht. Auf der Höhe des Eilandes angelangt, wendeten die Pirogen sich nach Süden und die Strömung trug sie nach der Mündung des Schakalbaches. Nach der Landung brachten die Eingeborenen sie in der kleinen Einbuchtung in Sicherheit, wo die Pinasse verankert lag.

Das war also die Lage der Dinge. Seit vierzehn Tagen bereits hatten die Wilden Felsenheim besetzt, ohne die Wohnstätte – dem Anscheine nach – verwüstet zu haben. Dagegen war es Falkenhorst schlimmer ergangen, denn von dem Hügel aus hatte der ältere Zermatt beobachten können, wie die Tiere herausgetrieben wurden, nachdem dort die Zimmer und die Baulichkeiten im Hofe offenbar geplündert und zerstört worden waren.

Daß die wilden Eindringlinge entdeckt hätten, daß die Haifischinsel den Bewohnern der großen Insel jetzt als Zufluchtsstätte diente, das war bald nicht mehr zu bezweifeln. Wiederholt glitten ein halbes Dutzend Pirogen über die Rettungsbucht und steuerten auf das Eiland zu. Mehrere von Ernst und Jack abgefeuerte Geschosse bohrten eine oder zwei davon in Grund und trieben die anderen in die Flucht. Von diesem Zeitpunkte an wurde es aber nötig, Tag und Nacht aufmerksam zu wachen. Am meisten zu fürchten und am schwierigsten abzuweisen war ja offenbar ein Angriff, der im Dunkel der Nacht erfolgte.

Aus diesem Grunde hatte der ältere Zermatt, nachdem der Zufluchtsort hier einmal bekannt geworden war, auch die Flagge auf dem Batteriehügel wieder aufgezogen für den – freilich höchst unwahrscheinlichen – Fall, daß ein Schiff in Sicht der Neuen Schweiz vorübersegelt.

Einunddreißigstes Kapitel

Der neue Morgen. – Einrichtung in dem in der Mitte gelegenen Vorratshause. – Die vier nächsten Tage. – Das Erscheinen der Pirogen. – Getäuschte Hoffnung. – Nächtlicher Überfall. – Die letzten Patronen. – Ein Kanonenschuß vom Meere her.

Die letzten Stunden der Nacht vom 24. zum 25. Januar verliefen unter lebhaften Gesprächen. Wieviel hatten alle auch einander mitzuteilen, wie viele Erinnerungen wachzurufen, wie viele Sorgen um die Zukunft auszumalen! Niemand dachte daran, zu schlafen, und keiner schlief auch, mit Ausnahme des kleinen Bob. Selbstverständlich versäumten es der ältere Zermatt und seine Gefährten auch nicht, bis zum Morgenrote wie bisher scharf zu wachen, und hielten sich unter gegenseitiger Ablösung neben den beiden Karonnaden auf, wovon die eine mit einer Kugel, die andere mit Kartätschen geladen war.

Wie erwähnt, wäre das gefährlichste ein Überfall während der Nacht gewesen, wenn es den Wilden gelang, ans Land zu kommen, ehe sie bemerkt wurden.

Die Haifischinsel, die etwas größer war als die eine Lieue weit im Norden am Eingange zur Flamingobai gelegene Walfischinsel, bildete ein Oval von zweitausendsechshundert Fuß Länge bei siebenhundert Fuß Breite, sie hatte also einen Umfang von etwa dreiviertel Lieues. Am hellen Tage war ihre Überwachung ziemlich leicht, da diese aber zwischen Untergang und Aufgang der Sonne ebenso zuverlässig sein mußte, entschied man sich nach einem Vorschlage des Kapitäns Gould dafür, längs des Ufers Patrouillengänge vorzunehmen.

Als der Tag graute, war die Ruhe durch nichts gestört worden. Wußten die Wilden auch, daß das Eiland eine kleine Besatzung hatte, so konnten sie doch gar nicht ahnen, daß diese ihnen mit Hilfe der in der Nacht eingetroffenen Verstärkung einen ernsten Widerstand entgegensetzen könnte. Jedenfalls aber mußten sie bald bemerkt haben, daß eine von ihren Pirogen fehlte . . . die eine, die den Kapitän Gould und seine Gefährten vom Ufer bei Falkenhorst nach der Haifischinsel hinübergetragen hatte.

»Vielleicht«, meinte Fritz, »glauben sie, daß das Kanu von der Ebbe mit hinausgeführt worden sei.«

»Auf jeden Fall, liebe Freunde«, antwortete der ältere Zermatt, »wollen wir sorgsam auf unserer Hut bleiben. Solange das Eiland nicht überrascht wird, haben wir nicht viel zu fürchten. Obwohl jetzt unserer fünfzehn, ist unsere Ernährung, von der Antilopenherde ganz zu schweigen, durch den Inhalt des Vorratshauses allein für lange Zeit gesichert. Der Süßwasserquell ist unerschöpflich, und mit Munition sind wir, wenn nicht oft wiederholte Angriffe erfolgen, reichlich genug versehen . . .«

»Was zum Teufel«, rief John Block, »jene Affen ohne Schwanz werden sich doch nicht ewig auf der Insel umhertreiben!«

»Wer kann das wissen?« erwiderte der ältere Zermatt. »Haben sie sich in Felsenheim häuslich eingerichtet, so werden sie schwerlich wieder daraus abziehen. Ach, daß unsere schöne Wohnstätte, die schon vorbereitet war, euch, meine Kinder, alle aufzunehmen, jetzt in der Gewalt jener Burschen sein muß!«

»Liebe Mutter«, bemerkte Jenny, »ich glaube nicht, daß sie in Felsenheim etwas zerstört haben, denn sie haben ja kein Interesse daran, das zu tun. Wir werden unsere Wohnung schon noch in gutem Zustande wiederfinden und dort das gemeinschaftliche Leben mit Gottes Hilfe wieder aufnehmen . . .«

»Ja, mit der Hilfe Gottes«, setzte Franz hinzu, »der uns nicht verlassen wird, nachdem er uns wie durch ein Wunder erst wieder zusammengeführt hat . . .«

»Oh, wenn ich imstande wäre, ein Wunder zu tun!« rief Jack.

»Nun, welches würde das denn sein, Herr Jack?« sagte der Obersteuermann.

»Zunächst«, antwortete der junge Mann, »würde ich die Spitzbuben veranlassen, Fersengeld zu geben, ehe sie einen Versuch, an der Insel zu landen, unternähmen, denn so viele ihrer auch sind . . .«

»Und dann?« fragte Harry Gould weiter.

»Dann, Herr Kapitän, würde ich, wenn sie doch darauf beharren sollten, unsere Insel besetzt zu halten, im richtigen Augenblick die »Licorne« oder die anderen Schiffe eintreffen lassen, die doch bald ihre Flaggen vor der Rettungsbucht zeigen müssen.«

»Das, lieber Jack«, fiel Jenny ein, »wäre aber kein Wunder mehr, da es sich doch auf ganz natürlichem Wege erfüllen wird. Binnen wenigen Tagen werden wir sowieso die Kanonen ihren Gruß der neuen englischen Kolonie entbieten hören.«

»Es ist sogar merkwürdig genug, daß uns noch kein Fahrzeug zu Gesicht gekommen ist«, sagte Herr Wolston.

»Geduld, nur Geduld«, antwortete John Block, »lassen wir den Dingen ihren Lauf. Es trifft ja alles eines Tages ein . . .«

»Gott gebe es!« sagte seufzend Frau Zermatt, deren Vertrauen durch diese harten Prüfungen stark erschüttert war.

Nachdem die beiden Familien also ihre Existenz in der Neuen Schweiz gesichert, nachdem sie deren natürliche Hilfsquellen in so hohem Grade erschlossen und durch ihre Arbeit und Intelligenz noch weiter vermehrt hatten, sahen sie sich jetzt gezwungen, auf einem zu jener gehörigen Eilande sozusagen von vorn anzufangen. Denn wer konnte sagen, wie lange sie hier wohl gefangen blieben oder ob sie nicht gar noch in die Hände der Feinde fielen, wenn ihnen nicht von außen Hilfe kam?

Sie begannen also, sich für mehrere Wochen, vielleicht für mehrere Monate, so gut es anging, einzurichten, und da das Vorratshaus geräumig genug war, fünfzehn Personen Unterkommen zu gewähren, sollten Frau Zermatt, Frau Wolston, Jenny, Suzan und ihr Kind, Anna und Doll die Schlafstätten in dessen zweiter Abteilung zugewiesen bekommen, während die Männer sich in der ersten einrichteten.

Jetzt in der schönen Jahreszeit waren die Nächte nach den sehr warmen Tagen ausnehmend mild. Einige Armvoll an der Sonne getrocknetes Gras, mehr bedurfte es als Lager nicht für den Kapitän Gould und den Obersteuermann, für die Herren Zermatt und Wolston, für Fritz, seine Brüder und für James, die einander vom Abend bis zum Morgen in der Überwachung der Umgebung des Eilandes ablösen sollten.

Wegen der nötigen Nahrung brauchte sich, wie der ältere Zermatt versichert hatte, niemand Sorge zu machen. Die Vorräte an Reis, Maniok, Mehl, geräuchertem Fleisch, getrockneten Fischen, Lachsen und Heringen, ohne von den frischen Fischen zu reden, die am Fuße der Uferfelsen gefangen werden konnten . . . diese Vorräte genügten bestimmt, die täglichen Bedürfnisse sechs Monate lang zu decken. Die Mango- und die Kokosbäume des Eilandes lieferten überdies Früchte in Überfluß. Zwei Tönnchen mit Brandy gestatteten, dem frischen und klaren Quellwasser einige Tropfen davon zuzusetzen.

Woran am ersten Mangel eintreten konnte – und das war gerade von besonderer Wichtigkeit – das war an dem Vorrat von Schießbedarf, obwohl man auf der Schaluppe nicht zu wenig davon mitgebracht hatte. Gingen infolge wiederholter Angriffe das Pulver, die Geschosse und die Gewehrkugeln zu Ende, so war an eine wirksame Verteidigung nicht mehr zu denken.

Während der notdürftigen Einrichtung des Vorratshauses, mit der sich der ältere Zermatt, Ernst und Herr Wolston beschäftigten, durchstreiften Harry Gould, John Block, Fritz, Franz und Jack das Gebiet der Haifischinsel. Fast an allen Seiten gestattete diese, infolge der Strandbildung, die sich von einem Felsenvorsprunge zum anderen hinzog, eine ziemlich leichte Landung. Der am besten verteidigte Teil war der, über dem der Batteriehügel aufstieg, der das südwestliche Ende des Landes bildete und der Rettungsbucht gegenüberlag. An dessen Fuße waren mächtige Steinblöcke übereinandergetürmt, auf die vom Meere aus kaum jemand gelangen konnte. Überall sonst freilich fanden leichte Fahrzeuge, wie die Pirogen, genügende Wassertiefe bis dicht ans Ufer. Das zwang also unbedingt zu einer scharfen Überwachung der Nachbarschaft der Küste.

Bei ihrem Wege durch das Eiland konnten Fritz und Franz sich von dem vortrefflichen Gedeihen der Anpflanzungen überzeugen. Die Mango- und Kokosbäume, ebenso wie die Pinien, zeigten das beste Aussehen. Ein dichtes Gras bedeckte die Weidestrecken, wo sich die Antilopenherde in munteren Sprüngen tummelte. Zahlreiche, von Baum zu Baum flatternde Vögel ließen ihre Stimmen erschallen. Ein wolkenloser Himmel strahlte Licht und Wäre über Land und Meer. Wie wohltätig hätte man da die Schattenkühle von Falkenhorst oder Felsenheim empfunden!

Am Tage, nachdem die Familien auf dem Eiland Zuflucht gesucht hatten, stellte sich bei ihnen ein Vogel ein, der mit großer Freude begrüßt wurde: Der Albatros vom rauchenden Felsen, den Jenny an der Schildkrötenbucht wieder angetroffen hatte und der vom Gipfel des Pic Zermatt nach dem Gelobten Lande zu davongeflogen war. Als er sich zeigte, hatte das an einem seiner Füße noch hängende Fadenendchen die Aufmerksamkeit Jacks erregt, dem es leicht gelang, das Tier einzufangen – leider brachte es diesmal keinerlei Benachrichtigung mit.

Fritz, Franz, der Kapitän Gould, Herr Wolston und der Obersteuermann begaben sich nach der Batterie. Von deren Hügel aus reichte der durch kein Hindernis gehemmte Blick im Norden bis zum Kap der Getäuschten Hoffnung, im Osten bis zum Kap im Osten und im Westen hin erhob sich, in der Entfernung von dreiviertel Lieues, die sich langhin streckende Baumreihe, die das Ufer zwischen der Mündung des Schakalbaches und dem Falkenhorster Walde begleitete. Über dieser hinaus wäre es schwer zu erkennen gewesen, ob die Eingeborenen noch immer im Gebiete des Gelobten Landes umherschweiften oder nicht.

Eben jetzt zeigten sich einige, von Pagaien bewegte Pirogen am Eingange der Rettungsbucht, hielten sich dann aber vorsichtig genug in genügender Entfernung, um nicht in den Schußbereich der Batterie zu geraten. Die Eingeborenen wußten offenbar recht gut, welcher Gefahr sie sich bei einer Annäherung an die Haifischinsel aussetzten, und wenn sie an dieser wirklich noch eine Landung versuchten, so wagten sie es sicherlich nur unter dem Schutze der Nacht.

Blickte man im Norden nach der offenen See hinaus, so sah man nichts, als die ungeheuere Wasserwüste, und von dieser Seite her hätte doch die »Licorne« oder jedes andere, von England ausgegangene Schiff auftauchen müssen.

Nachdem sich Fritz, Franz, Harry Gould und John Block bei der Batterie überzeugt hatten, daß die beiden Karonnaden schußfertig waren, wollten sie eben wieder den Hügel verlassen, als der Kapitän Gould fragte:

»Hatten Sie denn nicht einigen Vorrat von Pulver drüben in Felsenheim?«

»Ja gewiß«, antwortete Jack. »Ach, wenn dieser doch lieber hier als noch da draußen wäre! In Felsenheim liegen noch die drei Fäßchen, die uns die »Licorne« überlassen hatte.«

»Und wo lagern sie?«

»In einer Felsenhöhlung, die uns als Pulverkammer diente, ganz am Ende des Küchengartens.«

»Und wahrscheinlich«, bemerkte der Obersteuermann, der die Gedanken seines Kapitäns erriet, »werden die Schurken diese Pulverkammer entdeckt haben.«

»Das ist leider zu befürchten«, antwortete Herr Wolston.

»Vor allem«, erklärte der Kapitän Gould, »ist zu befürchten, daß sie in ihrer Unkenntnis eine Dummheit begehen und die ganze Wohnstätte in die Luft sprengen . . .«

»Und sich selbst mit!« rief Jack. »Nun, müßte Felsenheim durch eine Explosion zugrunde gehen, so wäre das doch eine Lösung, und was von den Spitzbuben dann noch auf unserer Insel am Leben wäre, das würde jedenfalls entfliehen, ohne Lust zur Wiederkehr zu verspüren!«

Das ließ sich ja annehmen; doch war es wirklich wünschenswert, daß dieser Fall eintrat, selbst wenn die Neue Schweiz dadurch von den Eindringlingen befreit würde?

Während der Obersteuermann bei der Batterie zurückblieb, kehrten die übrigen nach dem Vorratshause zurück. Die erste Mahlzeit wurde gemeinschaftlich verzehrt, und welche Freude hätte dabei geherrscht, wenn die daran Teilnehmenden jetzt im Speisezimmer von Felsenheim gesessen hätten.

Wir brauchen hier nicht die Einförmigkeit der nächstfolgenden Tage, des 25., 26., 27. und 28. Januar, zu schildern. Sie brachten keinerlei Veränderung der Sachlage.

Abgesehen von dem ununterbrochenen Wachdienst, wußte man kaum die langen Stunden hinzubringen. Ach, welcher Unterschied und wie glücklich und zufrieden hätte diese ganze kleine Welt gelebt, wenn die »Licorne« nicht gezwungen gewesen wäre, wegen unaufschiebbarer Ausbesserungen in Capetown zurückzubleiben, was die Einschiffung ihrer Passagiere auf der »Flag« zur Folge gehabt hatte. Schon seit zwei Monaten wären dann alle in Felsenheim vereinigt gewesen. Und nachdem jetzt Fritzens und Jennys Vermählung schon zur Tatsache geworden war, wer weiß, ob nicht bereits eine zweite nahe daran gewesen wäre, gefeiert zu werden: Die Ernsts und Annas, die der Geistliche der Korvette in der Kapelle von Felsenheim vollzogen hätte. Und wahrscheinlich wäre sogar von einer dritten Zeremonie derselben Art die Rede gewesen ... die freilich erst später stattfinden sollte, wenn Doll ihr achtzehntes Jahr vollendet hätte ... eine Zeremonie, bei der Franz – zur großen Befriedigung der beiden Familien, die damit gänzlich zu einer verschmolzen – die Hauptrolle gespielt hätte.

An die Verwirklichung dieser so heiß ersehnten Bündnisse war unter den obwaltenden Umständen freilich nicht zu denken. Jetzt drohte ja noch ernstlich genug die schlimmste Gefahr von der Anwesenheit der Wilden auf der Insel, und waren alle auf das unzulängliche Eiland beschränkt, dessen sich vielleicht jene doch noch bemächtigten.

Immerhin kämpften alle mannhaft gegen jede Entmutigung. John Block hatte nichts von seiner angeborenen guten Laune verloren. Zuweilen unternahm die kleine Gesellschaft Spaziergänge durch die Anpflanzungen und immer überwachte man die weite Rettungsbucht, obwohl kaum ein Angriff mittels der Pirogen zu erwarten war, solange die Sonne ihren Tagesbogen beschrieb. Während der Nacht freilich herrschte mehr Beunruhigung wegen eines Überfalles, der die große Mehrheit der

Angreifer für sich gehabt hätte.

Sobald die Frauen sich also nach der zweiten Abteilung des Vorratshauses zurückgezogen hatten, traten die Männer ihre Rundgänge längs des Ufers an, wobei verabredet war, am Fuße des Batteriehügels zusammenzutreffen, sobald sich die Feinde dem Eilande näherten.

Am 29. Januar war im Laufe des Vormittags auch noch nichts Auffälliges zu bemerken. Die Sonne schwebte am völlig dunstfreien Himmel. Der Tag versprach sehr warm zu werden, und selbst am Abend würde die Seebrise die Luft wohl kaum merkbar abkühlen.

Nach dem Mittagsessen verließen Harry Gould und Jack das Vorratshaus, um Ernst und Herrn Wolston, die bei der Batterie Wache standen, abzulösen.

Diese beiden wollten eben hinunter gehen, als der Kapitän Gould sie aufhielt.

»Dort . . . dort draußen«, sagte er, ». . . mehrere Pirogen, die von der Mündung des Schakalbaches abstoßen . . .«

»Sie fahren wohl, wie alle Tage, zum Fischfange aus«, antwortete Ernst, »und werden sich hüten, in den Schußbereich unserer Karonnaden zu kommen.«

»Oho«, rief Jack, der jene Seite der Bucht mit dem Fernrohre musterte, »diesmal sind es aber mehr Pirogen als gewöhnlich . . . Richtig . . . fünf . . . sechs . . . neun . . . da kommen noch zwei aus der Einbuchtung hervor . . . elf . . . zwölf . . . Sollte denn die ganze Flottille nur zum Fischen auslaufen?«

»Oder rüsten sich die Burschen, uns anzugreifen?« sagte Herr Wolston.

»Vielleicht . . . ja . . .« antwortete Ernst.

»Seien wir auf der Hut«, empfahl Harry Gould, »und wir wollen auch die anderen gleich benachrichtigen.«

»Wir wollen doch zunächst erst beobachten, wohin sich die Pirogen wenden«, bemerkte Herr Wolston.

»Auf jeden Fall sind wir bereit, mit unserer gesamten

Artillerie Feuer zu geben«, setzte Jack hinzu.

In den wenigen Stunden, die Jack nahe der Elefantenbai in den Händen der Eingeborenen gewesen war, hatte er gesehen, daß die Zahl der Pirogen sich auf etwa fünfzehn belief und daß jede sieben bis acht Mann aufnehmen konnte. Jetzt gewahrte man, daß ein Dutzend dieser Fahrzeuge um die Spitze der kleinen Einbuchtung herumsteuerte. Mit Hilfe des Fernrohres war auch zu erkennen, daß die Fahrzeuge wohl die ganze Bande an Bord genommen hatten, daß also augenblicklich kein einziger Eingeborener mehr in Felsenheim sein werde.

»Sollten sie sich endlich davontrollen?« rief Jack.

»Wahrscheinlich nicht«, antwortete Ernst, »sie scheinen mir eher einen Besuch der Haifischinsel vorzuhaben . . .«

»Um welche Zeit beginnt die Ebbe?« fragte der Kapitän Gould.

»Gegen halb zwei«, antwortete Herr Wolston.

»Dann muß sie also bald eintreten, und da sie die Fahrt der Pirogen begünstigt, wird es ja bald klar sein, woran wir sind.«

Ernst war inzwischen fortgegangen, um seinem Vater, seinen Brüdern und dem Obersteuermann mitzuteilen, was jetzt vorging, und alle beeilten sich, nach dem Schuppen der Batterie zu kommen.

Es war jetzt etwas über ein Uhr, und beim Eintreten der Ebbe fuhren die Pirogen erst nur langsam längs der östlichen Küste hin. Damit blieben sie möglichst weit von dem Eilande entfernt und hielten sich außerhalb der Tragweite der Geschosse, deren verderbliche Wirkung sie schon genügend kennengelernt hatten.

»Wenn es nun doch auf eine endgültige Abfahrt hinauskäme?« sagte Franz.

»Dann: glückliche Reise!« rief Jack.

»Und auf das Vergnügen, die Kerle niemals wiederzusehen!« setzte John Block hinzu.

Immerhin wagte sich noch niemand hierüber mit Bestimmtheit auszusprechen oder eine so glückliche Entwicklung der Dinge anzunehmen. Die Pirogen warteten ja vielleicht nur auf die stärkere Ebbeströmung, um dann auf das Eiland zuzusteuern.

Fritz und Jenny standen, ohne ein Wort zu sprechen, beieinander, sie glaubten noch nicht, daß die Sachlage eine so nahe Lösung erfahren werde.

Frau Zermatt und Frau Wolston, Suzan, Anna und Doll flüsterten ein stilles Gebet.

Bald zeigte es sich, daß der Ebbestrom seine Wirkung auf die Pirogen äußerte.

Ihre Geschwindigkeit nahm zu, doch hielten sie sich noch immer nahe der Küste, als ob sie das Kap im Osten umschiffen wollten.

Halb vier Uhr befand sich die Flottille in der Mitte zwischen der Rettungsbucht und dem Kap im Osten. Um sechs Uhr war kein Zweifel mehr möglich. Nach Umschiffung des Kaps verschwand bald die letzte Piroge hinter dieser Landspitze.

Weder der ältere Zermatt, noch einer der übrigen hatte den Hügel auch nur einen Augenblick verlassen.

Oh, welche Erleichterung, als keine Piroge mehr zu sehen war! Die Insel war endlich von den gefährlichen Feinden befreit. Die Familien konnten bald nach Felsenheim zurückkehren, wo vielleicht nur unbedeutende Beschädigungen auszubessern waren. Dann hatte man nur noch auf das Erscheinen der »Licorne« zu warten. Die letzten Besorgnisse waren zerstreut . . . alle, alle sahen sich nach so vielen Schicksalsschlägen wieder glücklich vereinigt.

»Gehen wir nun gleich nach Felsenheim?« fragte Jack in seiner Ungeduld, das Eiland zu verlassen.

»Ja . . . ach ja . . .« rief die nicht minder ungeduldige Doll, der sich auch Franz anschloß.

»Wäre es nicht besser, bis morgen zu warten?« bemerkte Jenny. »Was denkst du wohl darüber, Fritz?«

»Dasselbe wie Herr Wolston, der Kapitän Gould und

mein Vater«, antwortete Fritz, »das heißt, die nächste Nacht noch auf dem Eiland zuzubringen.«

»Ganz recht«, ließ sich der ältere Zermatt vernehmen, »ehe wir wieder in Felsenheim einziehen, muß doch erst entschieden sein, ob die Wilen nicht an eine Rückkehr dahin denken.«

»Oh, die sind ja schon zum Teufel«, rief Jack, »und der Teufel läßt nie aus den Krallen, wen er einmal gepackt hat. Nicht wahr, wackerer John Block?«

»Na . . . zuweilen doch«, antwortete der Obersteuermann.

Trotz des Drängens Jacks entschied man sich doch dafür, die Abfahrt bis zum nächsten Morgen zu verschieben, und die letzte Mahlzeit, die auf dem Eiland eingenommen werden sollte, sah alle noch einmal beisammen.

Es ging dabei recht fröhlich zu, und als es dunkel wurde, dachten wohl alle daran, der oft entbehrten Ruhe zu pflegen.

Alle Umstände ließen vermuten, daß diese Nacht vom 29. zum 30. Januar ebenso ruhig verlaufen werde, wie die vielen friedlich stillen Nächte, die die Bewohner der Neuen Schweiz schon in Felsenheim oder Falkenhorst verbracht hatten.

Weder die Herren Zermatt und Wolston, noch die anderen wollten jedoch die bisher beobachteten Vorsichtsmaßregeln gänzlich ausgesetzt wissen, obgleich seit dem Verschwinden der Pirogen jede unmittelbare Gefahr beseitigt schien. Man beschloß also, daß die einen die nächtlichen Rundgänge fortsetzen sollten, während die anderen bei der Batterie auf Wache bleiben wollten.

Sobald Frau Zermatt und Frau Wolston, Jenny, Doll, Anna und Suzan sich im Vorratshause zurückgezogen hatten, begaben sich Jack, Ernst, Franz und John Block, das Gewehr im Arme, nach dem nördlichen Ende des Eilands; Fritz und der Kapitän Gould erstiegen wieder den Hügel und machten sich einen Platz unter dem

Schutzdache zurecht, wo sie bis zum Sonnenaufgang Wache halten sollten.

Herr Wolston, der ältere Zermatt und James blieben im Vorratshause zurück, wo es ihnen gestattet wurde, bis zum Tagesanbruch zu schlummern.

Die Nacht war dunkel, der Mond nicht am Himmel. In den oberen Luftschichten sammelten sich Dunstmassen, die von dem stark erwärmten Erdboden aufstiegen. Der Wind hatte sich gegen Abend fast ganz gelegt. Überall herrschte tiefes Schweigen. Man hörte nichts als den Wellenschlag der ansteigenden Flut, die seit acht Uhr eingetreten war.

Harry Gould und Fritz tauschten, nebeneinander sitzend, ihre Erinnerungen an alle die glücklichen und unglücklichen Ereignisse aus, die sie seit der Aussetzung der Schaluppe von der »Flag« erlebt hatten. Von Zeit zu Zeit trat einer hinaus und richtete bei einem Gange um die Batterie die Blicke vorzüglich nach dem dunklen Meeresarme zwischen den zwei Kaps.

Nichts hatte die Stille der Einsamkeit bis zwei Uhr nachts unterbrochen, als der Kapitän und Fritz durch einen Knall aus ihrem Gespräche aufgeschreckt wurden.

»Ein Flintenschuß!« sagte Harry Gould.

»Ja, und der wurde von jener Seite her abgefeuert«, antwortete Fritz, indem er nach dem Nordosten des Eilands hinwies.

»Was geht denn da vor?« rief der Kapitän Gould.

Unter dem Schutzdache hervorstürmend, suchten beide in der tiefen Finsternis einen Lichtschein zu entdecken.

Da krachten schon zwei weitere Schüsse, und diesmal aus geringerer Entfernung.

»Die Pirogen sind zurückgekommen!« sagte Fritz.

Harry Gould bei der Batterie zurücklassend, eilte er hastig nach dem Vorratshause.

Hier standen der ältere Zermatt und Wolston, die die Schüsse gehört hatten, bereits auf der Schwelle.

»Was gibt es denn?« fragte der ältere Zermatt.

»Ich fürchte, Vater«, antwortete Fritz, »daß die Wilden eine Landung versucht haben . . .«

»Und daß diese den Schurken gelungen ist«, rief Fritz, der mit dem Obersteuermann eben am Platze erschien.

»Sie wären auf dem Eilande?« wiederholte Herr Wolston.

»Ihre Pirogen sind an der nordöstlichen Spitze gerade in dem Augenblicke ans Ufer gestoßen, wo wir uns jener Stelle näherten, und mit unseren Schüssen haben wir sie nicht zu vertreiben vermocht. Jetzt bleibt nichts übrig . . .«

»Als sich mannhaft zu verteidigen!« fiel der Kapitän Gould ein.

Jenny, Doll, Anna, Suzan und die Frauen Zermatt und Wolston hatten ihren Schlafraum verlassen. In Voraussicht eines unmittelbar bevorstehenden Angriffs mußte jetzt von Waffen, Munition und allerlei Verteidigungsmitteln soviel wie möglich nach der Batterie geschafft werden.

Die Abfahrt der Pirogen war also nur eine Kriegslist gewesen; die Eingeborenen hatten den Glauben erregen wollen, daß sie die Insel endgültig verlassen hätten; darauf waren sie unter Benützung des Flutstromes nach der Haifischinsel, die sie zu überrumpeln hofften, zurückgekehrt. Bisher war ihnen der Erfolg treu geblieben. Obwohl ihre Anwesenheit gleich erkannt und sie mit Gewehrschüssen begrüßt worden waren, hatten sie doch auf der Landspitze Fuß gefaßt, von wo aus es ihnen leicht werden mußte, nach dem Vorratshause in der Mitte des Eilands vorzudringen.

Die Sachlage war also jetzt für die Verteidiger arg verschlimmert, ja fast verzweifelt, da die Pirogen die ganze Rotte hatten landen können. Daß Zermatt und seine Gefährten imstande wären, ihnen erfolgreich entgegenzutreten, daß sie eine so große Zahl von Angreifern abwehren könnten, erschien ja fast unmöglich; daß sie aber unterliegen mußten, wenn ihnen die Munition ausgegangen war, das erschien nur zu gewiß, und sie gaben sich darüber auch keiner Täuschung hin.

Auf jeden Fall blieb ihnen nichts anderes übrig, als sich nach dem Hügel mit der Batterie zurückzuziehen, wo sie sich wenigstens eine Zeitlang verteidigen konnten.

Frau Zermatt, Frau Wolston, Jenny, Anna, Doll, Suzan und ihr Kind mußten sich unter dem offenen Schuppen verbergen, der die beiden Geschütze überdachte. Sie ließen keinen Klagelaut hören, sondern bemühten sich vielmehr, ihre Angst zu bekämpfen.

Einen Augenblick kam dem älteren Zermatt der Gedanke, die Frauen mit der Schaluppe nach Falkenhorst überzusetzen. Was wäre aber aus den Ärmsten geworden, wenn die Männer, nachdem das Eiland in die Gewalt der Feinde gefallen war, nicht wieder zu ihnen stoßen könnten? Übrigens hätten sie niemals zugestimmt, sich von diesen zu trennen.

Es mochte wenig über vier Uhr sein, als ein dumpfer Lärm von Tritten verriet, daß die Wilden kaum noch hundert Toisen entfernt waren. Der Kapitän Gould, der ältere Zermatt und Wolston, Ernst, Franz, James und der Obersteuermann hielten die Gewehre fertig, sofort Feuer zu geben. Franz und Jack, die glimmende Lunte nahe dem Zündloche der Karonnaden, warteten nur darauf, das Vorland des Hügels mit einem Kartätschenhagel zu überschütten.

Als die schwarzen Schatten beim ersten schwachen Tagesgrauen sichtbar wurden, gab der Kapitän Gould mit leiser Stimme Befehl, nach dieser Richtung hin zu feuern.

Sofort krachten sieben bis acht Schüsse, denen ein schrecklicher Aufschrei folgte, als Beweis, daß mehr als eine Kugel die Anstürmenden getroffen hatte. Es war ungewiß, ob die Angreifer nach diesem Empfange, der wohl geeignet war, sie aufzuhalten, die Flucht ergreifen oder ob sie sich nun auf den Hügel stürzen würden. Jedenfalls sollten die wieder schußfertig gemachten Gewehre ihnen weitere Kugeln entgegensenden, zu denen noch die Kartätschen der beiden Geschütze kämen, wenn sie den offenen Platz betraten, der sie jetzt noch von dem Hügel trennte.

Bis zum Anbruche des Tages mußten drei Angriffe zurückgeschlagen werden. Bei dem letzten gelang es aber doch etwa zwanzig der Eingeborenen, fast die Höhe des Hügels zu erreichen. Obwohl ziemlich viele von ihnen tödlich getroffen waren, reichten die Gewehre leider nicht aus, sie zurückzuhalten, und ohne eine doppelte Entladung der Kanonen wäre die Batterie bei dem letzten Angriffe doch wahrscheinlich erobert worden.

Mit dem Anbruche des Tages hatte sich die Bande aber unter die Bäume in der Nähe des Vorratshauses zurückgezogen, wo sie vielleicht die nächste Nacht zu einem wiederholten Sturme abwarten wollte.

Leider hatten der ältere Zermatt und die Seinigen schon einen großen Teil ihrer Patronen verschossen. Wenn man auf die Geschosse der Kanonen beschränkt war, die nicht so tief hinunter gerichtet werden konnten, um den Fuß des Hügels zu bestreichen, wie hätte man damit dessen Gipfel selbst verteidigen sollen?

Sofort wurde eine Beratung gepflogen, um sich über die Lage allseitig aufzuklären. Wenn es sich als unmöglich erwies, den Widerstand unter den jetzigen Verhältnissen lange fortzusetzen, war es dann nicht vielleicht ausführbar, die Haifischinsel zu verlassen, am Ufer bei Falkenhorst zu landen und im Innern des Gelobten Landes oder in einem anderen Teil der Insel Zuflucht zu suchen, und zwar alle, diesmal alle? Oder war es empfehlenswerter, sich rücksichtslos auf die Wilden zu stürzen und die Überlegenheit der Feuerwaffen gegenüber den Bogen und Pfeilen auszunützen, um die Wilden wieder zur Abfahrt zu zwingen? Der ältere Zermatt und seine

Gefährten waren freilich nur ihrer neun gegen hundert Feinde, die den Hügel belagerten.

In diesem Augenblicke ertönte, gleich einer Antwort auf den letzten Plan, das Schwirren von Pfeilen in der Luft, von denen einige im Dache des offenen Schuppens stecken blieben, zum Glücke aber niemand verwundet wurde.

»Der Angriff beginnt von neuem«, sagte John Block.

»Also Achtung . . . alle Achtung!« rief Fritz.

Wütender als vorher stürmten die Eingeborenen heran, die vor den Kugeln und Kartätschen alle Scheu verloren zu haben schienen. Dazu begann die Munition knapp zu werden und das Feuer wurde mäßiger. Einzelne tollkühne Burschen krochen den Hügelabhang hinauf und erreichten wirklich dessen Höhe. Eine Entladung der beiden Geschütze aus nächster Nähe säuberte den Platz wieder von einigen Feinden, während Fritz, Jack, Franz, James und John Block mit den übrigen handgemein wurden. Da stürmten alle heran, hinweg über die Gefallenen, die am Fuße des Hügels lagen. Sie benützten jetzt nicht ihre Bogen, sondern eine andere Waffe, die zum Teile Axt, zum Teile Keule war, und in ihrer Hand zum furchtbaren Angriffsmittel wurde.

Offenbar ging der Kampf seinem Ende entgegen. Die letzten Kugeln waren verschossen, die Überzahl mußte siegen. Der ältere Zermatt und seine Gefährten versuchten sich noch rings um den Schuppen zu halten, der jetzt doch bald erstürmt werden mußte. Im Handgemenge mit mehreren Eingeborenen waren Fritz, Franz, Jack und Harry Gould nahe daran, nach dem Fuße des Hügels hinabgedrängt zu werden. Der Kampf mußte in wenigen Augenblicken zu Ende sein und der Sieg der Wilden war gleichbedeutend mit der Niedermetzelung aller, denn von diesen unmenschlichen Feinden war keine Schonung zu erwarten.

Da – es war genau acht Uhr fünfundzwanzig Minuten – ertönte, von dem wieder auffrischenden Nordwinde hierhergetragen, ein donnernder Schuß vom Meere vor der Insel.

Die Angreifer mußten ihn gehört haben, denn die vordersten wichen plötzlich zurück.

Fritz, Jack und die anderen drangen, einige nur leicht verwundet, wieder nach dem Schuppen zu vor.

»Ein Kanonenschuß . . .« rief Franz.

»Und zwar aus einem Schiffsgeschütze . . . darauf verstehe ich mich!« erklärte der Obersteuermann.

»Da ist also ein Schiff in der Nähe«, sagte der ältere Zermatt.

»Das ist die ›Licorne‹«, antwortete Jenny.

»Und Gott ist es, der sie uns sendet!« murmelte Franz.

Eben hallte das Echo von Falkenhorst eine zweite und nähere Detonation zurück, und diesmal flüchteten die Wilden eiligst bis unter den Schutz der Bäume.

Sofort eilte Jack nach dem Flaggenmaste und erkletterte, gewandt wie ein Marsgast, dessen Spitze.

»Ein Schiff! . . . Ein Schiff!« rief er.

Alle Augen richteten sich nach Norden.

Jenseits des Kaps der Getäuschten Hoffnung und dicht hinter seiner Spitze zeigten sich die vom Morgenwinde geschwellten oberen Segel eines Fahrzeuges.

Ein Dreimaster mit Backbordhalsen war im Begriff, das Kap zu umschiffen, das von dieser Stunde an das »Kap der Erlösung« genannt wurde.

Am Top des Besanmastes dieses Schiffes wehte die Flagge Großbritanniens.

Frau Zermatt, Frau Wolston, Jenny, Anna, Doll und Suzan traten aus dem Schuppen hervor und erhoben in freudiger Dankbarkeit die Hände gen Himmel.

»Und jene Räuber?« fragte Fritz.

»In voller Flucht!« antwortete Jack, der sich eben am Flaggenmast heruntergleiten ließ.

»Nun ja, in voller Flucht«, setzte John Block hinzu, »und wenn sie nicht schnell genug ausreißen, wollen wir ihnen doch mit unseren letzten Vierpfündigen auf die Beine helfen!«

Wirklich hatten die Eingeborenen, überrascht durch den von Norden her tönenden Geschützdonner und aufs höchste erschreckt durch das Erscheinen eines Schiffes, das um die Landspitze einbog, sich nach dem Meere hin geflüchtet, wo sie Hals über Kopf in ihre Pirogen sprangen. Sofort ruderten sie aus Leibeskräften mit den Pagaien davon und auf das Kap im Osten zu.

Der Obersteuermann und Jack, die sich wieder unter den Schuppen begeben hatten, richteten die beiden Geschütze auf die Fliehenden, und drei zerschmetterte Pirogen versanken auf der Stelle ins Meer.

In dem Augenblicke, wo das Schiff, das mit vollen Segeln in den Meeresarm einlief, nach der Haifischinsel zu wendete, gab es aus seinen schweren Geschützen auch noch mehrere Schüsse ab. Die meisten Pirogen suchten vergeblich, zu entkommen, und nur zweien gelang es, hinter dem Kap zu verschwinden, um . . . nie wieder zurückzukehren.

Zweiunddreißigstes Kapitel

Die »Licorne«. – Besitzergreifung im Namen Englands. – Keine Nachrichten von der »Flag«. – Heimkehr nach Felsenheim. – Eine Trauung in der Kapelle. – Mehrere Jahre. – Das Aufblühen der Kolonie der Neuen Schweiz.

Die »Licorne« war es in der Tat, die im Eingange der Rettungsbucht Anker geworfen hatte. Nach Ausbesserung der Havarien hatte der Kapitän Littlestone nach mehrmonatigem Aufenthalte Capetown verlassen und war nun endlich an der Neuen Schweiz eingetroffen, von der er offiziell im Namen Englands Besitz ergreifen sollte.

Hier erfuhr nun der Kapitän Littlestone aus dem Munde Harry Goulds die Ereignisse, deren Schauplatz die »Flag« gewesen war.

Was aus diesem Schiffe geworden war, ob Robert Borupt in den berüchtigten Meeresteilen des Indischen Ozeans Seeräuberei trieb oder ob seine Spießgesellen und er selbst in einem der furchtbaren Tornados jener Gegend umgekommen waren, davon sollte, wie bereits erwähnt, niemals etwas verlauten, und wir brauchen uns nicht weiter dabei aufzuhalten.

Welche Freude für die beiden Familien, als sie sich überzeugten, daß die Wohnung in Felsenheim nicht verwüstet worden war. Wahrscheinlich hatten die Eingeborenen die Absicht gehabt, für immer auf der Insel zu bleiben und sich die schöne Wohnung selbst zunutze zu machen. So fand sich denn keine Beschädigung in den Schlafräumen, keine Spur von Plünderung in den Nebenbauten und Scheunen, keine Verwüstung des Küchengartens oder der benachbarten Felder vor.

Sobald die Insassen Felsenheims dieses wieder bezogen hatten, kamen die Hunde, Turc, Braun und Falk, herbeigesprungen und gaben ihrer Freude durch lautes Bellen Ausdruck.

Später fand man auch die anderen Haustiere wieder, die in der Nähe der Einfriedigung umhergeirrt waren, die Büffel Sturm und Brummer, den Strauß Brausewind, den Affen Knirps, den Onagre Leichtfuß, die Kuh Blaß und ihre Weidegenossen, den Stier Brüll und seine Stallgefährten, die Esel Rasch, Pfeil und Flink, den Schakal und den Albatros Jennys, der über den Meeresarm zwischen der Haifischinsel und Felsenheim geflogen war.

Da nun bald mehrere von England ausgegangene Schiffe neue Kolonisten mit all ihrer Habe bringen mußten, machte es sich nötig, geeignete Plätze für neue Bauten auszusuchen. Man entschied sich dafür, daß diese zunächst längs des Schakalbaches nach dessen Kaskade zu errichtet werden sollten. Felsenheim würde damit zum ersten Dorfe der Kolonie werden und später voraussichtlich zur Stadt anwachsen. Die Zukunft sicherte ihm ohne Zweifel den Rang der Hauptstadt der Neuen Schweiz, denn es würde jedenfalls das größte Gemeinwesen von allen bilden, die im Innern wie an der Küste des Gelobten Landes entstanden.

Die »Licorne« sollte ihren Aufenthalt in der Rettungsbucht übrigens bis zur Ankunft der erwarteten Einwanderer ausdehnen. Da herrschte denn jetzt reges Leben an dem fruchtbaren Ufer bis Falkenhorst hinauf.

Noch waren keine drei Wochen verstrichen, als eine Feierlichkeit, der man den höchsten Glanz zu verleihen wünschte, den Kommandanten Littlestone, seine Offiziere und die Mannschaft der Korvette, ferner den Kapitän Gould und den Obersteuermann mit den Familien Zermatt und Wolston vereinte, die sich mit noch engeren Banden als bisher miteinander verbinden sollten.

An diesem Tage vollzog der Geistliche der »Licorne« nämlich in der Kapelle von Felsenheim die Trauung Ernst Zermatts mit Anna Wolston. Das war die erste, die auf der Insel der Neuen Schweiz stattfand, der aber später zahlreiche andere folgen sollten.

Zwei Jahre darauf schon wurde Franz der Gatte Doll Wolstons. Diesmals war es nicht in der bescheidenen Kapelle, wo der Pfarrer den längst erwünschten Ehebund einsegnete, die Feierlichkeit fand vielmehr in einer wirklichen Kirche statt, die sich auf halbem Wege an der Allee zwischen Felsenheim und Falkenhorst erhob und deren über die Bäume aufragender Glockenturm von der Seeseite her drei englische Meilen weit sichtbar war.

Es wäre müßig, sich hier eingehender über die weitere Entwicklung der Neuen Schweiz zu verbreiten. Die vom Glücke begünstigte Insel sah ihre Einwohnerzahl von Jahr zu Jahr anschwellen. Die gegen Stürme wie gegen den Wogenschlag vom Meere geschützte Rettungsbucht bot den Schiffen, unter denen die Pinasse »Elisabeth« keine schlechte Rolle spielte, einen vortrefflicher Ankerplatz.

Selbstverständlich waren die Verkehrsverhältnisse mit der Reichshauptstadt bestens geregelt worden. Das gab dann Veranlassung zu einer einträglichen Ausfuhr der Erzeugnisse der Insel, ebenso der aus dem Gelobten Lande, wie aus den an die Bergkette im Süden grenzenden Gebieten von der Mündung des Montrose-Flusses an der Westküste aus. Nun gab es schon vier bedeutende Ortschaften: Waldegg, Prospect-Hill, Zuckertop und die Einsiedelei Eberfurt. An der Mündung des Montrose-Flusses war ein Hafen entstanden, ein anderer an der »Licorne«-Bai, beide durch fahrbare Straßen mit dem Inneren des Landes und mit der Rettungsbucht verbunden.

Jenerzeit, das heißt drei Jahre nach der Besitznahme durch England, überschritt die Zahl der Bewohner bereits das zweite Tausend. Die britische Regierung hatte der Neuen Schweiz Selbstverwaltung zugestanden, und der ältere Zermatt war zum Range eines Gouverneurs der Kolonie erhoben worden. Gebe der Himmel, daß seine Nachfolger alle sich dieses vortrefflichen Mannes würdig erweisen!

Hier sei auch erwähnt, daß eine Abteilung indischer Truppen die Insel als Standort angewiesen bekam, nachdem die Befestigungen am Kap im Osten und am Kap der Erlösung (dem früheren Kap der Getäuschten Hoffnung) errichtet worden waren, zwei Anlagen, die nun den Meeresarm, der nach der Rettungsbucht führte, vollständig beherrschten.

Wilde Eingeborene waren hier zwar nicht mehr zu fürchten, weder solche von den Andamanen oder den Nicobareninseln, noch solche von der australischen Küste. Die Lage der Neuen Schweiz in dieser Gegend aber hatte, außer daß sie einen Erholungs- und Anlaufplatz für Seeschiffe bildete, vom militärischen Gesichtspunkte aus eine hervorragende Bedeutung, indem sie den Zugang zu dem Meere der Sondainseln und zu dem

Indischen Ozeane deckte. Das allein erklärte es schon, daß sie nicht ohne Festungswerke gelassen werden durfte.

Das wäre denn die vollständige Geschichte dieser Insel seit dem Tage, wo ein Vater, eine Mutter und vier Kinder durch ein Schiffsunglück hierher verschlagen worden waren. Zwölf Jahre hindurch hatte diese intelligente und fleißige Familie ohne Unterlaß gearbeitet und hatte alle Kräfte eines jungfräulichen Bodens, dessen Fruchtbarkeit ein subtropisches Klima begünstigte, reichlich zu entwickeln verstanden. Dabei hatte sich denn auch die Ertragsfähigkeit der Insel immer weiter gesteigert und ihr Wohlstand hatte zugenommen bis zu dem Tage, wo das Eintreffen der »Licorne« es ihr ermöglichte, Verbindungen mit der übrigen Welt anzuknüpfen.

Eine zweite Familie hatte sich, wie der Leser weiß, der ersten freiwillig angeschlossen, und nirgends hatte es wohl, leiblich und geistig, ein glücklicheres Zusammenleben gegeben, als das der wenigen Bewohner des fruchtbaren Gebietes des Gelobten Landes.

Später waren ihnen freilich schwere Prüfungen auferlegt worden, das Unglück hatte sich sozusagen gegen die wackeren Leute verschworen. Wie lange lebten sie in der Angst, die, die sie erwarteten, niemals wiederzusehen, und dazu kam obendrein das Unheil, von einer Bande Wilder überfallen zu werden.

Wir dürfen aber nicht verschweigen, daß sie, selbst in den traurigsten Stunden dieses Zeitraumes, aufrecht erhalten durch eine fromme Zuversicht, die nichts zu erschüttern vermochte, niemals an der Vorsehung verzweifelt hatten.

Endlich kamen auch die guten Tage wieder, und schlechte sind für dieses zweite Vaterland für die beiden Familien nicht mehr zu befürchten.

Zur Zeit steht die Neue Schweiz in vollster Blüte, höchstens wird sie nach und nach zu klein, um alle, die sich nach ihr hingezogen fühlen, aufzunehmen. Ihr Handel findet bequemen Absatz in Europa wie in Asien, dank der Nähe Australiens, Indiens und der niederländischen Besitzungen. Glücklicherweise waren die Pepiten (Goldquarzstücke), die sich in der Talmule des Montrose-Flusses vorgefunden hatten, nur wenig zahlreich, und der Kolonie blieb es darum erspart, von Goldsuchern überschwemmt zu werden, die doch überall nur Elend und Unordnung zurücklassen.

Die Ehen, die die Familien Zermatt und Wolston verbunden hatten, wurden vom Himmel reichlich gesegnet. Die Großväter und die Großmütter lebten in ihren Enkelkindern ordentlich wieder auf. Nur Jack hatte sich damit begnügt, Neffen und Nichten zu haben, die sich oft auf seinen Knien schaukelten. Er hatte einmal, wie er sagte, die Bestimmung, nur Onkel zu sein, und dieser gesellschaftlichen Aufgabe widmete er sich auch mit vollem Erfolge.

Auch für später ist das Gedeihen der Insel gesichert, und obgleich sie in den Kolonialbesitz Großbritanniens übergegangen war, hat ihr England, ähnlich wie es Neuholland gegenüber geschehen ist, den Namen »Die Neue Schweiz« gelassen zur Ehre und zur Erinnerung an die Familie Zermatt.

COLLECTION JULES VERNE

1. Von der Erde zum Mond
Direkte Fahrt in 97 Stunden 20 Minuten
2. Reise um den Mond
3. Reise um die Erde in 80 Tagen
4. Reise zum Mittelpunkt der Erde
5. Fünf Wochen im Ballon
6./7. Zwanzigtausend Meilen unter dem Meer
8. Abenteuer von drei Russen und drei Engländern in Süd-Afrika
9./10. Abenteuer des Kapitän Hatteras
11./12./13. Die Kinder des Kapitän Grant
14./15./16. Die geheimnisvolle Insel
17./18. Das Land der Pelze
19. Eine schwimmende Stadt
Die Blockadebrecher
20. Eine Idee des Doktor Ox
Meister Zacharius
Ein Drama in den Lüften
Eine Überwinterung im Eis
Eine Mont-Blanc-Besteigung
21. Der Chancellor
Tagebuch des Passagier J. R. Kazallon
22./23. Der Kurier des Zaren
Michael Strogoff
24. Schwarz Indien
25./26. Reise durch die Sonnenwelt
27./28. Ein Kapitän von 15 Jahren
29./30./31. Die Entdeckung der Erde
32. Die fünfhundert Millionen der Begum
33. Die Leiden eines Chinesen in China
34./35. Die großen Seefahrer des 18. Jahrhunderts
36./37. Das Dampfhaus

38./39. Der Triumph des 19. Jahrhunderts
40./41. Die Jangada
42. Die Schule der Robinsons
43. Der grüne Strahl
44./45. Keraban der Starrkopf
46. Der Südstern oder das Land der Diamanten
47. Der Archipel in Flammen
48./49./50. Mathias Sandorf
51. Robur der Sieger
52. Ein Lotterie-Los
53./54. Nord gegen Süd
55./56. Zwei Jahre Ferien
57. Kein Durcheinander
58./59. Die Familie ohne Namen
60./61 Mistreß Branican
62. Das Karpatenschloß
63. Claudius Bombarnac
Notizbuch eines Reporters
64./65. Der Findling
66./67. Meister Antisers wunderbare Abenteuer
68./69. Die Propeller-Insel
70. Vor der Flagge des Vaterlandes
71. Clovis Dardentor
72./73. Die Eissphinx
74./75. Der stolze Orinoco
76./77. Das Testament eines Exzentrischen
78./79. Das zweite Vaterland
80. Das Dorf in den Lüften
81. Die Historien von Jean-Marie Cabidoulin
82./83. Die Gebrüder Kip
84./85. Reisestipendien
86. Ein Drama in Livland
87. Der Herr der Welt
88. Der Einbruch des Meeres
89. Der Leuchtturm am Ende der Welt
90./91. Der Goldvulkan
92./93. Reisebüro Thompson & Co.
94. Die Jagd nach dem Meteor
95. Der Pilot von der Donau
96./97. Die Schiffbrüchigen der Jonathan
98. Wilhelm Storitz' Geheimnis
99./100. Cäsar Cascabel